商业进化

共益重新定义商业成功

[美] 孟睿思（Christopher Marquis）◎著　邱墨楠◎译

BETTER
BUSINESS

How the B Corp Movement Is Remaking Capitalism

中信出版集团 | 北京

图书在版编目（CIP）数据

商业进化：共益重新定义商业成功 /（美）孟睿思
著；邱墨楠译 . -- 北京：中信出版社，2022.8
书名原文：Better Business: How the B Corp
Movement Is Remaking Capitalism
ISBN 978-7-5217-4533-7

I. ①商… II. ①孟… ②邱… III. ①企业责任-社
会责任-认证-研究-美国 IV. ① F279.712.3

中国版本图书馆 CIP 数据核字（2022）第 142549 号

商业进化——共益重新定义商业成功

著者：　　[美]孟睿思
译者：　　邱墨楠
出版发行：中信出版集团股份有限公司
　　　　　（北京市朝阳区惠新东街甲 4 号富盛大厦 2 座　邮编　100029）
承印者：　宝蕾元仁浩（天津）印刷有限公司

开本：787mm×1092mm　1/16　　　印张：19.75　　　字数：285 千字
版次：2022 年 8 月第 1 版　　　　印次：2022 年 8 月第 1 次印刷
京权图字：01-2020-5883　　　　　书号：ISBN 978-7-5217-4533-7
　　　　　　　　　　　　　　　　定价：69.00 元

版权所有·侵权必究
如有印刷、装订问题，本公司负责调换。
服务热线：400-600-8099
投稿邮箱：author@citicpub.com

目 录

序言 VII
前言 XIII

01 第一章
关注相互依存，而非外部性 _ 001

股东至上的迷思　005
通过企业治理实现责任优先　017
防止"只说不做"　020
补偿性的善与内在的善　023
终结我们所知的传统资本主义　028

02 第二章
相互依存日 _ 029

创建共益实验室　041
格格不入　044

03 第三章
聚焦相互依存 _ 047

打造评估工具　051
共益影响力评估　054

招募首批共益企业　059

超越竞争的社群　062

壮大共益企业的初始阶层　063

共益企业首次亮相　064

04 第四章
让法律站在利益相关者这边 _ 067

法律与股东至上主义　071

加利福尼亚州的经验和比尔·克拉克的帮助　072

马里兰州一步当先　075

成为福利企业意味着什么　078

福利企业立法是必要的吗　079

一个州一个州挺进　081

到特拉华州去　084

福利企业的挑战：接受与实施　086

走出美国　088

05 第五章
为影响力投资 _ 091

影响力投资的兴起　095

开发评估工具　096

从先驱者入手　097

投资共益企业的理由　099

商业进化　103

共益企业是变革的代理人　104

跨国公司日益受到关注　108

06 第六章
员工是公司重心 _113

以员工为中心的文化的好处　116

社会使命和员工留存率　118

关注家庭的贝吉獾　120

吸引最优秀的员工　122

员工所有权的重要性　124

多样性和包容性驱动价值创造　126

在危急时刻向员工伸出援手　130

07 第七章
寻找志同道合的人：共益企业社群 _133

培育强大的本地根基　139

佛蒙特州的共益企业社群　142

建立在共同理解基础上的伙伴关系　143

本和杰瑞的合作方式　145

建立共益企业网络　146

内部激励　150

08 第八章
走向世界 _ 153

另一种变革理论　159
共益系统的发展　160
哥伦比亚银行和BIA　161
英国共益实验室　162
欧洲共益实验室　165
进一步在全球扩张　168
应对全球化挑战　171

09 第九章
拓宽通道 _ 175

失去共益企业头衔　179
将影响力散播到共益企业之外　183
通过供应链提升影响力　185
为最佳共益企业喝彩　187
融入联合国可持续发展目标　189

10 第十章
大公司不一定是坏公司 _ 193

先锋达能　197

为大公司开发认证路径　200

罗瑞特教育：首家上市的福利企业　202

解决认证过程复杂的难题　203

邀请投资人加入　205

与纳图拉、达能一同追求持续改进　207

开创一项欢迎大型上市公司的运动　209

11 第十一章
让消费者关注起来 _ 213

挑战消费者意识　216

为什么消费者应该有所关心　218

有关改变标识的争论　221

问责和真实性的力量　224

对客户的影响：声誉和忠诚度　225

寻找和激励社区分子　226

结　语　231

致　谢　235

注　释　239

序　言

共益企业运动（the B Corp movement）可能是一项你从未听闻的最重要的社会运动。

如果你关心日益严重的不平等现象，例如不断下降的经济流动性、气候危机、即将来临的土壤和水资源危机以及部落主义式的政治危机，那么你应该会关心共益企业运动。如果你关心长期经济发展和未来高质量的就业，以及大规模自动化时代下的工作本身，那么你更需要了解共益企业运动。

共益企业运动由一家名为共益实验室（B Lab）的非营利机构发起，它致力于创建一种全新形态的企业，这种企业的基因里包含三重底线——人类、地球和利润。严格的评估是这项运动的核心，在这种评估下，企业的业绩不仅取决于经济收益，还取决于其对社会和环境的贡献，全球已有数千家企业通过了这项评估。这些共益企业担负着如何影响每一个利益相关者而不仅仅是该公司股权持有者的责任。

在过去的15年里，作为哈佛大学和康奈尔大学的工商管理学教授，我直接接触了塑造未来经济的下一代商业和公民领袖。在哈佛商学院（Harvard Business School，HBS），我教授有关社会创新和制度变革的课程。当我在校外演讲或为一些公司提供咨询服务时，经常有人问我见过的印象最深刻的商业创新案例是什么。我的备选答案总是有很多，比如我新近感兴趣的或给我留下深刻印象的事情，然而自2009年起，我对这个问题的回答始终是共益企业运动。

最初，大多数和我对话的人都会回答："什么？"但现在，我得到认同的可能性更大了。共益企业运动正在加速发展，商业领袖，尤其是那些关心可持续发展的人士也注意到了这一点。食品和饮料行业的公司可能已经听说了这件事——总部位于巴黎的跨国食品制造商达能（Danone）正致力于成为共益企业。在服装行业，巴塔哥尼亚（Patagonia）和艾琳·费希尔（EILEEN FISHER）等知名品牌早就通过了共益企业认证，同时也是该运动的积极支持者。但这项运动的范围及其潜在影响力尚未被公众充分认识。大多数商业领袖依然认为共益企业只是其所在行业边缘的一小撮企业——这些"可爱的"社会企业永远不可能真正成功。

这种假设是错的，共益企业运动在其发展的最初十年里已经呈现指数级增长，我相信共益企业及其相关理念将成为改革资本主义经济的催化剂。要想理解这一转变，我们需要系统地了解这项运动的广度和范围，包括它的变革动力与历史。本书讲述了共益企业的故事，阐释了为什么这种认证能够给企业的运营与未来带来根本性的影响，以及它是如何带来影响的。

值得注意的是，这项运动的意义不仅仅在于增加共益企业的数量。在过去十年，共益实验室的团队成员创造了用于评估企业的创新工具，并且建立了网络来推动这项运动的发展。除了达能，对共益实验室感兴趣的企业还包括联合利华（Unilever）、宝洁（Procter & Gamble）、雀巢（Nestlé）、盖璞（Gap）等跨国企业，以及启动众筹网（Kickstarter）、欧布斯（Allbirds）、卡斯珀（Casper）和邦巴斯（Bombas）等在过去十年创建的最具创新性的企业。在与数十家类似的社会企业的几百名高管互动时，我发现他们正在引领一项社会运动：他们感兴趣的不仅仅是推广自己的商业理念，还包括更广泛的理念，即创建对所有利益相关者都更加有益的企业。

共益实验室还提出了一项名为"福利企业"（the benefit corporation）的创新法案，它将社会福利、工人权利、社区和环境置于与股东经济利益同样重要的位置上。在美国的大多数州，来自民主党和共和党的相关政治界人士均支持并通过了福利企业法案。这项创新法案目前已扩展至全球——类似的法案已经在意大利、哥伦比亚、厄瓜多尔以及加拿大的不列颠哥伦比亚省通过，而其他多个国家也正在对此进行讨论。

本书追溯了这林林总总的行动，探寻了它们如何汇聚在一起并引发一场持续不断的革命。

我对这项运动的兴趣始于2009年春季，当时我在哈佛商学院教授一门课程，内容是国际商业机器公司（IBM）、高盛（Goldman Sachs）、天伯伦（Timberland）等大型公司如何在企业社会责任（CSR）项目中表现出战略性。某天，一名学生指出，我们如果想要了解这个领域真正的创新，就不应该研究大公司的企业社会责任项目，而应该考察社会价值如何才能根本性地嵌入企业的基因。我不太明白她的意思，于是请她详细说明。她解释了什么是共益企业，并且列出了几个我所熟悉的通过共益企业认证的公司，包括美方洁家居产品（Method Home Products）、亚瑟王面粉（King Arthur Flour）以及总部位于波士顿的社会投资先锋企业崔莉恩资产管理公司（Trillium Asset Management）。我有些尴尬，因为在这之前我从未听闻共益企业运动，于是我花了一些时间来了解这项运动。在网上找到的信息吸引了我，但我还想了解更多，于是又联系了共益实验室的创始人。2010年，我发表了首个有关该实验室工作的深度研究报告。

从那以后，我和我的同事研究并发表了50多个有关哈佛大学社会创新研究的案例，并且越来越多地聚焦于共益企业以及共益企业运动。我对共益企业最早的记叙是在我全面了解该运动之前写的。2011年，一个学生课堂项目向我介绍了一家采用创新供货方式并由女性经营的纯天然巧克力公司Sweetriot，该公司生产美味的可可碎（一种表面涂有巧克力的可可豆碎粒）。当我前往该公司位于格林威治村的总部并采访其领导者时，我惊讶地发现，这家公司的墙上挂着一张共益企业证书。一年后，我的一位研究助理对眼镜初创公司沃比·帕克（Warby Parker）及其"买一捐一"模式所产生的极大兴趣让我相信这也是一家值得研究的重要公司。我拜访了沃比·帕克公司的总部，并再一次发现这也是一家经过认证的共益企业（但它现在已经不是了，原因我将在后文阐述）。很显然，我的那些来自千禧一代的学生和研究人员看到了一片我尚未意识到的更广阔的领域。

我在短短十年间所目睹的变化令人难以置信。2009年，只有一小部分思想前卫的学生对共益企业有所了解。而今天，当我在康奈尔大学给学生上社会企业的第一课时，我请听说过这项运动的学生举手，结果几乎所有人都举起了手。然而更值得注意的是，他们对这项运动的热情和十分想参与其中的想法。自2010年起，我每年都会邀请共益实验室的领导者来我的课堂，并通过赞助校园活动来使他们就自己的工作进行讨论。令人失望的是，第一场校园活动只吸引了一小部分学生。然而从2016年开始，有些校园活动哪怕在能容纳一百多人的空间里举行，也座无虚席。学生只能坐在台阶上，或挤在会场门口聆听共益实验室创始人的发言。

我从学生那里认识到了这种创新经营方式的重要性。千禧一代已经是当前劳动力市场的半壁江山，未来几十年，随着他们父母（婴儿潮一代）的离世，他们预计将继承多达30万亿美元的财产。千禧一代强烈希望通过购买行为和工作来创造积极的变化，而共益企业运动恰恰能够实现这一点。作为消费者、选民和未来的领导人，他们将成为推动这项运动的先锋，尽管这需要好几代人的努力才能真正实现。

值得注意的是，这是一项真正的全球性运动，超过50%的共益企业位于美国境外。2014年，我在中国第一次认识到这项运动的传播范围之广。当时我应邀在北京大学社会企业管理硕士的开班典礼上发言，我本以为这些学生只想听到那些耳熟能详的名字，于是我讲解了高盛、国际商业机器公司等案例，并且添加了一些中国案例。演讲结束后，一名学生代表礼貌地告诉我，他们当中的很多人都对我没有提及共益企业而感到失望。他们在我的个人简介上看到我一直在研究这个课题，因此期待我能就此发表意见。我大为触动，并请她告诉项目顾问，可以邀请我就共益企业做一次讲座。

几个月后，我重返北京并做了一场有关共益企业运动的公开讲座，参加讲座的人有中国当地的企业家以及对此感兴趣的学生。这场讲座使我的工作得到了香港社会企业领袖的关注，2017年11月，我在香港社会企业峰会（Hong Kong Social Enterprise Summit）上做了主题演讲，参会人数逾4 000人。而我之所以能被邀请，主要是因为我对共益企业的关注。我是在香港特别行政区行政长官林郑月娥之后发表演讲的。2017年，我对中国内地首家共益企业第一反应（First Respond）做了研究，并在哈佛肯尼迪学院发表了案例研究报告。

中国的共益企业运动正处于起步阶段，但人们对此不乏动力和热情。2019年和2020年，我受邀参加中国的共益企业聚会，活动组织者对该议题的兴趣可见一斑。

除了我的学生和创建共益企业的社会企业家，来自第三个群体的日益高涨的热情也给了我鼓励，他们是相信国家应该有所变化，并且想要更多地了解共益企业运动的普通人。当我在给企业高管授课或与朋友、同事交谈的过程中提及共益企业时，许多人都对此感到惊讶，因为他们对此闻所未闻。然而一旦有了一定的了解，他们便会发现，这样的企业无处不在。

我虽然已经研究了这个议题十年之久，但几乎每天都会因为自己所遇到的共益企业的数量之多而感到惊讶，并深受鼓舞。不久前，我去了纽约，并在距离住所几个街区的一间餐厅用餐，我点了一瓶来自法国生物动力葡萄酒商马赫酒庄（Chateau Maris）的红酒。这瓶酒很好喝，但我没想到的是，共益企业的标签赫然印在瓶身背面。2016年，马赫酒庄成为欧洲首家获得共益企业认证的酒庄。为何一家法国酒庄要获得美国机构的认证呢？马赫酒庄的创始人罗伯特·伊登（Robert Eden）这样解释："共益企业勾画了一张了不起的路线图，它吸引并鼓励我们在公司内部采取行动，在社会和环境方面变得更加开放。它还允许我们引入某些管理工具，以便更加精准地实现自己的目标……它为我们打开了许多扇我们尚不知晓的门。"这家酒庄致力于在酿造优质葡萄酒的同时优化供应链，采用生物动力学手段进行种植，改善当地社区的种植条件。

这些经验都告诉我，共益企业运动正蓄势待发。当一种变化尚未被充分认识，但已经在表象之下渗透了一段时间时，转折点通常就会在这之后产生。在某个时刻，某个事件会将这些星星点点的行动串联在一起，让人们对此形成更深刻的认识，让这项运动飞速发展。我真诚地希望本书能为此发挥一些作用。

前　言

许多人（尤其是年轻人）对当前的资本主义制度深表怀疑，他们有充分的理由产生这种怀疑。尽管资本主义带来了惊人的技术创新，但从中受益的只有一部分人。虽然大量指标都告诉我们，我们的经济水平已十分高，但依然有许许多多的人为了食物和住所等基本生存要素而苦苦挣扎。当经济衰退时，富人依然富有，而普通人首先受到冲击。大量有才华的年轻人无法找到能够施展自己才能的工作，继续深造或许对他们有所助益，但许多人却无力支付学费。

如果这还不够糟，那再看看气候变化。大多数商界人士不愿意承认自己在这一现象中的罪责。飓风"艾尔玛"（Irma）、"玛利亚"（Maria）和"哈维"（Harvey）给北美地区造成重创，导致长期经济损失。而巴基斯坦的高温和印度尼西亚的气旋风暴等自然灾害也已造成数千人死亡或流离失所。

加利福尼亚商人保罗·霍肯（Paul Hawken）是园艺零售商史密斯与霍肯（Smith and Hawken）的联合创始人之一，他表示："我们所做的就是窃取未来并卖给当下，并标榜自己创造了GDP（国内生产总值）。"[1] 此言何意？这意味着整个工业世界是靠巧妙的手法构建的。企业无须为因自己而产生的污染买单，但若将这些代价计入运营成本，企业就会赔钱。实际上，研究已经证明，如果考虑企业对环境造成的影响，那么顶级行业里没有一个企业能赢利。[2]

此外，商业世界始终充斥着各种丑闻。一些企业不但无视环境代价，而且不在乎人的代价。优步（Uber）、韦恩斯坦公司（Weinstein Company）等众多企业已被指责允许性别歧视和骚扰文化在企业内部大行其道。[3] 英国汇丰银行（HSBC）曾被爆料其男性员工工资是女性员工的两倍，而薪酬不平等现象几乎存在于全世界各个行业。[4] 弄清无视骚扰文化、向已经习惯不要求更多的员工支付更少的工资等做法能给企业带来多少好处并不难。这都是**股东至上**（shareholder primacy）带来的直接后果，这种行为无视公平公正，只专注于利润和股票价值的最大化。

在优先服务股东的想法的引领下，企业对自己的负债进行了分类。通常情况下，那些不在企业直接管辖范围内的成本，比如企业所在地的空气质量、员工的医疗成本等，都被视为**外部性成本**（externalities）。以股东至上为基础的经济理论认为，为了给股东提供更多回报，企业应该限制外部性成本，这将我们带到了今天所处的这样一个关键的转折点。

美国医疗保健行业对新冠肺炎疫情的反应就是一个例子。为了降低成本，美国公司对口罩和呼吸机等重要设备都采取"准时化生产"①模式。其结果便是，离岸、外包生产泛滥，形成了一个无法应对危机的、不堪一击的系统。对我们来说，现在最重要的不是考虑外

---

① 准时化生产是指企业生产系统的各个环节、工序只在需要的时候，按需要的量生产出需要的产品。这是一种以零库存、低成本为目标的生产方式。——译者注

部性成本，而是考虑如何相互依存——理解企业、社区、消费者、员工以及地球本身等所有要素是如何紧密相连的。这个网络中的每个成员的决定都会直接影响其他成员。

从历史上看，各国政府会应对这些问题，并通过制定政策和设立项目的方式来让企业承担责任。可现如今，它们不仅从监管职责中抽身而去，而且制定了破坏性的政策。特朗普政府对环境不负责任的做法和减税措施曾占据新闻头条，但实际上，这种情况在世界各地都有发生。

总有一天，有人会为此付出代价。他们可能不是当前掌权的一代人，但很有可能是下一代人，而下一代人当然不会乐意。正如我们在过去半个世纪里所了解的那样，资本主义对股东至上的过度强调必须成为过去。

幸运的是，并非所有企业都被贪婪所驱使。越来越多的企业正致力于为所有人，而不仅仅是富人，提供更高质量的生活，从而让我们远离在环境和社会方面坠崖的风险。全世界已有 3 000 多家企业通过了共益实验室的认证，其中有不少企业生产的都是我们日常消费的产品。由它们发起的共益企业运动让其他企业认识到，只有让所有受其影响的人受益，企业才能真正兴旺起来。

共益企业运动在很大程度上是对长期主导企业界的有害工作场所文化、糟糕的环境标准和以利润为中心的思维模式的直接回应。这是一项由民间发起的运动，现在它正与其他有着相似理念的运动或组织一同向上发展，包括由维珍集团（Virgin Group）创始人理查德·布兰森（Richard Branson）创办的B团队（B Team）以及由全食超市（Whole Foods）首席执行官约翰·麦基（John Mackey）发起的自觉资本主义（Conscious Capitalism）运动。一些共益企业还积极参与了由教皇方济各（Pope Francis）发起的方济各经济大会（Economy of Francesco），其宗旨为"让今天和未来的经济更公平、更可持续、更具包容性，不落下任何一个人"。[5]2019年12月，500多家共益企业在联合国气候变化大会（COP25）上承诺加速减少温室气体排放，并在2030年之前实现零排放，这比《巴黎协定》（Paris Agreement）设定的目标2050年提早了整整20年。[6]最近，共益实验室还与联合国开展合作，帮助其在商业领域实施17个可持续发展目标（SDGs）。

在数千家获得共益企业认证的机构中，既有巴塔哥尼亚这样的独立公司，也有金宝汤（Campbell Soup）和盖璞等跨国公司的业务部门，还有启动众筹网这样的初创公司。在英国，领先的媒体——《卫报》（The Guardian）和《观察家报》（The Observer）所在的出版商卫报媒体集团（Guardian Media Group）于2019年获得该项认证。在南美洲，市值30亿美元的化妆品上市公司纳图拉（Natura）也在推动员工、投资者、消费者及政府的思维模式发生转变，该公司最近收购了美妆先驱品牌雅芳（Avon）和回收公司特里西克洛斯（TriCiclos）。

除了认证工作，共益实验室一直致力于创造一种全新的公司形式，在公司治理中规范社会责任。截至2020年年初，美国已有35个州通过了有关福利企业的立法，有超过一万家美国企业以福利企业的形式注册成立。同时，意大利、哥伦比亚、厄瓜多尔、加拿大的不列颠哥伦比亚省等国家和地区也已经通过了有关福利企业的立法，阿根廷、澳大利亚、巴西、加拿大、智利和法国等国家也正在制定相应的法案。

本书所涉内容远不止共益企业运动。为了理解共益实验室及其他机构的必要性，强调它们的实践方式，鼓励其他人加入这场运动并改革资本主义，本书追踪了由这些机构开发的原则和实践的演进过程。此外，虽然我们所知道的"社会企业"产生了重要的影响力，但将它们视为"第四部门"的传统思维实际上默认了这样一个预设：资本主义的其他领域应保持当前的思维模式不变。而我们所需要的，也就是共益企业运动所代表的，则是一种崭新的经营方式。

虽然共益实验室推动了这场运动，但改革资本主义需要我们所有人的全面参与。公司必须坚持更高的标准，并努力扩大其带来的积极影响；消费者必须通过日常购买行为来选择他们想要的生活方式；员工必须对他们的雇主提出更多要求，同时对可持续实践充满热情并积极投身其中；投资者，特别是那些上市公司的投资者，必须以严格而全面的标准来要求这些公司；政策制定者必须积极地通过政策及其表现出的态度来实施变革；而公民必须用他们手中的选票发声。制度无法改变自身，可以改变它的只有我们。

总部位于巴黎的达能公司向来是该领域的先锋，尽管人们通常不认为它是一家社会企业。该公司的全球首席执行官伊曼纽尔·费伯（Emmanuel Faber）看到了共益企业运动的革命性意义并投身其中，截至2020年年初，包括其北美子公司在内的17家下属企业已经通过了共益企业认证。伊曼纽尔·费伯告诉我："成为共益企业让达能有底气说'我们就是这样的一家公司'，而且越来越多的公司都应该这样做。"

由弗雷德·凯勒（Fred Keller）于1973年创立的卡斯卡特工程（Cascade Engineering）是一家总部位于密歇根州大急流城的大型塑料制造企业，该企业从成立之初就致力于推动机会平等，并与密歇根州的其他企业一同打击种族主义。弗雷德·凯勒的女儿、卡斯卡特工程现任首席执行官克里斯蒂娜·凯勒（Christina Keller）这样描述公司的底线："我们不对员工划分等级，每个人都有其价值。"她强调："仅仅说'嘿，我们看中你的价值'是不够的。"同时，该企业积极帮助出狱人员和曾经靠救济金生活的人重建职业生涯。弗雷德·凯勒还说道："关爱地球是我们成长过程中的重要部分……现在这一理念转化成了工厂里的材料回收或零垃圾填埋等做法。而在利润方面，这个理念转化成了我们怎样才能变得最为高效以及我们如何找到解决问题的方法。"[7]

弗雷德·凯勒在康奈尔大学教授一门有关可持续商业的课程，当遇到共益实验室的创始人时，他就明白自己会支持这项运动。正如克里斯蒂娜·凯勒所言："我们的价值观一直如此。为了帮助并推动这项运动，我们接受了共益企业认证，并以一种全新的方式来推动它的发展，还吸引了许多拥有同样价值观的企业。但这并不是说我们在通过共益企业认证后才开始变得不一样，它只是一种额外的认证，可以帮助我们知道如何才能变得更好，如何才能与更广泛的群体联系在一起。"[8]

共益企业的活动和其他以社会为中心的企业活动（比如捐助非营利机构或实施回收方案等）有一个重要的区别。企业社会责任已经存在很长一段时间了，这是一种推动企业实践可持续性商业行为的商业手段。从表面上看，这一理念当然值得赞许。然而，许多公司被指责是在"漂绿"，即只说不做。它们宣扬自己在环境和社会方面的"绿色"行动，但同时掩盖了它们真正的经营代价。

例如，多年来，英国石油公司（BP）一直在投资替代能源，并声称其名称中的两个字母代表的是"超越石油"（Beyond Petroleum）。2000年，为了展现这一新形象，该公司将其标志从传统的盾牌改为黄绿相间的太阳花图案。[9]2010年，"深水地平线"（Deepwater Horizon）石油泄漏事件爆发，公众也由此得知，英国石油公司内部的做法与其对外所称并不一致。此次石油泄漏事件给环境和人类造成了毁灭性的损失：钻油平台爆炸导致11人死亡，爆炸和泄漏造成的烟雾可能会使人的皮肤和呼吸系统长期存在问题，同时该地区的动物群落也尚未得到恢复。2017年，在石油泄漏事件发生七年后，当地的一名渔夫对该事件的长期影响做了这样的描述："今年夏天，我看到一条脊柱畸形的鱼，它生下来脊柱就是扭曲的。我还看到过身上长有大斑点的宽吻海豚。这些都不正常。"该地区的海鲜在很长一段时间内都具有毒性。而人类遭受的最大损失可能是经济上的，包括渔业、旅游业在内的许多行业都受到了重创。[10]

那么消费者、员工和其他人又该如何区分真正做好事的公司和只有嘴上功夫的公司呢？如果企业想再度取得大众的信任，那么它首先必须向增强透明度和建立问责制的方向发展，而这也直指英国石油公司在石油泄漏事件中的核心问题。2018年，英国石油公司宣布再度聚焦石油和天然气钻井平台的减排工作，这乍一看的确是个值得赞许的目标。然而，该公司选择忽视其实际产品——石油和天然气给全球变暖带来的巨大影响。环保智库E3G主席、英国石油公司前任顾问汤姆·伯克（Tom Burke）等批评者称该公司的做法是"用20世纪的方式回应21世纪的问题"。[11]消费者需要看到商标背后的东西，并要认识到公司的环保行为和友善经营是一项核心工作，而不是通过一些周边项目或公关活动就能实现的。

最近，在与家人和朋友前往科罗拉多州博尔德的一次旅行中，我亲历了这种困惑。我向大家介绍我对共益企业运动的研究，而他们中的大多数人对此闻所未闻。那天晚上，我们在一个户外零售商区散步，当我指出巴塔哥尼亚、本和杰瑞（Ben & Jerry's）、阿什利塔（Athleta，盖璞旗下的运动服装品牌，其店铺窗户上醒目地展示了共益企业标识）以及当地的牛顿跑鞋（Newton Running）等都是共益企业时，大家都感到十分惊讶。

有趣的是，一位朋友提到了露诗化妆品（Lush Cosmetics），并认为该品牌应该在我一直所说的共益企业名单上。为什么一些塑造了社会责任感形象的品牌并未加入这场运动呢？尽管我不能确定，但我怀疑露诗化妆品当时对化学品的使用可能是原因之一，该公司曾因此受到批评。[12]尽管其门店装修得像是"农夫市集"，但该公司所使用的塑料包装有可能使其无法达到共益企业的标准。大多数公司会在公司官方网页的底部列出认证标识，以证明它们的产品属于公平贸易产品，是有机的，且公司在生产中没有虐待动物。而露诗化妆品则列出了一系列与认证标识极为相似的文字，包括"反对动物实验""道德购物""100%素食""手工制造""裸包装"。如果深究这些概念，你就会发现，这些都是该公司的自说自话，没有一个标签得到过第三方认证或审核。[13]尽管最近的新闻表明，在没有第三方严格评估的情况下，露诗化妆品的确在减少化学物质和浪费性包装的使用方面做了不少有益的工作，但我们很难判断该公司声明的真实性。因此，我的朋友和家人认识到，共益企业认证是一个非常强大的工具，我们可以借助它轻松、可靠地识别真正有社会责任感的企业。

有两个重要特征可以用于区分达能北美公司、卡斯卡特工程等企业与其他所谓的"有责任感"和"有关怀"的企业。第一，如前文所述，达能北美公司等企业的活动经过了严格评估，其结果对公众来说是透明可见的。人们可以亲眼看到企业的行为并对此做出自己的判断。第二，这些企业改变了自身的治理方式，将社会使命纳入企业的法律基础，同时认识到企业与社会是紧密依存的。这种新型企业和经济模式能够为更好、更公平、更可持续的资本主义形式奠定基础。

这项运动已经变得国际化——它已经遍及世界各个角落，得到了诸多企业家的支持，在多个国家都受到了热烈欢迎。全球性扩张是这项运动推动经济跨过转折点，走向更可持续的资本主义的唯一途径。

尽管企业不能解决我们面临的所有问题，但它们在资本主义社会中发挥着重要作用：它们可以继续使天平偏向少数人的利益，同时危害多数人；它们也可以引领我们找到更好、更公平且长期有效的解决方案。在当前的政治和社会环境中，这种转变比以往任何时候都更加重要，而它正在发生。作为消费者和员工，千禧一代对挑战主流且有益于社会和环境的公司的偏好在很大程度上推动了这种变化。共益企业运动不仅提供了实现这种变化的框架，而且是一个号召大家提供支持的集结点。

2017年，英国消费品公司联合利华拒绝了卡夫亨氏（Kraft Heinz）价值1 430亿美元的收购要约，这令商界颇为震惊。此次收购得到了卡夫亨氏各大股东的支持，包括世界上最著名的投资家沃伦·巴菲特（Warren Buffett）所有的伯克希尔·哈撒韦公司（Berkshire Hathaway）以及巴西私人股本公司3G资本（3G Capital）。根据我们对传统资本主义的所有认识，这次收购本应被接受，因为这会让联合利华的股东变得更加富有。但事实并非如此，原因何在？这是因为只关注商业利益而无视其他一切的传统资本主义势力与认识到企业和社会是紧密相连的新观念之间的冲突已经到了紧要关头。[14]

联合利华当时的首席执行官保罗·波尔曼（Paul Polman）将此次失败的收购描述为"牵挂着世界数十亿人的人与只想着几个亿万富翁的人之间的冲突"。[15]一边是巴菲特，他的著名投资项目包括可口可乐（Coca-Cola）、冰雪皇后（Dairy Queen）和麦当劳（McDonald's）。尽管巴菲特脚踏实地的生活方式和他的投资智慧一样备受称赞——哪怕财富每天都在不断增长，他依然生活在1958年在奥马哈购买的房子里，每天在麦当劳吃早餐，但他与快餐公司合作的选择似乎越来越不符合当今年轻消费者注重可持续发展的价值观。[16]另一边则是低调的企业家保罗·波尔曼，他更倾向于投资一些具有社会责任感的企业，包括七世代（Seventh Generation）、本和杰瑞等知名品牌以及普卡草本（Pukka Herbs）、梅特拉（Mae Terra）、肯辛顿爵士（Sir Kensington's）、羽扇豆（Sundial）等不太出名的品牌，它们都是开发天然有机产品且经过认证的共益企业。

保罗·波尔曼并非一个天真的人，他深知将公司定位于更好地满足下一代的需求和利益的战略价值。在他的领导下，联合利华形成了这样的使命：遵循负责任的商业原则，同时优先考虑所有利益相关者（包括你、我以及地球上的所有其他事物）的需求。正如保罗·波尔曼所言："我不认为我们的受托责任就是股东至上。我认为恰恰相反。"联合利华致力于"改善世界公民的生活，并提出了真正可持续的解决方案"，这种思维模式恰恰植根于公司的信念，即与消费者和社会保持一致最终能给公司带来良好的股东回报。[17]

更好的消费者声誉、更高的员工留存率、有益于环境的经营以及健康的利润，是建立在相互依存基础上的新型资本主义。这种全新的经营方式正在推动资本主义从20世纪的股东财富最大化模式向社会价值最大化的全新模式发展。许多人曾质疑联合利华拒绝卡夫亨氏收购要约的决定是否明智，因为联合利华可能要继续面临风险。然而目前的数据显示，此举实际上有利于联合利华。该公司的"可持续生活"品牌在数年里始终领先于其他品牌：2017年，"可持续生活"品牌的增速比该公司其他品牌快46%，它极大地推动了该公司的销售增长速度。保罗·波尔曼明白，伯克希尔·哈撒韦和3G资本注重短期价值，并且经常对被收购的公司实施高强度的成本削减措施。这可能意味着公司员工失业、环境项目受阻、长期可持续发展计划陷入停滞——所有不可能转化为短期利润的事物都有可能受损。[18]

在反对股东至上主义方面，拒绝收购要约是一种不那么平和的方式。然而，我却认为这个例子更像是一种领先指标，它意味着企业还可以用其他方式来经营。巴菲特和保罗·波尔曼的身上体现了两种截然不同的公司文化，这两种文化明显是相互对立的。一方是只关注股东利益和短期回报的传统企业；而另一方则有三重底线，即人类、地球以及利润。联合利华这样的公司走在重新定义资本主义的前沿阵地，而年轻人正在用他们的日常选择来协助这类公司实现这一点。但建立可持续的商业模式只是第一步，如果法律没有发生相应的变化，那么当新的管理层和投资者接管这些公司时，这些向善的变革可能会随着时间的推移而减弱。事实上，保罗·波尔曼也已经从联合利华退休，该公司是否会按照他设计的路线继续发展还有待观察。

在许多行业，支持三重底线的"挑战者品牌"正在重新定义21

世纪的公司。例如，通过提供天然、无毒和可降解的产品，美方洁家居产品和七世代已经给以化学制剂为基础的清洁和家用产品行业带来了挑战。这两个品牌的成功可归因于消费者对有害化学物质及其环境影响的认识日益增强，以及这两家公司在与传统主流企业对抗时所表现出来的冒险态度。

正如我们已经看到的那样，人们认为当前的经济制度有缺陷，并对此感到失望。在美国，40%的财富被掌握在仅占人口1%的人手中。[19]大气中的碳排放量已经超过0.4‰，这是一个公认的危险数值。[20]法律体制阻碍了针对股东和利益相关者的长期价值创造，而标准的缺失使得消费者、投资者、政策制定者和劳动者难以分辨何为好公司和好营销。试图通过商业经营来应对这些挑战的人越来越多，这已经成为我们这个时代最重要的社会趋势之一。无数消费者、投资者和劳动者正在寻找符合他们价值观的购买和投资对象，并据此做出就业决定。

研究显示，千禧一代想要的不仅是工资，还包括更高的目标，他们希望自己选择的公司的社会价值是自己认同的，他们通常会排斥资本主义传统的单一目标利润最大化。[21]共益企业的崛起就是这一趋势的明证。2/3的千禧一代表示，他们接受一份工作的主要原因是该公司的使命。许多共益企业发现，在通过共益企业认证后，来公司应聘的人数有所增加，许多申请人都表示，有共益企业认证是他们前来应聘的原因。[22]2019年，德勤（Deloitte）的一项研究显示，大多数接受过大学教育的千禧一代都认为企业的主要使命应该是作为一股向善的力量去改善世界。然而在接受调查的千禧一代中，只有不到一半的人认为企业的行为合乎道德。出于种种原因，千禧一代和Z世代（1995—2009年出生的一代人）对当前的体系及其领导力丧失了信心，同时被具有社会责任感且关心员工的企业所吸引。[23]

市场研究证实，和老一辈相比，千禧一代更关注符合他们消费观的产品和企业。哈佛肯尼迪学院近期开展的一项调查发现，在18

岁到29岁的人中，有超过50%的人抵触资本主义。[24]他们希望自己消费的品牌是透明的，且自己能够对此有清晰的了解。布鲁金斯学会（Brookings Institution）的一项报告发现，和其他公司相比，90%的千禧一代更有可能在支持解决社会问题的企业那里购买产品。[25]全球最大的投资管理公司黑岩（BlackRock）的首席执行官拉里·芬克（Larry Fink）在其2019年的年度信中写道：世界正在经历有史以来规模最大的财富转移，从婴儿潮一代转移给千禧一代的财富总额高达24万亿美元。在这个过程中，千禧一代不仅是员工，也将作为投资人去推动决策。随着财富转移和投资偏好的转变，环境、社会和政治因素对企业估值的影响将变得越来越大。[26]

虽然全新的信仰体系正在崛起，但不乐于改变的保守派依然捍卫着现状。共益企业运动的第一个十年走得并不轻松，而在该运动实现其必得的全方位成功之前，这种挑战还会继续加码。我们的未来——不仅是千禧一代的未来，而是所有人的未来——岌岌可危。尽管当前全球政治局势呈现出深刻的两极化，但依然有人认为，进步的经济政策和更加关注自然环境的做法得到了广泛支持，甚至在美国最传统和最保守的人群中亦是如此。这些政策包括向富人增税以及加强对公司的管控。例如，2017年，皮尤（Pew）研究中心的一项研究显示，94%的"市场怀疑论共和党人"（Market Skeptic Republicans）（大约相当于30%的共和党注册选民）认为经济不公正地偏向强大的利益集团，政府应该增加对大型企业的征税，而这种观点使他们更像是自由派而非保守派。[27]此外，大部分美国人并不赞同特朗普在2017年公布的税收改革法案，该法案大幅削减了针对富人和大型企业的税收，几乎没有给中低阶层带来任何好处。[28]许多自称保守派的人在社会文化议题（比如移民、生育权、性少数平权）和财政议题上的立场都显得更像是自由派。

人们对共益企业运动的认识将在未来几年呈现指数级提升。几乎每天，我都会看到有关它的新闻报道，这足见其普遍性。例如，2018年8月的某一天，《纽约时报》（New York Times）和其他媒体上刊登的几篇文章引起了我的注意。其中一篇是几个月前首次发表的名为《难怪千禧一代憎恶资本主义》（No Wonder Millennials Hate Capitalism）的专栏文章，而这对我来说一点都不奇怪。[29]这篇文章称百事公司（PepsiCo Inc.）的首席执行官英德拉·努伊（Indra Nooyi）即将卸任，报道的焦点在于她如何将百事公司重新定位为生产更加健康的食品的公司。[30]其中一个重要的例证就是该公司收购了经认证的共益企业贝尔食品（Bare Foods）。此外，还有一个与马萨诸塞州州长德瓦尔·帕特里克（Deval Patrick）有关的故事，当时他刚刚发表过有关特朗普总统应该被弹劾的言论，也有传言说他有兴趣参与2020年的总统大选。在参加竞选之前，帕特里克曾在贝恩资本（Bain Capital）的投资部门工作。他的第一个投资对象就是共益企业羽扇豆，同时他也公开支持通过共益实验室分析平台来评估社会投资。[31]

大约在同一时期，参议员伊丽莎白·沃伦（Elizabeth Warren）在《华尔街日报》（Wall Street Journal）的一篇专栏文章中公布了她提出的《负责任的资本主义法案》（Accountable Capitalism Act）。该法案要求所有收入超过10亿美元的公司都必须获得联邦特许（当前美国的公司特许审批权在州一级），同时要求这些公司必须采取这样一种治理模式，即公司董事在进行决策时必须考虑所有主要利益相关者的利益，而不仅仅是股东的。这篇文章的标题为《公司不该只对股东负责》（Companies Shouldn't Be Accountable Only to Shareholders）。[32]伊丽莎白·沃伦承认，她提出的法案建立在共益实验室首创的福利企业模式之上，该模式已在2/3的财富500强企业的所在地——特拉华州得到应用。

在将伊丽莎白·沃伦的想法驳斥为政府过度干预之前（虽然已经有人这么做了），你可能会有兴趣知道，美国收入超过10亿美元的企业大约只有3 800家，要求它们将员工、顾客和社会的利益与股东利益一视同仁，这难道不合理吗？考虑到我们当前所面临的众多危机，尤其是信任方面的危机（在美国，企业是最不受信任的机构之一），再想想英国脱欧、"黄背心运动"（the Yellow Vest Movement）[①]和"反抗灭绝运动"（the Extinction Rebellion）[②]等社会政治运动背后的经济力量，这种想法似乎并不是非理性的。

另外，参议员马可·鲁比奥（Marco Rubio）发表了一份长达40页的报告，名为《21世纪的美国投资》（American Investment in the 21st Century）。他在报告中指出，美国经济正在遭受因过度关注短期财务回报而带来的危害。该报告还明确指出，股东至上理论是"美国企业偏离其在经济中应有的传统角色"的主要原因，因为"该理论使得企业倾向于以快速且可预测的方式向投资者回报资金，而非培养企业的长期实力，它削弱了企业在研究和创新上的投资，同时低估了美国劳动者对生产的贡献"。马可·鲁比奥的报告总结道："我们需要建立这样一种经济模式，它能够超越从狭隘和短期角度理解价值创造的观念，同时设想一个值得长期投资的未来。"[33]

参议员伊丽莎白·沃伦和马可·鲁比奥在很多方面的意见并不一致，但是他们对扼杀美国竞争力、美国社群和美国劳动者的症结有着一致的判断，那就是股东至上主义。包括尼基·黑利（Nikki Haley）、迈克·彭斯（Mike Pence）、斯科特·沃克（Scott Walker）在内的各共和党州长都已签署福利企业法案。如今，我们很少能够见到民主党和共和党在某件事情上达成一致，而这恰恰说明将民众利益而非利润放在经济决策中心的政策有可能得到两党的支持。

---

① 黄背心运动是法国民众发起的一场抗议运动，因抗议者身穿黄色马甲而得名。该运动始于2018年11月17日，起因是法国政府加征燃油税。——译者注

② 反抗灭绝运动在2018年发生于英国，相关气候变化活动人士在多个城市发起抗议，以呼吁政府采取行动削减碳排放。——译者注

就连美国一些大型企业的首席执行官也开始得出同样的结论。2019年8月19日，美国规模最大的、包括200多家企业的、有影响力的贸易团体商业圆桌会议（Business Roundtable）对其公司使命宣言做了修订，以促使企业不仅满足股东的需求，也满足员工、消费者和社会等利益相关者的需求。[34]尽管这一进步令人兴奋，并且可能代表了这个世界在企业意识形态上所需的根本转变，但这份宣言还是遭到了强烈的批评，因为它几乎没有给出任何细节来说明公司应该如何为这一新目标负责。除非这些公司的首席执行官言出必行，否则这又将是一个商界领袖嘴上说着让世界变得更加美好，但却继续维持老一套的例子。

例如，为了将这样的宣言付诸实践，他们需要让公司对利益相关者负责，并根据以利益相关者为中心的目标来调整公司内部的业绩标准。同时最重要的是，他们要开始与投资者和政府领导人商讨这一目标。为了实现更广泛的变革，这些商界领袖还必须说服资本市场人士和政策制定者，使他们认识到符合利益相关者利益的治理结构的重要性。

我们正处于一个相互依存时代的开端，但要想推翻股东至上主义，我们还有很多工作要做。基于十多年的研究以及对全球数十位领先企业领导者的访谈，本书将探索由共益实验室引领的这场变革如何且为何能够发挥作用。共益实验室提倡的模式强调问责制、业绩标准以及利益相关者治理。正如我们将会看到的那样，这种模式在日益高涨的影响力投资运动中获得利益并帮助其发展，同时与企业员工产生了强烈的共鸣。参与其中的企业家正在通过推广深层次的本地网络来创造这种改变，而这一运动也在世界范围内快速传播。

正如我要向你们展示的那样，为了帮助这一运动进一步扩散，我们还需要在以下三个关键领域开展工作。首先，我们的重点要从增加共益企业的数量转向创造一个所有公司都能做到的、与共益企业一样的体系，与联合国可持续发展目标等重大国际项目合作是朝着这一目标迈进的重要一步。其次，共益实验室必须吸引更大的跨国企业，使其将自己的企业社会责任项目推进到一个更深的层次，并提供一种让公开市场朝着长期导向转变的方式。最后，所有人（包括本书读者在内）都必须成为这一重要运动的一部分。只有理解了"消费选择"的力量和重要性，我们才能让这个世界变得更加美好。

第一章

关注相互依存，而非外部性

现行的资本主义制度是许多严重问题的根源，但本书所要传达的信息并不全都是悲观的。在得到政府合理监管的前提下，资本主义同样可以成为一股强大的向善力量。它所激发的科技创新和经济发展已经让数百万人脱离了贫困，我们面临的挑战则是在利用资本主义积极因素的同时保护个人和社会不受其消极因素的影响。

为了改革我们的经济以满足所有利益相关者的需求，政府、企业和消费者必须考虑公司在各个方面的表现，确保其将社会和环境成本控制到最低。一个相互依存的经济体不允许企业无视它们的外部性，当不可回收的产品最终被丢入垃圾填埋场和海洋，或者低工资的员工必须做额外的工作才能维持生计时，这些企业不可以只是耸耸肩，对此视而不见。从本质上看，这种责任感正是从共益企业运动开始的。

共益企业运动由三位在斯坦福大学相识的好友共同发起，他们在追求商业成功的同时，意识到自己所在的商业世界亟须变革。杰伊·库恩·吉尔伯特（Jay Coen Gilbert）是一家成功的篮球鞋服公司AND1的联合创始人。巴特·霍拉汉（Bart Houlahan）最初是一名投资银行家，随后也加入了AND1并担任该公司总裁。在投身社会企业和可持续企业之前，安德鲁·卡索伊（Andrew Kassoy）曾在迈克尔·戴尔（Michael Dell）的私人投资公司负责投资工作。他们的个人做派反映了他们的背景：尽管安德鲁·卡索伊总是穿着考究，但他却是一个谦虚且富有同情心的人；杰伊·库恩·吉尔伯特则会通过幽默且即兴的方式来描绘宏大的愿景；巴特·霍拉汉充满热情活力（这表现在他一贯的微笑之中），但他实则更为深思熟虑且有条不紊。

这三人都对企业无情追求短期利润的行为有所怀疑。为什么企业不能在追求利润的同时保护员工并让他们变得更加富裕呢？为什么企业不能专注于帮助当地社区呢？为什么企业不能将环境责任作为核心原则呢？他们一同得出了两个关键结论：

- 企业可以对社会产生巨大的积极影响。
- 当前支撑企业的制度不允许企业发挥自己的潜能。即使有些企业领袖想做些事情，他们也会被股东至上的法律和文化所束缚。

因此，他们决定创造一种补救方案——找到一种方法来使企业扩大规模、筹集外部资本、保持流动性，同时忠于自己的社会使命。2006年，他们创办了非营利组织共益实验室，致力于重新定义企业，使其成为世界上最好的，而且对世界最有益的组织。[1]

为了解决当前系统中的问题，共益实验室团队开发了一种以公司环境透明度与问责制为核心的方法。毕竟，宣称公司对所有利益相关者都有投入也没什么错，但如果公司的实际表现不透明、不负责任，那么消费者或员工又该如何信任公司，并且相信公司的初衷呢？

推动福利企业立法是共益实验室成功的基础——福利企业是一种新的公司形式，它在法律上将社会福利、劳动者权利、社会及环境效益放在了等同于股东利益的位置上。共益实验室三人组明白，如果没有法律的强制力，那么随着时间的推移，企业有可能偏离自己的使命，特别是当它们需要引进外部资本的时候。杰伊·库恩·吉尔伯特和巴特·霍拉汉曾在自己的企业应对过这样的问题。"我们创建AND1主要出于两个目的，即创造自己的财富和产生更广泛的影响力。"巴特·霍拉汉回忆道。但他们发现，随着时间的推移，要想在扩大规模和出售资产的同时坚持使命是不可能的。[2]共益实验室的联合创始人设想了一个法律框架，可以让更高的目标成为具有竞争力的优势。

为什么我们需要更多地关注问责制和企业治理呢？近年来，随着资本主义对股东至上的日益关注，企业已经转向攫取外部因素。也就是说，企业通过破坏环境、剥削工人或其他手段，将环境和人力成本转嫁给了社会，即使这么做会给其他方面造成损害。下文介绍的问责制和企业治理方法为企业提供了一个全新的平台，可以让它们将其他利益相关方（比如员工、环境和社区）置于等同于股东的地位。

股东至上的迷思

组建公司是一种强大的手段，我们可以让它以积极的方式改变社会。从工业革命到信息革命，这种经济和创新上的重大突破之所以能够产生，在一定程度上是因为组建公司能让个人将自己的财富汇聚到集体企业之中。公司所具备的有限责任等特点使其可以通过降低风险来吸引投资，而无限期则允许公司签订长期合约。这种特别的法律制度最初是为开发铁路或建立银行等大型商业投资设立的。在这些投资中，投资人就是客户，他们与社会其他部分在本质上是相互依存的。因此，与目前人们通常认为的企业存在的理由——投资回报最大化不同的是，早期企业专注于提供满足公共利益的商品与服务。投资人投资这些早期企业意味着他在为自己和所在社区争取成本低且质量高的服务。

然而随着时间的推移，组建公司的初衷变得模糊不清。最终，股东至上的法律概念开始主导公司法和商界。但这种观点存在大量迷思，我们需要将其一一揭露。

迷思1：股东至上是天然的

我们对公司的认知在20世纪下半叶经历了戏剧性的变化。以股东财富最大化形式出现的利润逐渐被视为公司的唯一目的。自那时起，股东资本主义是市场运作的自然方式这一观点就已经渗入我们的集体潜意识。然而，如若审视这一观点是如何发展起来的，我们就会发现，它并不是向着最高效的系统自然演进的结果，而是源于一种特定的历史遗留。它可以追溯至20世纪70年代到80年代，当时一些具有影响力的美国经济学家发起了一场宣称股东利益至上的思想革命。1970年，芝加哥学派最知名的成员、大力提倡自由市场经济的米尔顿·弗里德曼（Milton Friedman）为《纽约时报杂志》（*New York Times Magazine*）撰写了一篇文章，并在文中谴责企业的社会责任实为不负责任，因为这可能会使企业滥用股东资源。米尔顿·弗里德曼认为："对企业而言，社会责任只有一个，那就是利用其资源从事增加利润的活动。"[3]

但在美国商业的早期历史中，利润最大化并不是企业的唯一目的。社会学家威廉·罗伊（William Roy）在其获奖著作《社会化资本》（*Socializing Capital*）中指出，现代企业的盈利模式产生于一系列无意的选择与特定的历史环境。最初，设立公司的目的是建设基础设施、支持教育事业和进行市场运营。在美国，州政府创立了第一批对政府负责的公司。但在19世纪末，允许公司私有化的法律通过。威廉·罗伊指出，20世纪初，为了使自身不受政府和银行，特别是规模更大的竞争对手的影响，小型制造企业开始合并。因此，我们当前的资本主义模式实际始于这样一种意愿，即颠覆以社会为中心的使命，发挥力量以实现对市场的控制。[4]

米尔顿·弗里德曼及其后继学者的观点，正是针对这种观点的更有影响力的时代回应。正如阿道夫·A. 伯利（Adolf A. Berle）和加德纳·C. 米恩斯（Gardiner C. Means）在开创性著作《现代公司与私有财产》（*The Modern Corporation and Private Property*）中讨论的那样，在20世纪上半叶，美国商业环境的特点是所有者比较分散，这样管理者就不会受股东的影响。因此，他们可以解决劳动群体提出的问题，为自己的员工提供优良的福利待遇，投资他们所在的社区，同时对慈善事业慷慨出手。然而与此同时，这样的体制导致公司结构臃肿，并且出现了大量更在意如何保住自己的位置而不考虑公司利益的管理者。[5]

为了纠正这些问题，米尔顿·弗里德曼等人强调，经理人和高管只是为股东利益服务的"代理人"，为此，商界需要建立一种制度，以促使管理者与股东利益保持一致。这一理论及其相关实践在接下来的20年里得到了进一步发展，逐渐演变成我们今天所熟知的股东资本主义。社会和法律上的共识是，董事会和高管必须以增加股东财富为目标行事，否则他们可能会被起诉，因为他们没有履行自己的"受托义务"，没有保护高于一切的股东利益。这种理念也普遍存在于以股权为基础的薪酬激励方案中。该理论的支持者认为，这才是资本主义最有效的形式。

最终，公司主要对股东负责的观点被写入法律，在投资市场约定俗成，并在我们的思想和文化中深深扎下根来。詹姆斯·佩里（James Perry）是库克公司（COOK，一家专注于自然即食食品制造的销售商）的首席执行官，他说："这就好比绝地武士对人类施展控心术^①。"共益实验室的杰伊·库恩·吉尔伯特将其比作资本主义的核心"源代码错误"。[6]在米尔顿·弗里德曼的那篇文章发表50年之后，尽管世界已经发生了翻天覆地的变化，但全球经济依然遵循他的行动方案运行。正如我们将在本书中看到的那样，强调主要为股东利益服务会带来可怕的后果。为更广泛的利益相关者服务不仅更符合资本主义在大部分历史时期的运作方式，而且更具可持续性。

迷思2：股东至上更有益于投资者

2012年，康奈尔大学法学院知名法律学者林恩·斯托特（Lynn Stout）发表了《股东价值迷思：股东优先如何损害投资者、公司和公众利益》（The Shareholder Value Myth: How Putting Shareholders First Harms Investors, Corporations, and the Public）一文，该文毫无保留地揭穿了企业界股东至上的谎言，并解释了为何遵循该理念会导致灾难。林恩·斯托特尖锐地质疑了当前系统所谓的效率，指出固有的冲突源于没有统一的股东价值。在特定的时间节点，对某些股东有益的战略和价值观可能会在较长时间内给其他股东带来糟糕的后果。在投资者的短期和长期行为中，我们可以很清楚地看到这一点。短期投资者常常会采取暂时使市场价格上涨的策略，然后抛售股票，最终让公司付出代价。如果股东之间未能达成某种形式的共识，比如公司治理文件中包含的企业使命，那么他们不可能给公司带来长期且积极的影响和改进。[7]

这种影响在由机构主导的资本市场更加明显，美国和其他大多数发达国家都是如此。机构投资者持有遍及全球市场的高度多样化的长

---

① 控心术是《星球大战》系列影视作品里的技能招式，指运用原力在目标对象的思维里制造幻觉，以迷惑和误导对方。——译者注

期投资组合（包括养老金、退休金、共同基金）。值得注意的是，这些机构投资者实际上就是我们所有人。正是我们的退休金和养老金方案构成了这些投资，我们是其受益人。机构投资者所做出的关于国家资金投资的每一个决策都影响着我们所有人的生活：什么样的政策会得到推动，什么样的问题会引起世界的关注，这个国家的社会和环境问题又将如何解决，等等。

由于规模庞大，这些机构投资者本质上就是普遍所有者：他们的持股代表了整个经济，而不是某项特定的投资，因此他们要求整个市场是健康的，而不仅仅是某个公司。研究显示，对普遍所有者来说，超过80%的财务回报都来自市场本身的表现，而不是某项特定投资的波动。因此，对绝大多数美国人来说，影响其投资业绩的最重要因素在宏观层面，比如环境污染、社会动荡以及其他更广泛的社会趋势和环境趋势，这些通常被视为外部因素。这些因素影响着宏观经济，因而也会影响他们的投资组合。与此同时，着眼于短期收益的投资人对宏观问题的兴趣要小得多，实际上，他们可能会认为公司在员工培训、减少污染或其他环保工作上的投入是一种浪费，这会让他们的短期收益最小化。[8]

里克·亚历山大（Rick Alexander）曾被认为是世界十大公司律师之一，但现在他却称自己是一名"复原公司律师"。他这样说道："我认为，有必要让公众参与改变公司文化。例如，解释一下为何对通用汽车公司（General Motors Company）有利的行为不一定有利于美国。"直到最近，里克·亚历山大还在共益实验室负责法律政策方面的工作。2019年，他创办了"股东共享"（Shareholder Commons），一个致力于更广泛地与资本市场合作从而推翻股东至上主义的组织。他解释说，由于通用汽车公司的股东也是苹果公司（Apple Inc.）和谷歌母公司Alphabet等公司的股东，因此"对通用汽车公司有利"的事情不应局限于为股东提供金钱回报，相反，人们应该开始想象，到底什么才能带来"繁荣的世界和经济，让每个人都过上好日子"。

迷思3：股东至上更有益于所有人

当我们考虑股东至上主义对集体利益的影响程度时，普遍所有权便显得更加重要。里克·亚历山大回忆道，当阅读林恩·斯托特的书时，他意识到自己做了25年的假设全都是错的。他曾深受这样一种说法的影响：如果一个人按照公司允许的方式行事，并且在遵守法律的同时尽一切可能最大化自己的价值，但却不在乎这会给其他人或环境造成多么大的危害，那么我们称这样的人为反社会者。然而这正是我们希望董事会做的事。或者说，只要一家公司能够给我们带来回报，我们就认为它是成功的。相反，里克·亚历山大指出，如果一家公司能够给我们带来回报，同时又不会消耗我们所依赖的其他资本（无论是人力、自然还是社会资本），那么我们才应该认为它是成功的。[9]

为了真正评估公司业绩，我们需要考虑外部因素。例如，如果污染造成的经济损失被计入公司成本，那么公司可能会赔钱。环境数据采集公司特鲁科斯特（Trucost）的研究说明了这些问题的重要性。特鲁科斯特调查了由公司导致的100起最严重的环境危害事件，并认为它们给全球经济造成的损失每年高达4.7万亿美元。造成最大损失的部门或领域是东亚和北美的煤炭电力机构以及全球农业体系（特别是在水资源匮乏的地区），它们给环境和社会造成的损失远远超出其总体收入。换句话说，"高影响力的地区或部门并不能创造足够多的利润来弥补它们对环境的影响……如果商品定价中的自然资本成本没有被内部化，那么其中很大一部分成本会被转嫁给消费者"。[10]这是有问题的，因为消费者也不愿意承担这种代价。但我们如果能够理解这种外部因素内部化的重要影响，那么至少可以就如何更好地管理这些成本进行公开讨论。

这一问题的根源在于，我们当前的系统完全通过交换产生的价值来衡量财富。特定交换之外的因素，也就是所谓的外部性没有价值，因此被当作免费的。这种为企业在追求利润的过程中提供的"免费礼物"，一般包括自然环境、员工、社区和消费者。例如，零工经济一经出现便备受推崇，对很多人来说这似乎是一件好事。它为低收入者提供了灵活且额外的机会，但大多数以这种方式经营的企业都不认为自己对员工负有责任。例如，2017年优步在全球范围内拥有超过200万名"司机伙伴"，但其认可的正式员工仅有约1万名，这么做可以让该公司无情地专注于自身增长。由于没有真正雇用绝大多数劳动者，该公司将大部分相关经营成本都转嫁给了社会，比如医疗、退休福利和保险等成本。此外，这一趋势还导致人们需要打更多份零工，以牺牲自己的健康为代价。今天，同时打好几份工的美国人比以往任何时候都多。[11]

公司将外部性成本转嫁给社会的一个重要方式是，广泛使用401（k）①等计划来取代固定收益养老金计划（该计划可以保障一定的退休收入），从而将很大一部分风险和责任转嫁给员工。由于401（k）等计划无法保证退休收入，因此这不仅导致退休危机加剧，而且使美国人每天都在以前所未有的方式接触所谓的市场。对许多员工，特别是那些在20世纪70年代或80年代开始职业生涯的人来说，能在一家知名的大企业找到一份工作是件大好事。"你永远都会有工作，"人们如是说，"它的福利很多。"但在过去的20～30年里，这些公司

---

① 401（k）计划也称401（k）条款，是指美国1978年《国内税收法》（Internal Revenue Code）第401条第k项的规定。该条款适用于私人公司，为雇主和雇员的养老金存款提供税收方面的优惠。按照该计划，企业为员工设立专门的401（k）账户，员工每月从其工资中拿出一定比例的资金存入该账户，而企业一般也为员工缴纳一定比例的费用。——译者注

一直在削减养老金，把为它们工作了几十年的员工调整到其他类型的养老金方案中，或者干脆冻结他们的养老金。[12]西尔斯（Sears）曾是美国最大的用工企业，该公司于2006年终止了养老金计划，但其员工及退休员工依然有权享有他们在此之前积累的福利。能为老员工和现有退休员工做这些事本应令人欣慰，但西尔斯的高管却对此抱怨连连。其首席执行官爱德华·兰珀特（Edward Lampert）曾经表示："养老金计划是一种妨碍西尔斯与其他零售商竞争的负担，许多零售商都没有大规模的养老金计划，因此我们不用在这件事上花费数十亿美元。"[13]说到负债，西尔斯指的当然是自己的员工，那些用了数十年时间建立起这家公司的员工。尽管从利润最大化的逻辑来看，这么说似乎是合理的，但在更深层次上，这印证了里克·亚历山大将公司比作反社会者的观点。

对普遍所有者来说，来自环境和社会方面的外部性是不可避免的：它们表现为污染、自然灾害和新冠肺炎疫情等公共卫生危机所造成的高额成本，不平等导致的不稳定局势，以及其他社会和环境现象。如果一个人要投资某家特定的公司，那么他可能会考虑短期风险或成本等因素。但一家公司在污染或员工经济不平等等问题上的作为（或不作为）所造成的影响会不可避免地外溢，并影响其所在的社区、地区或国家的其他企业或个人。这些不利于环境或员工的决策可能会影响整个世界的经济，其影响程度取决于公司的规模。普遍所有者知道企业和社会在根本上是相互依存的，因而他们也知道投资在减少企业给环境和社会带来的损害方面的价值。外部性至少应该得到承认，并最好得到内部化。虽然公共政策在保护弱势群体和环境等问题上是不可或缺的，但共益企业模型可以让我们就谁应该承担这些代价进行公开、直接且投入的对话，它要求企业将这些外部因素及其对普通人的影响透明化，从而进一步推动企业建立问责制。

一些公司在经历了惨痛的教训后才意识到股东至上主义的问题，

想想全食超市的首席执行官约翰·麦基。这家现在在北美家喻户晓的企业源自大学辍学生约翰·麦基23岁时的一个梦想。30多年来，约翰·麦基一直在推动全食超市向社区提供天然食品。该公司拒绝了风险投资，拒绝了对"嬉皮士精神"的污名，并在1992年上市。然而在21世纪的前十年，当全食超市的股价达到顶峰时，来自各地的竞争对手纷纷崛起，局势开始发生转变。[14]

约翰·麦基是共益企业运动的早期批评者，尽管他的企业使命和价值观似乎与该运动一致。约翰·麦基一直站在"自觉资本主义"运动的前沿，此项运动建立在这样一种理念之上，即自觉资本主义才是有史以来最有益于社会合作和人类进步的强大经济制度。自觉资本主义与企业社会责任、可持续发展、影响力行动以及共益企业运动等相关概念的主要区别在业绩核验、法律问责和公众透明度等方面。尽管约翰·麦基认为照顾利益相关者是个很好的想法，但他却质疑道："有必要为此而立法吗？"他在2013年出版了《自觉资本主义》（Conscious Capitalism）一书，并专门用了一个章节来阐释共益企业运动的不足。"只要你有明确的社会目标，而且你的公司能继续赚钱，"他说，"你就没有理由去颠覆股东价值最大化的原则。"[15]

然而，当他自己的公司遭遇股东的强烈攻击时，他的观点发生了转变。2017年春季，全食超市的第二大股东——投资管理公司贾纳合伙（Jana Partners）表示有意出售该公司股票，其他股东也纷纷效仿。2017年6月，约翰·麦基以137亿美元的价格将全食超市卖给了亚马逊（Amazon）。鉴于这两家公司的价值观差异极大，此举着实令大多数人震惊。对于这家注重有机食品和环保主义的反主流文化公司来说，重视效率而非社会价值的亚马逊似乎有些不合适。在2017年的共益企业领军者研讨会（B Corp Champions Retreat）上，约翰·麦基在共益实验室创始人杰伊·库恩·吉尔伯特的访谈中解释了自己的想法："他们想要接管公司，接管我们的董事会，并迫使我们出售公司。"他说:"我多么希望我们是一家共益企业。"2018年,他在自己举办的自觉资本主义高管峰会(Conscious Capitalism CEO Summit)上再一次重申了自己在共益企业问题上的看法。[16]

里克·亚历山大解释了为什么福利企业可以使公司避免面临像全食超市那样的困境:"如果有人希望入股一家公司并成为一名积极干预公司治理的股东,那么这家公司是否采用福利企业的治理方式可能会成为其考虑因素之一。因为和那些除宣称提高公司股价之外并未提出此类使命的企业相比,干预治理这样的公司更为困难,而这应该成为一种强大的威慑力。如果一家公司有一位将可持续发展纳入长期计划的首席执行官,那么想要积极干预公司发展的股东的意见可能不会得到响应。"[17]

在将公司出售后,约翰·麦基表示,共益企业是整个资本主义所需的改革运动的尖峰。尽管当前的制度是为市场优先而设立的,但越来越多的消费者和员工开始对企业在市场中的运作方式产生兴趣。他说:"我知道资本主义制度中最病态的领域。那就是金融,它几乎失去了价值观的约束,成了金钱和利润的代名词。"约翰·麦基和其他同样经历了惨痛教训的人形成了这样的认识——一旦股东开始积极干预公司治理,公司的价值观和使命对股东来说就不再重要,重要的是如何才能使公司的利润最大化,这意味着要拆分或毁掉整个公司。正如约翰·麦基看到的那样,这就是资本主义最病态的地方。[18]而共益企业运动正是约翰·麦基所称的这种顽疾的治疗之道。

推翻股东至上主义

推翻股东至上主义并专注于企业的相互依存性,是一件说起来容易但做起来困难的事,这要求法律体系、投资人评估公司的方式甚至我们看待企业使命的方式实现系统性的变革。有人认为我们必须从改变文化开始，改变我们对社会的假设和规范。这与约翰·麦基的"自觉资本主义"精神是一致的，即如果一家公司做出了有意识的决定，打算为所有利益相关者的利益而努力，并且设定更高的目标，也就是社会使命，那么它一定能做好事，并成为一家有益的企业。然而和约翰·麦基受到的教训一样，这其实远远不够。虽然从个体的角度来看，这是值得称赞的，但自愿式的企业社会责任项目并不足以克服现有制度的固有问题。尽管联合利华的首席执行官专注于投资长期可持续发展项目的做法值得称赞，但人们还是会问：如果联合利华在财务上没有取得成功，那么将会发生什么。

为了让这种转变真正持续下去，我们必须彻底修订监管公司的法律。特拉华州最高法院前首席大法官小利奥·E.斯特林（Leo E. Strine, Jr.）在一篇名为《否定的危险》（The Dangers of Denial）的文章中表示：教导别人做正确的事，但又不承认适用于他们行为的规范和他们所受的权力制约，是无法实现社会进步的。[19]直面由公司治理法规所带来的艰难挑战可能是让营利性企业负起责任并实现可持续发展的第一步。

成立后不久，共益实验室就开始与律师和政府官员一同起草法案，将三重底线（这三重底线不仅承认财务因素，也认可社会和环境因素）纳入一种名为福利企业的新型公司模式的基础。根据法律规定，福利企业不仅要考虑股东的利益，还要考虑员工、客户、社区和环境的利益。这对公司传统权力结构来说是一种具有法律约束力的转变。

在大多数通过立法的国家和地区，福利企业要完全公开其影响，同时接受第三方对公司的社会和环境表现的定期检查。这种对透明度的强调将更多的权力交还给了员工、客户和其他利益相关者，包括那些关心系统风险管理或在创造积极回报的同时带来积极影响力的投资人。此外，对于针对股东治理的有影响力且非常理智的批评来说，这也不失为一种重要的补救措施。在对商业圆桌会议声明的公开回应中，机构投资者委员会（Council of Institutional Investors）认为：对每个人负责意味着对所有人都不负责，同时，"如果'利益相关者治理'和'可持续发展'成了掩盖糟糕管理的温床或拖延改变的借口，那么整体经济必将蒙受损失"。[20]

因此，正如首席大法官小利奥·E.斯特林所言："这个系统亟须改变，企业及其首席执行官不能仅以股东治理为准。我们如果想让企业承担更多的社会责任，就必须采取正确的方式。我们如果认为公司法本身应该给予其他利益相关者更多的保护，就应该制定法规，赋予这些利益相关者可行使且可执行的权力。但在保护环境以及保障劳动者和消费者的权益方面，更有效的方法则是启动外部监管。我们还必须解决机构投资者的激励和责任问题，因为它们是大多数上市公司的直接股东，只有这样，这些投资者的行为方式才能更符合普遍所有者的长期投资利益。"[21]

伊冯·乔伊纳德（Yvon Chouinard）是一位狂热的攀岩爱好者，在20世纪70年代，还是少年的他开发了一种全新的岩钉，巴塔哥尼亚就发源于此。这是一个在车库创造出来的品牌，而今已经成为全球知名品牌。它的岩钉业务最终被叫停，因为人们发现这款产品会破坏攀岩爱好者喜欢的自然岩石景观，而这证明了伊冯·乔伊纳德对环保主义的坚定承诺。[22]2018年，该公司决定加足马力，让自己的使命变得更加直接——巴塔哥尼亚的使命是拯救我们的地球。伊冯·乔伊纳德甚至给人力资源部制定了全新的指导方针：在其他条件相同的情况下，雇用对拯救地球最有热情的员工。这一承诺使得巴塔哥尼亚成为加利福尼亚州的首家福利企业。2011年，在该公司注册成为福利企业的第一个清晨，伊冯·乔伊纳德表示："我希望五年甚至十年后，当回顾今天时，我们会说这就是革命的开始，现有的范式已经失效，这才是未来。"[23]

现在，伊冯·乔伊纳德每个夏天都会在怀俄明州钓鱼。工作时，他会坐在一张旧木桌前，桌上只有一部固定电话，对面坐着的是他的首席执行官罗丝·马卡里欧（Rose Marcario）。[24]伊冯·乔伊纳德的眼光十分长远，他也表明了将公司重组为福利企业的原因："巴塔哥尼亚想要成为一家可以持续经营100年的企业，而福利企业立法创造了法律框架，将企业创办者制定的价值观、文化、流程和高标准制度化，这使得像巴塔哥尼亚这样的使命驱动型公司在继承、筹资甚至变更所有权的过程中依然能够受其使命驱动。"[25]如今，巴塔哥尼亚依然是共益企业运动的先锋。罗丝·马卡里欧在巴塔哥尼亚的福利报告中写道："共益企业运动是我们一生中最重要的运动之一，它建立在这样一个简单的基础之上，即企业影响和服务的不仅是股东，它对社会和地球负有同样的责任。"[26]

通过企业治理实现责任优先

我们有理由问，为什么更广泛地改变企业和资本主义是实现一个更可持续、更公平的社会的关键解决方案？这难道不是让狐狸来看守鸡舍吗？难道不应该把权力让渡给其他社会部门，比如政府和非政府组织吗？为什么不把重点放在以这些替代性系统为基础的更激进的改革上呢？

在社会影响力方面，非营利组织或非政府组织有很高的灵活性，而且它们无须揭示现代资本主义制度和当前市场体系的复杂性。在很多方面，非政府组织始终致力于提供社会公益并推动社会变革。但这种类型的组织有不少限制，其中之一就是它们如何创造收益。她极客（She Geeks Out，一家致力于教育并且支持多元化、包容性公司和组织的咨询培训机构）的联合创始人告诉我，他们在寻找合适的组织注册形式时遇到了困难。他们最初打算申请成为非营利组织，但由于产生了收益，因此公司不可以注册为非营利组织。有人说他们可以申请注册501（c）（6）①，但他们发现这种注册所产生的好处有限。最后，该公司成了一家经认证的共益企业。对于许多想要对社会和环境产生影响力的组织来说，以非营利组织的身份去筹集和申请资金所需的时间本可以得到更好的利用，但由于它们需要专注于满足资助人的要求或展示自身的影响力，所以它们无法好好解决公司最初想解决的社会问题。

本书的重点是如何直接解决导致不平等发生和可持续性下降的关键问题。如果我们可以从根本上改变资本主义制度的运行方式，那么经济的包容性会变得更好。一个健康的社会需要充满活力的非政府组织，但正如现状所表明的那样，非政府组织往往没有充足的资源去创造持续的影响力，它们无法有效降低一个疯狂逐利的市场所带来的不良影响。

福利企业的身份使得具有社会使命的公司在如何实现其使命方面有了更大的灵活性。例如，熟能生巧（Practice Makes Perfect）是一家专注于提供暑期学校项目和暑期学术项目的经认证的共益企业，在成立几年后，该机构就从501（c）（3）②型非营利组织转型成为一家福利企业。其创始人卡里姆·阿伯尔纳加（Karim Abouelnaga）表示，由于非营利组织的资金来自税收减免，也就是那些本应流向政府的钱，因此董事会应该以满足政府的最大利益为目标行事。然而，卡里姆·阿伯尔纳加发现，随着熟能生巧的发展，政府利益并不总是能

---

① 501（c）（6）是指美国《国内税收法》第501（c）（6）条所指定的免税团体，包括商业联盟、商会、贸易委员会等。——译者注
② 501（c）（3）是指美国《国内税收法》第501（c）（3）条所指定的免税团体，包括涉及宗教、慈善、科学、文学、保护妇女儿童和动物的组织。——译者注

够与公司的使命保持一致。他同时感到自己能做的事情有限："有时我发现自己想要冒更大的风险，做出更大的突破，为更多学生提供服务，但却被告知必须变得更现实一些，或者不要冒那么大的风险。"[27] 最后该公司认为，转型成为福利企业可以解决这些问题，同时有助于公司坚守使命。

那么为什么不从政府主导的方案入手呢？正如我指出的那样，对当前的变革而言，改变监管企业的法律正是其关键步骤。然而，尽管公共政策和法律保护是公平公正的经济秩序所必需的组成部分，但它们无法解决每一个全球危机和社会问题。我们需要政府和企业的共同努力。

2019年年初，由众议员亚历山德里娅·奥卡西奥-科尔特斯（Alexandria Ocasio-Cortez）和参议员埃德·马基（Ed Markcy）提出的绿色新政（Green New Deal）似乎给大家带来了希望。这项决议呼吁美国进行经济转型，通过制定政策和采取激励措施来减少碳排放，并在2030年前实现所有能源的清洁化和可再生。它关注那些受气候变化直接影响且未能得到充分照顾的群体——有色人种、穷人、移民和土著人，并要求为他们创造更多就业机会，让他们能够轻松获得清洁的水源、健康的食物、无污染的空气等等。考虑到美国当前的环境和状况，这一没有政策细节的发展方向是值得赞扬的，当然也是必要的。[28]

但对一些人来说，绿色新政似乎是一种老派的解决方案，是对21世纪问题的另一种20世纪式的回应。尽管它很有感染力，但它的名字会令人联想起早期的"大政府"时代，那时企业还没有主导经济和社会。尽管我支持该方案，但我认为，我们还是要解决问题的根源，而这种根源可以在我们当前的公司治理模式中找到。要想实现根本性的转变，我们需要重点改变企业的行为和思维模式。而明智的公共政策可以支持和加速这种转变。

前文提到的由参议员伊丽莎白·沃伦提出的《负责任的资本主义法案》正是朝着这个方向迈出的有益一步。除了要求所有收入超过10亿美元的公司采用福利企业模式，它还更进一步要求由员工选举公司40%的董事会成员，要求企业公开披露所有政治献金，同时允许联邦政府在公司产生非法行为时撤销其公司身份。要想解决由企业造成的问题的系统性根源，我们首先必须从根本上改变企业的基本目标。

此外，自从联合公民诉联邦选举委员会案①做出保障企业、工会及其他机构的言论自由决议以来，大企业和特殊利益集团对政策制定的影响越来越大。由于政客必须同时吸引多方利益相关者，因此他们提出的解决方案往往不是最优的。以烟草行业为例，大型卷烟制造商对政策制定的干预是出了名的：2017年，路透社（Reuters）的一项调查显示，有证据表明，菲利普·莫里斯（Philip Morris）公司已经组织了大规模游说活动，试图在世界各地削弱和推延控烟活动。[29]如果仅仅依靠政府来推进资本主义改革运动，那么我们可能会忽视政策制定者和特殊利益集团之间的紧密联系，尤其是在美国。

防止"只说不做"

许多大企业口头上承认资本主义的"社会影响"，但它们这么做往往是为了保护其市场地位和合法化其制度。说得好听和做得好完全是两码事，只说漂亮话是不够的。在过去的几十年里，我们一直坚持

---

① 联合公民诉联邦选举委员会案是由美国联邦最高法院判决的一场具有重要意义的诉讼案：2010年1月21日，美国最高法院做出判决，认定限制商业机构资助联邦选举候选人的两党选举改革法案的条款违反美国宪法中的言论自由原则。——译者注

这种观点。人们对"企业社会责任"和"共同价值"的关注度日益高涨，但我们的处境却比开始时更糟糕。起初，消费者被这些想法安抚了下来，但现在可以预见的是，他们又产生了怀疑。

阿南德·格里哈拉德斯（Anand Giridharadas）于2019年出版新书《赢家通吃：改变世界的精英游戏》（*Winners Take All: The Elite Charade of Changing the World*），指责商界精英领袖和企业在谈论让世界变得更美好的同时，却坚持着资本主义老一套的具有破坏性的价值观。他用"市场—世界"（Market-World）这个概念来指代一种专注于利用资本主义工具去改变世界的信仰体系，并指出这种体系忽视了资本主义本身就是问题所在的可能性。他说："从商业领域寻求解决方案是徒劳的，我们应该向公共部门寻求解决方案。"尽管阿南德·格里哈拉德斯对共益实验室持批判态度，并认为这可能只是另一种由精英主导的改变资本主义系统的尝试，但他还是承认共益企业是一项有用的创新。然而，他认为只有在公共政策的协助下，共益企业的规模才能迅速扩大。[30]

格里哈拉德斯说的没错。许多人已经发现，商界精英总会强调那些看起来不错但实际上并不友好的项目。对此，杰伊·库恩·吉尔伯特借用诺贝尔奖获得者、经济学家约瑟夫·斯蒂格利茨（Joseph Stiglitz）的话说："他们宁愿给这些时髦的说法赞助100万美元，也不愿意从根本上质疑游戏规则，更不会为了降低现有的扭曲、低效和不公平规则的危害而改变自己的做法。"[31]

由亿万富翁保罗·都铎·琼斯二世（Paul Tudor Jones II）以及包括迪帕克·乔普拉（Deepak Chopra）、阿里安娜·赫芬顿（Ariana Huffington）等在内的百万富翁共同创办的非营利机构公正资本（Just Capital）一直饱受这样的批评。公正资本的使命是投资那些做好事的方式能够反映美国人最看重的东西的公司。[32]然而，在快速浏览其投资的最佳公司榜单后我有点困惑，公正资本在确定何为好公司的标准方面所采用的方式明显存在缺陷。尽管我尊重其民主化的初衷，但问题在于，股东至上主义在我们的社会中已然根深蒂固，因此我们尚且不能确定，在判断什么才是负责任的企业行为时，收集个人意见是否是一种有效的方式。

例如，2018年我第一次考察公正资本的最佳公司榜单，发现其中一家受到赞誉的公司是销售软饮料和零食的百事公司。[33] 当然，如果适当消费，那么从原则上看，这些产品也没什么大错，但百事公司的产品高度依赖高果糖玉米糖浆（它与肥胖有关，且存在潜在的致癌化学物质）以及其他让人上瘾的添加剂，这让人严重怀疑其核心产品的社会价值。[34] 百事公司发起了一些专注于社会和环境利益的项目，甚至收购了一家共益企业，但该公司的产品配方却给世界上大部分人口带来了健康风险。在其领导者从根本上改变这家公司之前，我质疑他们是否应该因为开展企业社会责任项目而得到赞誉，因为这些项目只不过是在掩盖其产品的根本性问题。

多年来，在公正资本的最佳公司榜单中排名前二十的企业，大多是半导体公司——这是一个因为使用有害化学物质而备受抨击的行业。[35] 快速浏览德州仪器（Texas Instruments）在玻璃门（Glassdoor）网站上的员工评论，你会发现德州仪器的利润分享方案很有竞争力。而且该公司还是2018年和2019年最公正的五家公司之一。然而更能说明问题的是，其当前员工和前任员工的批评突显了该公司对平衡工作和生活的漠视及其不公平的等级制度。[36] 近年来，在公正资本的最佳公司榜单中，高科技企业的比重非常高，这意味着它的标准可能偏向于某些特定类型的公司。公正资本最佳公司榜单上的100家公司或者有令人印象深刻的员工志愿者项目，或者提供可延长一周的产假，或者尽量在环境方面保持可持续发展。考虑到它们所在的行业，这些举措着实令人钦佩。但它们真的付出了足够的努力去抵消它们给人类、地球和经济带来的损害吗？[37] 它们是否考虑了作为其利润根源的健康和环境等外部因素？

若想自信地回答这些问题，该榜单上的100家公司在社会和环境方面的表现就必须得到披露，并要根据可信的第三方标准（比如共益影响力评估）进行评估，同时由公正的第三方（比如共益实验室）进行核实。在此之前，消费者得到的唯一信息是公司愿意提供给他们的，而公司往往只愿意披露那些让自己看起来不错的信息，因此消费者没有太多理由去相信它们。

补偿性的善与内在的善

媒体理论家道格拉斯·拉什克夫（Douglas Rushkoff）在对公正资本的批判中区分了补偿性的善和内在的善。[38]实际上，这些公司（大多数都是大企业）通常会采取大规模的举措，因为这样看似可以弥补由它们造成的整体损害。以百事公司为例，它建设了一家零排放的薯片工厂。然而问题的核心并没有改变——百事公司依然是一家生产垃圾食品的公司，它从根本上导致了严重的健康和肥胖问题，产生了必须由社会来承担的医疗保健等外部性成本。阿南德·格里哈拉德斯在前文所提到的书里一针见血地指出：只说不做的企业领袖太多了。他们描绘了一幅其正在努力让世界变得更好的图景，但实际上一直在使用已经造成大量损害的老一套方式。

类似的批评出现在2018年，跨国投资管理公司黑岩的首席执行官拉里·芬克呼吁公司"展示它们对社会做出的积极贡献"，并表示公司必须让其所有利益相关者受益，包括股东、员工、客户和它所在的社区，此言令商界大部分人都颇为震惊。[39]对于拉里·芬克的声明，一些人又惊又喜，但也有很多人指责拉里·芬克是在"漂绿"。

拉里·芬克在2019年的年度信中更为深入地表达了本书中的许多主题，包括企业的社会使命非常重要，千禧一代将推动公司变得更有责任感。更为关键的是，问责制才是重新设计整个系统所需的基础。[40]

我并不认为拉里·芬克是在装模作样。但事实是，投资者在考虑公司的环境或社会因素时，往往都是出于自身利益。从#Me Too（#我也是）运动、反枪支暴力集会到有关气候变化的辩论，越来越多的社会议题正在增加它们在公众意识中的重要性。通过采取措施来提高环境可持续性，黑岩获得了更好的回报。正如我之前提到的有关商业圆桌会议上那些首席执行官的问题，拉里·芬克要想言行一致，就必须明确表示他支持用利益相关者治理取代股东至上主义，同时承认公司需要更多地考虑相互依存性，而不是利用外部性因素。他必须承认，只有当公司治理与其目标一致时，首席执行官才能带着使命和长远利益来领导公司。当前，企业的法律基础过于注重股东至上主义，因此首席执行官很难朝着拉里·芬克所呼吁的变革努力。拉里·芬克的行动倡议是针对首席执行官的，但他也应该将自己的注意力放在投资者和投资界上。如果他响应自己的号召并行动起来，支持采用福利企业这样全新的公司治理模式，他就真的可以说自己支持针对经济的根本性变革。

企业必须做的不仅仅是创造补偿性商品，还有从根本上改变自己对外部性因素的看法。本书认为共益企业在创造对社会有益的商品的同时，提供了透明的问责制。当企业的核心导向是为世界创造积极影响，而不是将其作为事后的想法或提高企业声誉的营销方案时，企业就会生产出对社会有益的商品。这种商品必须是企业关注的焦点，与其使命直接相关。如果一家企业将其重心转移到为世界创造有益的商品上，它就真的能成为一家向善的企业。

无需太多时间，我们就能找到每天都在创造对社会有益的商品的共益企业。我想到的是纽约扬克斯的格雷斯顿面包店（Greyston

Bakery）——一家制作美味的布朗尼蛋糕、曲奇和块状点心的企业，以及共益企业本和杰瑞。格雷斯顿面包店的招聘政策是开放式的，这意味着任何人都可以申请它的职位。只要职位有空缺，有志者就能来工作。这里的任何人包括移民、难民、经济状况糟糕的人、不同信仰的人、不同性取向的人以及出狱人员等。这项政策背后有这样一个宏大的使命：开放式招聘为那些被排除在主流劳动力之外的人创造了就业机会。而社区项目、为员工及邻里提供额外服务可以帮助人们保住工作。开放式招聘让人们有机会体验工作的尊严，并让他们有机会改善自己的生活和所在的社区。[41]

这一政策所产生的积极影响怎么夸赞都不为过。出狱人员的失业率高达惊人的27%，这在很大程度上是因为他们遭遇了污名化。[42]而这自然会导致再犯罪和其他社会成本，比如增加社会福利项目的压力。当前，美国服刑人员的数量已经超过200万人。[43]此外，难民和移民人口一次次证明了他们对美国经济的重要性，而那些经济状况糟糕的人很少有机会重新崛起。这些人之所以很难找到工作，是因为他们承担着污名，而不是因为他们没有工作能力。如果格雷斯顿面包店的开放式招聘政策能够在全美推广并发挥作用，那么这不仅会对相关个人，也会对他们的家庭和所在社区产生长期的积极作用。

在新英格兰地区经营玉米煎饼连锁店的共益企业波洛克（Boloco）的规模较小，但它在创造对社会有益的产品方面做得很好，作为帮助低技能、被边缘化的员工在社会中进步这一使命的一部分，该企业为说西班牙语的员工提供英语培训和领导力培训。在这样一个雇员主要是有色人种和移民的行业里，波洛克将为每一个员工提供最低生活保障工资作为自己的使命。波洛克每年都会提高其最低工资标准，2019年，其员工平均薪资为每小时15.25美元。今天，约90%的经认证的共益企业向员工支付最低生活保障工资。如果美国的每家企业都能这样做，那么会有更多的人挣到最低生活保障工资。这种大规模社会变革带来的好处是不可思议的。[44]

通常，照顾弱势群体的成本会转嫁给纳税人，但波洛克和格雷斯顿面包店则通过它们的工作创造了基本的人力资本。实际上，这正是这两家公司存在的原因。格雷斯顿面包店的口号是：我们不是雇人来做布朗尼蛋糕的，我们通过做布朗尼蛋糕来雇人。[45]而波洛克则表示：我们的使命是改善员工的生活与未来，我们通过制作美味的玉米煎饼来实现它。[46]

当然，并不是所有内在的善都局限于员工。为了创造内在的善，消费品制造商可以提供经过自觉性生产的优质产品，而不是鼓励盲目消费。巴塔哥尼亚就是一家独一无二的服装企业，因为它鼓励顾客"买少一点"。为了阻止顾客过度消费，该公司曾在黑色星期五当天在《纽约时报》上刊登广告，广告语为"别买这件夹克"或"别买这件衬衫"。该公司还将黑色星期五当天的销售收入全部捐赠给了环保组织。[47]为了减少浪费，避免其产品进入垃圾场，巴塔哥尼亚的回收修补项目"坏了再穿"（Worn Wear）一直坚持着公司"坏了就补"（If it's broke, fix it）的座右铭。该公司在里诺市经营着美国规模最大的服装修补店。除了无条件退货和修补政策，巴塔哥尼亚还在美国各地组织工作坊和旅游团（坏了再穿之旅，The Worn Wear Tour），向人们传授在家修补衣物的方法。此外，该公司还会将状况良好的二手衣服买回来转售。它的顾客认同公司的价值观，并且愿意为他们得到的品质与服务付费。"只要质量好，他们不在乎付更多的钱，"该公司创始人伊冯·乔伊纳德表示，"他们在乎的是大家都应该做的事情，也就是减少消费，同时提高消费品质。"[48]2019年，巴塔哥尼亚宣布，它将只为共益企业，也就是那些与巴塔哥尼亚拥有同样负责任的资本主义愿景的公司生产带有品牌标识的服装。这在许多公司都很流行，而且是一桩高利润的生意。[49]

初创鞋履制造商欧布斯的成立，让人们在那些不太关注环境成本的行业巨头之外有了其他选择。欧布斯创造了两款舒适又时尚的鞋子——一种用美利奴羊毛制成，另一种用树木制成。该公司联合创始人乔伊·茨威林格（Joey Zwillinger）告诉我："我们打算做一款像树一样的鞋子。我的意思是说，从环保角度来看，尤其是碳排放角度，这款鞋带给我们的要比我们向地球索取的多。"欧布斯专注于用天然材料制作可持续鞋履，因此该公司研究并推出了一款名为"甜蜜泡沫"的鞋底，它由完全可再生的资源甘蔗制成。生产"甜蜜泡沫"所用的基础树脂的碳排放量为负，这意味着它可以像树木一样清洁大气。[50]与其他公司保留对材料的专门使用权的做法不同，欧布斯的创始人向所有人开放了这种材料的使用权。"如果每个人都能使用它，地球就会变得更好。"乔伊·茨威林格补充说，"使用的人越多，其成本就越低。"而欧布斯并未止步于此。该公司在早些时候就承诺通过购买碳补偿的方式在2019年彻底实现碳中和，同时，还在内部对每只鞋子征收10美分的碳排放税，在财务上明确通常无法计算的外部性成本。[51]2018年，欧布斯从普信（T. Rowe）、富达（Fidelity）和老虎环球（Tiger Global）等主流投资公司获得5 000万美元的融资，其估值高达14亿美元。[52]

罗山（Roshan）是阿富汗最大的电信服务供应商，每年服务近600万客户。2012年，该公司通过了共益企业认证，并且始终是世界排名前十的共益企业。在阿富汗这个饱受战争摧残的支离破碎的经济体中，作为最大的电信服务供应商，罗山的宗旨是通过改善通信网络来为阿富汗的社会和经济重建做出贡献。该公司向医院提供医生培训和电信解决方案，以此改善阿富汗的医疗服务条件。它还为儿童建设游乐设施和学校，鼓励社会开展体育活动和青少年发展项目。更重要的是，罗山也特别关注女性权益，为她们提供就业和受教育机会。[53]

终结我们所知的传统资本主义

2006年6月，为了寻求指导，探索如何利用他们的共同利益和技能，共益实验室的三位联合创始人开始接触社会企业家、投资人和思想领袖。在沟通中，三人得出结论，将资本主义发展成世界范围的一股积极力量，需要三个方面的基础架构：客观标准是什么或什么才是"向善的企业"、承认利益相关者的法律架构以及在全世界传播这些理念的声音。就这样，共益企业运动悄然开始。

第二章

相互依存日

2005年，篮球鞋服制造商AND1的创始人将公司卖给了美国体育用品公司（American Sporting Goods）。这对该公司的领导者杰伊·库恩·吉尔伯特、巴特·霍拉汉以及安德鲁·卡索伊来说是一个转折点。

AND1的故事有点儿灰姑娘的味道。从斯坦福大学毕业后，杰伊·库恩·吉尔伯特在纽约的麦肯锡（McKinsey）做过几年分析师，后来他决定投身公共服务领域。1993年，他开始在纽约市市长戴维·丁金斯（David Dinkins）的药物滥用政策办公室工作。25岁时，他与高中好友塞思·伯杰（Seth Berger）和汤姆·奥斯汀（Tom Austin）合作，实现了塞思·伯杰在沃顿商学院学习时萌生的创意：在汽车后备厢销售印有标语的T恤。当意识到自己的产品有巨大的需求时，他们很快开始了一场商业冒险。到了第二年，公司已经在全美有1 500家店铺，成为价值百万美元的篮球鞋服品牌。[1]

AND1得名于篮球术语，是指球员在得分的同时造成对方防守犯规，并因此得到额外的罚球机会。该品牌因其有力的口号和鲜明的街头态度而闻名。它的首批产品是印有"我是公交车司机，我载所有人去上学""是这里很热，还是因为我太火辣""算了，别自取其辱"等俏皮话的T恤。几位创始人现在还留着那些餐巾纸，因为上面留着最初的标志性标语。[2]

创业6个月后，杰伊·库恩·吉尔伯特参加了一场婚礼，并遇到了一位斯坦福大学的老朋友——在一家小型投资银行工作的巴特·霍拉汉。后者表示"我喜欢我的工作，但我讨厌那儿的人"。叙旧时，杰伊·库恩·吉尔伯特提到，为了让这个品牌变成一桩真正的事业，这家羽翼未丰的公司需要一位首席财务官。巴特·霍拉汉回忆道："我简直不敢相信他之前居然没找我。如果我没记错的话，我对他说了不少脏话。那时距离哈佛商学院开学还有6个月。但婚礼之后，我打电话给哈佛商学院，请求保留我的学籍，因为我要加入一家价值50万美元的T恤公司。"[3]

在接下来的12年里，他们将公司的营业收入扩大到了2.5亿美元。巴特·霍拉汉先后担任了公司的首席财务官和总裁，而杰伊·库恩·吉尔伯特则是产品和营销主管，后来担任公司的首席执行官。巴特·霍拉汉和杰伊·库恩·吉尔伯特合作得十分密切，他们关系融洽，对彼此也非常了解。"巴特是我共事过的最全能的商业伙伴，"杰伊·库恩·吉尔伯特表示，"他是一个战略思想家，一个强有力的领导者，一个天才的管理者。最重要的是，他是一个非凡的运营者，能够在给定的预算和时间框架下看到所有的部分应该以怎样的顺序组合在一起。"[4]

AND1的发展得益于繁荣的街头篮球文化——从清晨到黄昏，当地的球手不断在柏油马路上完善自己的技术。它的产品和独特的营销活动成了一个传奇。例如，AND1的录像带——经过少量编辑处理的、用手持相机拍摄的充满颗粒感的视频，成了篮球迷中的一种文化现象。在短短几年时间里，由AND1招募的街头球手开始在全美各地进行"录像带巡演"，展示他们的天赋和AND1装备，并因此收获了大量追随者。[5]在20世纪90年代末和21世纪初，AND1成了全球第二大篮球鞋服制造商，仅次于耐克（Nike）。

AND1 的工作环境反映了该公司的精神，现在看来，这也是后来建立的共益实验室所提倡的相互依存理念的一个明证。巴特·霍拉汉回忆说，他们"只是想创造一个人人都向往的地方"。该公司形成了一个由同事构成的大家庭，其中的每个人都像是彼此的家人。巴特·霍拉汉的妻子——从斯坦福大学毕业的工程师、职业海军军官、现任美国国会议员克丽茜·霍拉汉（Chrissy Houlahan）曾经担任该公司的首席运营官。巴特·霍拉汉回忆说："办公室有八条狗跑来跑去，公司还有儿童房，办公室后面还有一个满是人的篮球场，那里会举办午间篮球赛。公司每天早上都有瑜伽课，而且还提供儿童看护服务……一切都以员工为中心。"杰伊·库恩·吉尔伯特和巴特·霍拉汉构建的正是他们认为正确的商业模式，他们考虑的不仅仅是利润。

此外，AND1 还积极参与当地社区的活动，每年至少将 5% 的利润用于慈善事业，并设立了一个巴特·霍拉汉所谓的"充满活力的直达服务项目"。按照当前的共益企业理念，该公司起初没有全面实践的只有环境方面的内容。公司创始人称："我们在绿色和环保方面是新手。当天伯伦和巴塔哥尼亚等品牌在鞋类和服装领域开辟先河时，我们才意识到这一点。这也成了我们为确保公司对地球、对参与我们事业的人以及对社区里的人都有好处而努力去做的一项重要工作。"

AND1 的服务导向使命来自杰伊·库恩·吉尔伯特人生中的一段黑暗时期。2001 年 9 月 11 日，他的两位好友正在世界贸易中心（World Trade Center）工作，在第二座塔楼倒塌前，作为当地电视台新闻节目的工作人员，他的姐姐就在现场。他们都幸免于难，但那天的恐怖感仍在持续。三天后，杰伊·库恩·吉尔伯特的父亲因为肺癌去世。两星期后，AND1 的团队成员琼·伯纳德·朱特（Jean Bernard Jouthe）在上班路上死于车祸。整个公司都体会到了一种毁灭性的失去感。在接连经历三起悲剧事件后，杰伊·库恩·吉尔伯特受到了相当大的触动。[6]

　　为了帮助自己恢复过来，他和妻子兰迪（Randi）——一名长期瑜伽练习者，一同在马萨诸塞州参加了一场周末静修活动。兰迪知道冥想和瑜伽静修是丈夫在那时需要的，但她没想到这会对他们今后的前进道路产生多么大的影响。在静修期间，杰伊·库恩·吉尔伯特思考了公司的整体使命，即公司在成为世界首屈一指的篮球产品公司后，还可以做些什么？而AND1的服务使命就此诞生。经过深思熟虑，该公司管理团队对公司使命进行了微调：AND1的主要使命是成为"富有同情心的商业实践"的领导者。[7]该公司将其定义为一种承诺，不仅不能做坏事，而且还要做好事，即将生意的方方面面都视为服务社会的机会，不期待任何回报。这在某种程度上就是共益企业运动的起源，尽管当时没有人意识到。AND1的服务理念最终延伸到了其海外工厂。"我们在中国大陆和台湾地区有一万多名员工，"巴特·霍拉汉表示，"因此我们有一套非常严格的员工行为准则，并通过第三方审查来强制员工执行这些准则，每年审查两次。"对这家公司的领导者来说，这些工厂里的员工和该公司在费城郊区办公室里的员工同样重要。

　　AND1也把社区参与列为一个重要的关注点。"我们意识到，我们的篮球鞋和篮球服的销售对象是18岁的孩子，但他们中的绝大多数人永远无法成为NBA（美国男子职业篮球联赛）球员，因此我们通过赞助非营利教育项目来回馈这个群体。"巴特·霍拉汉回忆道。该公司还为每位员工提供每年40小时的带薪假，并鼓励员工充分利用这一机会。"AND1还会在办公室举办服务交易会，人们可以进来参加体育活动，并告诉我们如何参与和提供杠杆式服务，从而让我们用自己的才智为当地非营利机构提供真正的帮助。"巴特·霍拉汉说。

　　但在创业十年后，杰伊·库恩·吉尔伯特和巴特·霍拉汉在其企业所培养和灌输的价值观陷入了危机。由于耐克、阿迪达斯

（Adidas）和锐步（Reebok）的无情竞争，行业市场整合加剧，加之管理上的一些失误，AND1的销量出现下滑。据巴特·霍拉汉回忆，在耐克的一次全国销售会议上，他们给大家分发了挂着靶子的钥匙圈，而靶子的正中央就是AND1的牛眼标志。[8]

为了应对竞争，AND1从私募股权公司TA联营（TA Associates）筹得了一笔可观的外部投资。正如巴特·霍拉汉所说："他们是很棒的投资人，但说实话，我们实在不想再拿自己的钱去竞争了。他们拿出3 500万美元来投资AND1，我们知道自己对他们负有受托责任。"AND1的直接收入一度飙升至2.2亿美元，但接着又跌入低谷。在18个月里，该公司损失了1亿美元。巴特·霍拉汉说："这与本和杰瑞或斯托尼菲尔德（Stonyfield）的情况不一样，我们的股权合伙人并非联合利华或达能那样真正看重社会承诺的公司。当我们找了个财务合作伙伴时，我们知道自己在做什么。"

杰里·特纳（Jerry Turner）是最终收购AND1的那家公司的首席执行官。他的妻子是一家工厂老板的女儿。从一开始，AND1团队就知道他们在和什么样的人打交道。"我们是不会和这样的工厂做生意的，"杰伊·库恩·吉尔伯特表示，"它们的鞋子质量和劳动标准都很低。"[9]杰里·特纳在这行做了很多年，他知道如何尽可能地以同样的价格出售成本更低的鞋子。他相信消费者不会注意到差别，这样他的利润空间会更大。

在出售公司约一个月后，AND1在温哥华召开了一场全球销售会议，巴特·霍拉汉和杰伊·库恩·吉尔伯特借机感谢所有员工并和他们告别，然后将公司转交给新的所有者。据巴特·霍拉汉回忆，当杰里·特纳举行问答环节时，台下有人问他："AND1从一开始就有把利润的5%捐赠给慈善事业的计划，你打算如何推进这个计划？"杰里·特纳回答道："现在我们有了一个新的慈善事业，它的名字是杰里·特纳。"

在接下来的几个月里，AND1最初形成的公司文化被系统性地瓦解了。"杰里·特纳解散了AND1所有承担社会责任的商业项目。我们本来可以通过谈判来为那些可能会被解雇的员工争取更多遣散费，但一切都被取消了。"杰伊·库恩·吉尔伯特回忆道。这一切都不出所料，公司的创办者觉得自己别无选择。"除了一个潜在买家，其他所有买家都放弃收购AND1。在只有两匹马可以冲刺的情况下，我们也尽了自己最大的努力去达成最好的协议。"杰伊·库恩·吉尔伯特继续说道，"杰里·特纳尤其鄙视在'高价'的销售人员和营销活动上'浪费钱'的做法。"在几年之内，杰里·特纳榨干了这个品牌的所有资产。该公司的产品质量呈指数级下降，AND1也从一个高级品牌堕落为一个折扣品牌。[10]

20世纪80年代末，安德鲁·卡索伊在斯坦福大学认识了杰伊·库恩·吉尔伯特和巴特·霍拉汉。"虽然安德鲁·卡索伊比我低两届，但他在许多方面都走在我前面。"杰伊·库恩·吉尔伯特回忆道，"他是我和巴特在学生会的兄弟，并且接替我成了学生会主席。他是出生于博尔德的运动员，一位可以举办音乐会的小提琴家，还是杜鲁门学者，他曾经想成为公务员或民选官员。与我在麦肯锡的咨询师工作类似，他当时正忙着在华尔街学习私募领域的技能，那是一些'最终'会派上用场的技能。"[11]作为AND1的首轮投资人，安德鲁·卡索伊最终与他人共同创立了DLJ房地产资本合伙公司（DLJ Real Estate Capital Partners）。后来他成了MSD资本（MSD Capital）下属的MSD房地产资本（MSD Real Estate Capital）的合伙人。

"9·11恐怖袭击事件"也是安德鲁·卡索伊的人生转折点。他回忆说，公共政策不再是他的选择，当时他"十分反感政治"，但他很难协调自己的事业与个人兴趣之间的关系。就在此时，通过绿色回音（Echoing Green）——一个为新兴社会企业家提供种子资金的非营利组织，安德鲁·卡索伊了解到了社会企业的概念。他开始与这些企业家合作，指导并帮助他们开发自己的商业模式，但他当时还没有顿悟。有一段时间，他知道事情有点不对劲，因为他没有成就感。"偶然间，我开始意识到，我可以做些我真正感兴趣的事情。"他说，"在MSD房地产资本工作期间，我花了很多时间来帮助人们弄清如何构建自己的社会企业，这与白天的工作相比，更能让我感到满足。"

安德鲁·卡索伊并没有回答社会企业家问他的所有问题，但他知道这些都很重要。他们的主要问题之一是在哪里寻找合适的投资人。安德鲁·卡索伊认为："实际上这意味着他们要找到合适的方法来构建一个能够服务他们的资本市场，整合其所需的各种基础设施，让他们的企业在被收购后还能继续保持使命。无论收购方是评级机构、做市商、私募股权资本型基金，还是LBO（杠杆收购型）基金。"当安德鲁·卡索伊想到这些时，他联系了自己的朋友杰伊·库恩·吉尔伯特和巴特·霍拉汉。

2005年，他们正在卖出AND1。正如安德鲁·卡索伊所言，他的两位朋友"心烦意乱"。[12]他们知道杰里·特纳会破坏公司的使命，但他们别无选择。他们如果不卖出公司，那么需要再工作十年。这需要他们做出勉强的牺牲，这些牺牲包括收购以及与朋友的艰难谈判。正如杰伊·库恩·吉尔伯特所言："我们决定，比起公司长期价值的最大化，我们更愿意最大化我们的友谊。"[13]

在卖出公司的过程中，杰伊·库恩·吉尔伯特和巴特·霍拉汉渐渐发现，他们碰到了一些根本性的问题，也就是如何才能更好地支持以人为本的企业。杰伊·库恩·吉尔伯特已经开始了这样的探索，他参加了由投资圈（Investors' Circle）和社会企业网络（Social Venture Network）组织的活动，这些活动的重点是影响力投资和三重底线业务。而安德鲁·卡索伊也渐渐加入了他们。

收购结束后，杰伊·库恩·吉尔伯特休了一年的假。在大部分时间里，他都待在哥斯达黎加，但他一直与两位朋友保持定期联系。"我们发现了两件事情。"巴特·霍拉汉回忆道，"第一，有一种杠杆可以拉动具有巨大潜力的企业。第二，现有的支持企业的机制不一定能够让你拉动这样的杠杆。在如何经营企业方面，我们有一定的法律和文化约束，但一定有一种方法能让你在扩大业务规模、从外部筹集资金和保持一定流动性的同时，还能坚持自己的使命。"

在交流中，他们得出了一个结论，即让市场更好地运作的三个要素是：一套标准，为消费者、投资者和政策制定者提供足够的信息，以帮助他们分辨何为向善的公司和善意营销；一套法律框架，让公司将可持续发展和社会企业作为其核心使命和责任，而不仅仅是一种竞争优势；一种声音，在定义何为向善企业这一问题上的共同声音。

这三个基本要素的确立带来了共益实验室和共益企业运动。他们三人常常会想，如果AND1是一家共益企业，那么它的收购会不会有另外一种结果。谈判取决于权力地位，正如杰伊·库恩·吉尔伯特所言："AND1并非处于有利位置，如果我们的业务基本面更强，合作关系更牢固，如果有其他合适的买家，如果AND1的服务使命或其'不可协商'的部分已经融入公司的法律基因，如果AND1一直使用共益企业标识，如果公司的零售商或消费者十分在意这些，那么我们的谈判也许会足够强硬，从而能够让我们为利益相关者争取更多东西。"[14]但更重要的是，AND1是一家以价值为导向的企业，就像巴特·霍拉汉说的那样，这是一家"因为有了这样的使命而变得更好的企业"。

杰伊·库恩·吉尔伯特注意到了以价值为导向的企业的另一个关键点——这可以帮助公司招到优秀的员工。他表示："我们之所以能够吸引了不起的人才，实现较低的人员流动率，不仅是因为我们是一个有魅力的、快速增长的、个性十足的品牌，还是因为我们的核心价值观是关爱他人。人们之所以乐意在AND1工作，不仅是因为它是一个良好的工作选择，人们可以在此分享共同创造的经济财富，还是因为他们感到自豪，原因在于我们的工厂里有超过 1 万名年轻女工。作为大家庭的一员，她们能够获得平等的待遇。此外我们还捐赠了数百万美元以支持青少年和教育项目，以及受'9·11'事件影响的家庭。"[15]在真正无以为继之前，该公司还可以从支持它的群体（包括供应商或授权商）那里获得帮助，比如延长付款日期或留出一些回旋的余地。他们创造了一个人们真正感到身为其中一员的企业。

很快，三个好友达成了一项计划，巴特·霍拉汉和杰伊·库恩·吉尔伯特深入讨论了如何才能使更多的钱投入向善企业，尤其是那些有着强大使命的企业。安德鲁·卡索伊对何为向善企业有着自己的想法，这些想法来自他与社会企业家的合作，以及他在这一领域发现的各种漏洞。汇聚这些想法后，他们决定"为向善企业创立一个品牌，创办一家公司，做一些了不起的事情来支持它们，并成为一盏耀眼的启明灯"。最终他们意识到，即使他们创办了一家向善企业，但无论它的规模有多大，它都无法解决这个世界上最紧迫的问题。安德鲁·卡索伊解释说："这个世界不需要社会企业，这样的企业已有很多。在与它们中的许多人交谈之后，我们发现，它们都可以发展到一定规模，但接下来它们便有了对外部资本的需求，或接班人计划。"负责任的商业部门严重缺乏这些基础设施：标准、法律框架以及共同的声音，因此这三人便开始着手规划起来。

一开始，他们打算效仿保罗·纽曼（Paul Newman）将所有利润捐赠给慈善事业的做法，建立一只基金。纽曼风险基金（Newman Venture Fund）只投资那些行善的公司，而且捐赠的是其全部利润。在他们的理念开始成形的过程中，杰伊·库恩·吉尔伯特参加了许多集会、活动和会议。他在一个仅限投资圈成员参与的集会上展示了这一想法，一个月后，投资圈与社会企业网络合办了一场会议，参会者皆是保罗·纽曼那样的企业家。

这些会议预示了杰伊·库恩·吉尔伯特及其伙伴即将开始的旅程。他们渐渐意识到，在将兴趣转化为行动方面，投资者的行动最慢，企业家的行动最快。他们还发现，企业家会抓住面前的机会，并真正发挥引领作用。在探索驱动投资圈和社会企业网络群体的热情的同时，杰伊·库恩·吉尔伯特发现了企业家的另一个方面：他们支持协作和集体行动。他也发现了企业家理解系统和网络的能力，以及通过拥有共同目标的投资关系来将这些认识融入社区的渴望。当他向这些企业家介绍纽曼风险基金的理念时，企业家的积极反应清楚地表明，杰伊·库恩·吉尔伯特找到了这样一个关系网——其成员相互支持，并能利用他们共有的经验和资源发展壮大。[16]

最终，三人认识到，风险基金无法用控股公司的方式去颠覆股东至上主义。风险基金的结构决定了其最终需要清偿。为了产生吸引资本的回报，他们必须相当迅速地进行出售或变更控制权。如果成立一家控股公司，他们就不用担心这样的问题了，因为控股公司的收购是为了持有，而非抛售。安德鲁·卡索伊解释说："这种长期持有的观念在很多方面影响着短期决策，包括将长期使命和价值创造的重要性置于短期利润和流动性之上。"他们如果选择控股公司而非这种具有短期视角的风险基金，就可以创造一种长期实体，通过控股公司的股份来为企业创造流动性，同时继续帮助那些伟大的企业成长。

共益控股（B Holdings）应运而生。但当安德鲁·卡索伊联系自己认识的投资者时，他们都问了同一个问题："你如何确定投资对象？"投资者怎么会知道"向善企业"和"向善营销"的区别呢？三人认为，一定存在某种超越企业财务影响力的评价体系或标准。但他们很快发现，这样的体系尚不存在。尽管许多公司经常使用"绿色"或"可持续"这样的字眼，但由于缺乏客观标准，每个消费者和每家企业都会对这些词语产生不同的理解。同时这意味着无论某种产品是不是"绿色"或"可持续"的，其公司都可以这样对外宣称。尽管其他行业标准或产品标准涉及社会责任感,比如公平贸易(Fair Trade)和森林保护理事会(Forest Certification Council)。但在社会责任企业方面,市场上却没有任何通用的认证。"我们真正需要的,"他们对彼此说,"是一个为商业创造标准的非营利组织。"

不久之后,三人剔除了他们在之前的企业学到的东西,剔除了曾经与知名投资人、社会责任企业接触时认识到的东西,剔除了自己的人生哲学,也剔除了他们在各种会议上学到的东西,继而开始了一项雄心勃勃却十分艰巨的挑战:为全新的企业经营方式创造基础设施。除了缺乏标准,另一个问题在于公司的使命和价值观必须是不可分割和不受影响的,不可以被公司未来的领导者改变。"在我们看来,负责任的商业运动的第一阶段取得了巨大成功,但接着就销声匿迹了。从本和杰瑞、斯托尼菲尔德、美体小铺(The Body Shop)、汤姆小屋(Tom's of Maine)到奥德瓦拉(Odwalla),现在有大量证据表明,以价值为导向的企业有创造巨大股东价值的市场机会。"杰伊·库恩·吉尔伯特回忆道,"以价值为导向的企业家和投资人想要的是流动性,他们希望扩大业务规模,创造更大的影响力,但他们却不想为此在公司使命上妥协。而我们认为,共益实验室和共益控股正是这一问题的解决方案。"[17]

创建共益实验室

2006年5月,杰伊·库恩·吉尔伯特和安德鲁·卡索伊参加了由阿斯彭研究所(Aspen Institute,一家致力于解决最棘手的社会问题的智库)举办的会议。他们与其他领域的领导者分享了共益实验室的概念,并且明确使用了共益企业这样的说法。在此次会议上,他们了解到，英国有一种全新的企业组织结构，名为社区利益公司（CIC）。自2005年起，公司在引入社区利益公司概念之后，便可以按照社会企业模式成立，利用自己的利润去做好事。这一进步让三人及其伙伴认识到，这种类型的公司是存在的，也是可信的。于是，他们带着这样的激励离开了。

在接下来的一个月里，他们开始研发共益实验室。杰伊·库恩·吉尔伯特将自己家的客房改造成了办公室。他开玩笑地回忆道，为了表示对巴特·霍拉汉能与他一起开展这段旅程的感激之情，他给巴特·霍拉汉准备了一张小而结实的折叠牌桌。而杰伊·库恩·吉尔伯特使用的则是他多年前自制的一张小巧的木质桌子。他们人手一部电话、一台电脑，此外别无他物。[18]

接着，他们开始招募能令其他人愿意追随的领袖。他们认为，能够代表不同行业、地域和影响区域是非常重要的。2006年6月，他们在投资圈成员的聚会上展示了一些潜在的共益企业：普拉维达咖啡（Pura Vida Coffee）、回馈企业（Give Something Back Business）、美好世界电信（Better World Telecom）等。[19]

他们要做的下一件事就是让安德鲁·卡索伊来共益实验室工作。当时，安德鲁·卡索伊还在MSD资本工作，但他每周会花一天时间和杰伊·库恩·吉尔伯特、巴特·霍拉汉一同工作，而且每天都会给他们的家庭"小型办公室"打电话。杰伊·库恩·吉尔伯特在谈到安德鲁·卡索伊加入该团队的重要性时表示："在他没来的时候，巴特和我总会开玩笑说，怎样才能让我们谨慎的投资家朋友放手一搏。我们知道安德鲁会极大地提高我们团队在资本市场的可信度。虽然我们在大学就认识了，巴特和我也已经合作了十多年，但是现在我们才刚刚开始有了一点三人合作的感觉。这种感觉很好，我们能够很好地取长补短，而且互补得非常顺畅。"[20]

共益实验室的三个创始人的个人风格彼此互补。杰伊·库恩·吉尔伯特是个领导者，他常常一头扎进某件事，而巴特·霍拉汉和安德鲁·卡索伊更容易审时度势，并聆听和了解他人的意见，包括他们自己的盲点。他们都很有耐心，而且知道如何给别人带来舒适感，让对方感到自己受到了重视。杰伊·库恩·吉尔伯特的无畏精神常常成为调动他人能量的催化剂。正如他自己所说："我知道我们共同拥有一个大胆的愿景，我们会成为一个非常强大的团队，而且我们在一起的时候很开心。这就是为什么当安德鲁答应全职加入共益实验室时，巴特和我碰拳并开怀大笑。而安德鲁以他一贯谨慎的风格表示，他需要一段时间来改变。"[21]

　　2006年7月5日，三人正式在共益实验室开始了第一天全职工作。这就是后来为大家所知的"相互依存日"（Interdependence Day）——一个共益实验室和许多共益企业每年都会庆祝的日子。最初，他们考虑参照十诫①来起草十项承诺。最后，他们决定模仿《独立宣言》（The Declaration of Independence）的写法，后者以一种更直接、更有力的方式传达了相互依存概念。与2006年的版本基本没有不同，2020年，共益实验室的《相互依存宣言》（Declaration of Interdependence）中写道：

　　我们设想的是让商业成为向善的力量，从而形成新的全球经济，这种经济由一种全新形式的公司——共益企业——构成。这是一种以使命为导向，为所有利益相关者，而不仅仅是股东创造利益的公司。

　　作为共益企业和这一新兴经济的引领者，我们认为：

- 我们必须完成我们在这个世界上想要寻求的改变。

---

① 十诫是《圣经》记载的由以色列先知和众部族首领摩西向以色列民族颁布的十条规定，犹太人奉之为生活准则。——译者注

- 所有企业都应该按照以人为本的方式经营。

- 企业应该致力于通过自己的产品、经营和利润来造福所有人，而不是制造伤害。

- 为了做到这些，我们要充分认识相互依存关系，并因此对彼此和未来的后代负责。

在接下来的30天里，三人为共益实验室和共益控股这两家机构撰写了一份案例陈述、一份执行摘要和一份完整的商业计划书。他们决定用字母"B"来定义更广泛的运动。"共益实验室是一家非营利性机构，其宗旨是打造盈利部门。而共益控股则是一家营利性的共益企业，它将作为一家以价值为导向的控股公司来投资同样以价值为导向的企业。"杰伊·库恩·吉尔伯特如是说。[22]

格格不入

共益实验室的时运很好。在社会创业领域，当时人们已经开始讨论坚持可持续发展和承担社会责任的企业的未来。本和杰瑞被联合利华收购，汤姆小屋即将被高露洁（Colgate）收购（汤姆小屋在2019年成为共益企业）。很多人都好奇，在新东家的管理下，这些公司是否能够保持自己的使命。正如安德鲁·卡索伊所言："这涉及两个问题。第一个问题是标准，你如何知道汤姆小屋、本和杰瑞或其他此类企业是否真的恪守了自己的使命；第二个问题是当企业发展到一定程度时，这些人迫于压力而出售企业，因为他们别无选择。正因为没有别的选择，所以这里出现了有关信托责任的问题，很多案例都表明这是一个重要问题。如果你希望这些企业成功，那么我们需要采取不同的方法。"

本和杰瑞的收购在开始时并不顺利。联合利华最初在收购这家备受欢迎的冰激凌企业时，关闭了该公司的生产工厂并解雇了大量员工。很多人认为，为股东追求利润最大化的受托责任的公司法是罪魁祸首，而这个例子恰恰说明了传统商业与社会企业的对立。

这一问题的解决方案在当时并不明确。巴特·霍拉汉记得，甚至当他们还在 AND1 的时候，三人就觉得自己和周围格格不入。他们明白，自己的公司并不适合传统的资本主义经济。从受托人角度来看，公司的义务只有一个：使股东利润最大化。许多有社会意识和责任感的企业领导者之所以要创办这些企业，是因为他们至少有两个目的，而且对他们中的大多数人来说，股东价值并不是最重要的。为了颠覆传统商业中股东至上的准则，有关公司结构的法律框架必须被改变。

尽管他们最初的想法——成立控股公司——很受欢迎，但读者可能会记得，大家经常会问这三个人："你如何决定投资哪一家企业？'绿色'和'可持续'等词已经被营销人员盗用了。""我们用得越多，"巴特·霍拉汉指出，"它们的意义就越小，因为它们背后没有标准。"

就在这时，为向善企业打造一个品牌——共益企业的想法浮出了水面。随着越来越多的企业采纳了这一概念，安德鲁·卡索伊指出，它们成了"政策解决方案和资本市场的倡导者和践行者"。许多企业家都在经营专注于人、环境或两者兼有的机构。同样，越来越多的投资人试图推动资本进入后来被称为影响力投资的领域——他们试图在追求财务收益的同时收获社会和环境方面的回报。最后，研究这一领域的商学院教授等思想领袖也越来越多。

巴特·霍拉汉回忆道，将这三个强大的群体——企业家、投资人、思想领袖聚集在一起，可以为深刻的改变奠定基础。正如该团队在决定三管齐下时想到的那样："向善企业品牌为这种不同的运动提供了保护伞，在我们看来，这些运动都体现了一个目的——试着利用企业的力量来创造社会和环境上的改变。"这样的品牌应该包含一个强大的、可拓展的使命，它应该与公司合作，创造全新的法律框架，或调整现有框架，从而使它能够以强大且有竞争力的方式去支持可持续企业和社会企业。最后它还应该推行一套标准，只有符合这套标准的公司才能被视为向善企业。正如巴特·霍拉汉所说："我们几乎聚集了所有不同的企业协会，至少调查了3万到4万家自称有三重底线的公司。当开始进入这个领域，并将其放在人们对该领域的认识之下考察时，你会发现两者完全脱节，我们似乎需要一个共同的声音。"

第三章

聚焦相互依存

2016年秋天，杰伊·库恩·吉尔伯特和巴特·霍拉汉在旧金山会见了潜在的合作伙伴、投资人和共益企业。杰伊·库恩·吉尔伯特表示，当走在街头时，他们抬头一看，发现一座建筑上挂着一个牌子，上面有美方洁的标志。凭借透明雨滴造型和洗手液瓶的标志性设计，美方洁成为发展速度最快的负责任的企业之一，并被认为是挑战停滞不前的家庭用品行业的下一代革命性企业。杰伊·库恩·吉尔伯特和巴特·霍拉汉打算进店看看能否遇到该公司的老板。不出意料的是，接待员拒绝了他们，于是他们决定先吃午饭。他们坐在同一街区的一家餐馆里，吃着墨西哥玉米片、牛油果色拉酱，喝着尼格·莫得罗（Negro Modelos）啤酒，趁着这个时间，杰伊·库恩·吉尔伯特快速给美方洁的联合创始人亚当·劳里（Adam Lowry）和埃里克·瑞安（Eric Ryan）发了一封电子邮件，邮件中他介绍自己和巴特·霍拉汉是"来自斯坦福大学的好友，后来成了商业合作伙伴，并且非常仰慕美方洁在环境和设计方面的领导地位"。为了提高可信度，他将AND1列在了首位，还提到了共益企业，以及他们就在美方洁附近的餐馆，因此想顺道过来问候一下。"不到十分钟，"杰伊·库恩·吉尔伯特回忆道，"美方洁的首席执行官阿拉斯泰尔·多沃德

（Alastair Dorward）就回复了邮件，并表示他很高兴我们能来。"他们大约聊了20分钟，阿拉斯泰尔·多沃德承诺他会与美方洁的联合创始人分享他们的对话。[1]

亚当·劳里回忆道："当杰伊·库恩·吉尔伯特和巴特·霍拉汉与阿拉斯泰尔·多沃德交谈时，为了弄清如何克服传统C型公司[①]结构的问题（这是美方洁当时的企业结构），我做了大量工作。"当阿拉斯泰尔·多沃德打电话告知共益实验室的事情时，亚当·劳里心想："这也许是我一直在寻找的解决方案。"在旧金山那次偶然会面过去一个月后，杰伊·库恩·吉尔伯特在费城与亚当·劳里见面并讨论了美方洁有兴趣成为共益企业一事。亚当·劳里分享了他对共益实验室所设定的标准的看法，尤其是如何管理这些标准。

他们的头脑风暴具有创造性和协作性，而且相当同步。亚当·劳里回忆道："那种感觉就是当你和对方交谈时，你很快发现自己看待世界的方式和对方完全一样。"根据过往的经验，有一件事他们非常清楚：美方洁和AND1有类似的产品开发方法。具体说来，它们都植根于持续改进理念，这就是共益企业运动的基石。

共益实验室最困难的工作并非开创第一代BIA（B Impact Assessment，共益影响力评估）标准，他们可以从负责任的商业领袖撰写的图书以及其他针对特定产品或业务的标准里寻找灵感。更难的地方在于创建一个动态的进程和治理机制，以确保各方的声音和观点都能被接收。而BIA标准必须随着时间的推移而发展，从而吸收新的行业、新的观点以及新的想法。

---

① C型公司是指股份有限公司的标准形式，股东不用为公司的债务和义务负个人责任。——译者注

打造评估工具

有机食品和"绿色"产品已经有了第三方认证，消费者认识这些标识，并且了解它们的含义。但正如巴特·霍拉汉回忆的那样，具有社会责任意识的商业部门最初"似乎有些停滞不前"。共益实验室的创始人希望创造一套能使人们识别和理解的标准，他们不仅要提高消费者的意识，同时还要扩大影响力。"特别是在人们继续使用'绿色''可持续''负责任''慈善''本土'等说法的情况下，大众使用这些词语的次数越多，它们的含义就越少，因为它们的背后没有任何标准。"巴特·霍拉汉如是说。

共益实验室的创始人希望由他们创建的认证过程对不同规模的企业来说都是标准化的，并在不同行业之间具有可比性，能够让公司评估自己对社会和环境造成的真正影响且努力改进，同时为消费者和投资人提供问责工具。这种程度的透明度有助于减轻消费者的怀疑和担心，使他们不再认为这些公司只不过是在从事"漂绿"活动，或通过宣传对社会和环境有益的行为来掩盖它们制造的其他问题。

正如我们看到的那样，表面向善比真正向善更容易实现，代价也更低廉。例如，德国汽车制造商大众（Volkswagen）为了在美国提高柴油车的销售量，鼓吹自己的产品具有低排放量的特点，但与此同时，只有当汽车要接受检验时，该公司才会在车上安装相关装置以满足绿色排放要求。[2]化妆品和身体护理产品公司会在其营销宣传中使用"天然"一词，然而这一含义并没有形成共识。如前文所述，露诗化妆品在其"天然"产品中使用防腐剂、尼泊金酯和香料。[3]而普通消费者并没有意愿或时间去探究一家公司的产品线和历史，以确定它的说法是否真实，或者更宽泛地说，是否全部真实。

当共益实验室成立时，社会责任投资（SRI）群体却遭遇了分裂和边缘化。这在很大程度上与社会责任投资领域的投资人不愿意公开分享他们的筛选方法有关——因为这是他们专有投资模式的一部分。与此同时，全球报告倡议组织（GRI，一家专注于为大型上市公司定义报告指标的非营利组织）于2000年发布了第一份指导方针。这是一个扎实的报告框架，但它的设计初衷并不是成为一个评估系统。例如，所有使用全球报告倡仪组织所发布的指导方针的公司都披露了自身的碳排放情况，但没有任何机制告诉公众如何评判碳排放量的好与坏，而各家公司也无法将自己的测量数据与其他公司的进行比较。正如杰伊·库恩·吉尔伯特所言："它没有给出任何判断，也没有要求公司披露所有全球报告倡仪组织所要求的指标。因此，有选择性地披露部分指标的情况还是会发生。"[4]而对社会企业网络和其他类似社群来说，除了收取会员费，它们对会员没有任何具体要求，这意味着任何企业都能加入。尽管为共益企业设计的标准可能会对这些组织的核心使命——群体建设和成员发展——产生反作用，但一个有标准可循的认证能够帮助企业在鱼龙混杂的市场中脱颖而出。这可能就是为什么大多数社会企业网络的成员是共益企业认证的早期采用者。

在开发BIA的过程中，共益实验室的三位创始人牢记全球报告倡议组织的报告标准，因为这是市面上与其理念最相似的标准了。一开始，他们觉得自己可以将该报告标准中的多个指标的临界值作为共益企业认证的要求。但这个计划并未奏效，因为全球报告倡议组织的创始人之一明确表示没兴趣加入这个评级体系。杰伊·库恩·吉尔伯特表示："我们知道评级体系的价值，因为这可以为可信的第三方指标增加可信的第三方评价，但对方却希望像我们这样的人来做这件事。"三位创始人很快发现，即使是专注于这类工作的非政府组织或非营利组织，其指标也只涉及社会或环境表现的某些很小的方面。三位创始人没有任何公开、全面且详细的评级体系可以参照，他们必须创建自己的体系。

在找到一个可行的版本之前，BIA标准经历了几次迭代。杰伊·库恩·吉尔伯特深情地回忆道："它最初就是一个电子表单。更准确地说，就像我一贯的做法一样，一切都始于一系列冗长而曲折的谈话，但巴特很快就对此厌倦了，并且表示想花一两天的时间来研究一下，看看能不能总结出一些可以讨论的东西。我觉得这听上去不错。两天后，巴特向我和安德鲁分享了BIA标准的首个β版本。"正如杰伊·库恩·吉尔伯特所言，巴特·霍拉汉真的"给它增加了分量"。BIA标准的第一个版本好似钝器，就像人类的第一个工具，但它也是独一无二且有用的。"哪怕BIA标准以尼安德特人般原始的电子表单形式存在，"杰伊·库恩·吉尔伯特说，"它也是首个能够全面评估公司在社会和环境方面表现的工具。"[5]

共益实验室最初的BIA标准在很大程度上依赖本和杰瑞联合创始人本·科恩（Ben Cohen）和社会企业网络主席马尔·沃里克（Mal Warwick）合著的《价值驱动型企业：如何改变世界、赚钱，同时获得乐趣》（*Values-Driven Business: How to Change the World, Make Money, and Have Fun*）一书中所支持的实践准则。[6]此外，该标准还借鉴了全球报告倡议组织的小企业可持续发展报告标准［这由具有系统思维的企业家贝琪·鲍尔（Betsy Power）汇总而成］以及三位创始人在AND1的实际经验。根据最初的《相互依存宣言》对产品、行为和利润的维度划分，巴特·霍拉汉在β版本中将它们分成了十几个子类别。每个子类别及其单独的指标都被加权，这样该工具就可以正确且全面地评估一家公司在社会和环境方面的表现。

当三个人问自己"一个好的标准需要具备什么"时，他们的回答是，这个标准必须被独立管理，同时必须是透明且有活力的。此外，他们还牢记着另一个让共益实验室与其他机构区别开来的要素：BIA标准必须是全方位的。巴特·霍拉汉解释道："我们的观点是，必须考察公司的整体，而不能只考虑它的消费者群体或供应链。我们想要衡量的是这些企业对社会产生的积极影响。"他们制定的共益企业标准以一种全面的方式来考察一家公司，这些标准涉及员工、公司产品、本地社群、供应链以及环境和治理结构等方面。对此，巴特·霍拉汉这样解释："这是一种企业认证。它意味着如果公司完全是绿色的，但对员工很差劲，也没有参与社区方面的工作，那么该公司无法通过认证。又或者你的公司是一家股权激励型企业（ESOP），提供优良的工作环境，但公司将污水从后门排放出去了，那么该公司也无法通过认证。归根结底，这是一种产品认证和行为认证。如果你想让公司获得认证，那么你必须让公司接受全方位的评估。"[7]

有了电子表单，三位创始人打算用BIA标准的首个β版本对一家真实的公司进行测试。他们打电话询问了不同行业且拥有不同经验的公司，包括巴塔哥尼亚和普拉维达咖啡。后者是一家具有社会责任意识的公司，专注于为咖啡种植者提供公平的报酬，并将利润再度投入咖啡种植者所在的社群。在初始测试阶段，三位创始人收到的反馈非常有用，特别是在如何发问方面。"最重要的是，我们发现BIA标准将永远处于不断发展的过程之中。"杰伊·库恩·吉尔伯特在回忆起他最初与亚当·劳里的对话时这样表示。

共益影响力评估

随着BIA的发展与完善，它开始聚焦公司的运营和商业模式。这项评估本身分为五个板块：治理、员工、客户、社区和环境。它经历了六次迭代，最新版本发布于2019年1月，共益实验室对每一个版本都进行了细化、深入和拓展。从一开始，共益实验室就根据公司的规模、领域和地理区域对其需要回答的问题做了调整。为了通过认证，公司必须在总分为200分的问卷中至少获得80分。

有必要强调的是，BIA提供了一种独特的对公司整体运营状况进行评估的方式。尽管全球报告倡议组织提供了一套有效的指标来帮助企业、政府和投资人理解公司对环境和社会的影响，但它并没有评估企业的业绩。同样，虽然可持续发展会计准则委员会（SASB）提供的报告指南考虑了行业差异和实质性问题，但其框架是面向上市公司的，而BIA可以用于任何公司。最后，BIA与碳信息披露项目（CDP）等更有针对性的评估工具相比也有所不同，后者如其名称表示的那样，是一种针对企业在碳、水和森林方面的影响而进行的审查和评级。

在测评公司初次提交自己的评估问卷后，BIA将提供文档来响应评估中的回答。接着，共益实验室的标准分析师将审查这些回答，为了解决一致性或准确性的问题，标准分析师还将致电该公司。在经过这番审查之后，公司的评分通常会降至80分以下。很多时候，这对公司来说是一个契机而非阻碍，因为BIA可以帮助它确定全新的领域，以便公司在这方面有所行动，创造影响力，从而让自己之后的评分超过80分的门槛。共益实验室标准审核团队的负责人克里斯蒂娜·福伍德（Christina Forwood）解释说，公司可以做出许多不同类型的改进。例如，一些公司与非营利组织合作建立了劳动力发展项目：雇用长期无法就业的个人，提供高质量的工作和培训，帮助个人融入劳动力大军。为了达到80分，还有一些公司购买了可再生能源积分。这项评估背后的精神是教育性的、启发性的，而且专注于改进。"我们的重点不在于一家公司是否做了什么，而在于它如果还没做，那么该如何开始做。"总监丹·奥萨斯基（Dan Osusky）解释说，"因此我们实际上是在为公司打造一个改进自身的路线图。"[8]

对于一些已经获得共益企业认证的公司来说，达到80分是比较容易的，因此随着认证标准的提高而不断改善自己才是挑战所在。作为一家员工所有制企业，亚瑟王面粉在初次申请认证时就得到了80分，而且它在员工和治理方面的得分远远高于这个门槛。但该公司仍决定不断改善自己以提高得分。"这就是共益影响力评估的美妙之处。"当我在亚瑟王面粉的公司餐厅拜访该公司的联合首席执行官拉尔夫·卡尔顿（Ralph Carlton）时，他这样告诉我。这家餐厅位于"亚瑟王宫殿"之中，也就是亚瑟王面粉在佛蒙特州的主厂区，其中包括一家旗舰店和一间烘焙学校。拉尔夫·卡尔顿还说："提高分数这件事可能很难做到，但一旦做到，这不仅可以让我们对业务产生令人难以置信的洞察，还可以让管理团队的成员了解为了发展成更强大的企业，我们还有哪些不足，还要解决哪些问题。"在第一轮评审中，该公司在环境方面的得分不算很高。而在2019年，该公司已经将该指标的得分提高到了116分。

开拓性公司普里塞伍（Preserve）会将回收塑料制造成有吸引力的消费品，在完成BIA评审后，该公司领导者发现，他们的某些业务部门并没有与其他团队进行良好的沟通。该公司首席执行官兼创始人埃里克·哈德森（Eric Hudson）解释说："让原本不会就这些问题相互沟通的不同群体展开讨论，是一个很有趣的过程。"普里塞伍的高管意识到了公司存在的问题，在评审结束之后，他们立即着手解决了这些问题，比如完善产假和陪产假制度。埃里克·哈德森说："我们发现我们让员工陷入了必须在家庭和工作之间做出选择的两难境地，但其实我们不想这样。"正如动物体验国际（Animal Experience International）的诺拉·利文斯通（Nora Livingstone）所言："你不会知道你不知道的东西。共益企业的认证过程可以让你跳出规划和管理公司的常规视角。经历这个过程可以帮助你以从未想过的方式理解何为善举，而这会极大地鼓舞人心，帮助你发挥创造力。"[9]

本和杰瑞总部的建筑和该公司的冰激凌名称一样古怪，它的门口有一个两层楼高的滑梯，里面都是迷幻艺术图画。据该公司社会影响力总监罗布·迈克拉克（Rob Michalak）回忆，该公司将这次评审当作一次内部评估和自我检验的契机。为了顺利通过BIA评审，公司用将近两年的时间解决了所有问题。"当你经历这些的时候，"他说，"BIA评审真的能成为一面镜子，帮助你的组织和管理层看清自身的实际情况，同时也消除一些迷思。"而这种改进也是双向的。例如，本和杰瑞在环保方面所做的工作是BIA没有涉及的，因为BIA采用了另一种方式来评估环境影响。而这使得本和杰瑞的管理层开始思考共益实验室的方式是否更好。如果并非如此，那么该公司会建议共益实验室在下一版BIA中引入自己的方式。

BIA正在不断进化成为一个越发强大的工具。由于共益实验室会向公司收取认证费用，因此这可能会产生利益上的冲突，例如，共益实验室可以降低一些标准，从而让规模更大、愿意出更多钱的企业获得认证。为此，2007年9月，共益实验室成立了一个独立的标准顾问委员会（Standards Advisory Council），由它来管理BIA标准。

在参与者的反馈和研究基础上，共益实验室对BIA标准进行了改进和调整，并且每两年就会发布一个新版本的BIA标准。例如，2010年，新资源银行（New Resource Bank）成为第300家经认证的共益企业，但它的认证需要对BIA标准进行调整。该公司首席执行官文斯·西西利亚诺（Vince Sicilano）表示，该标准"更适合CDFI银行（社区发展金融机构）"。在新资源银行申请认证的过程中，文斯·西西利亚诺和共益实验室团队用了大量时间来讨论商业银行和社区发展金融机构的不同，最终提出了如何让BIA适用于一系列金融机构的问题。BIA的持续改进是共益实验室最大的财富，这可以让越来越多不同类型的公司传达自己的声音，并最终成为该运动的一部分。

标准顾问委员会早期成员亚当·劳里强调了在持续改进BIA的同时保持其实用性的重要性。"完美是优秀的敌人"成了团队的座右铭，标准必须是好的，但不可能是完美的，因为对影响力的度量仍处于起步阶段。实用性也很关键，如果标准高到连广受认可的领先企业也无法达到，那么它会阻止大多数公司尝试认证。"以务实的方式确立严格而实用的标准使共益实验室赢得了一流企业家的信任，而他们也将成为这些标准的首批使用者。"杰伊·库恩·吉尔伯特如是说，"这反过来会强化 BIA 标准的可信度，使其变得更有吸引力，让其他人愿意效仿。"[10] 亚当·劳里还记得他很早就为那些人提供过咨询，他告诉那些人："随着时间的推移，公司可以通过这个重要的过程来改进自身，提高标准。因为无论我们现在选择了什么，将来它势必都会变得不合适。"

2019 年，标准顾问委员会拆分为两个部分，一组针对新兴市场，一组针对成熟市场，每组都是 10 个人。标准顾问委员会负责监督所有改进 BIA 标准的决定。评估的目的是让那些完成评估的企业留下反馈意见。"每年，我们通过这项工具可以获得大约 3 000 条反馈，而且这个数字还在增加。"丹·奥萨斯基表示。该委员会负责审查和汇总这些反馈，其成员还会和其他机构合作，借鉴对方可贵的专业知识和机制。标准顾问委员会同时还负责处理经认证的共益企业的客户、员工或供应商对该企业提出的任何具体的、实质性的或可信度方面的投诉。在处理这些投诉时，标准顾问委员会会评估该共益企业是否真正符合《相互依存宣言》中所表达的社群精神。丹·奥萨斯基指出，共益实验室的使命是推动改进，这使得查补漏缺成了比获得共益企业身份重要得多的目标。[11]

最新版本的 BIA 的一个重要不同之处在于强调政策和结果之间的差异。在为共益企业社群的数字媒体平台撰写的一篇文章《共益变革》（B the Change）中，丹·奥萨斯基探讨了这样一个问题：很多人认为 BIA 实际上并非"影响力评估"，因为它强调企业的行为，而非企业创造的实际成果，这是无可非议的。最新版本的 BIA 旨在改变这一点。尽管问卷中的很多问题都与政策和实践有关，但有关成果的问题的权重更高。你可以通过正式写下公司的回收政策来获得更高的分数吗？是的。那么拥有零碳排放足迹可以让你加分吗？不。丹·奥萨斯基解释说："我们尽可能地在客观研究和实例的基础上设计问题，包括那些涉及政策和实践的问题，因为这些研究和实例可以告诉我们哪些实践和政策实际上最有可能带来积极的成果。"[12]

招募首批共益企业

2006年，当BIA标准还在起草阶段时，可持续消费产品品牌七世代的首席执行官兼联合创始人杰弗里·霍伦德（Jeffrey Hollender）同意与杰伊·库恩·吉尔伯特和巴特·霍拉汉见面，探讨共益实验室及其关于共益企业的想法。而这成了该团队迈出的重要一步。与本和杰瑞、巴塔哥尼亚一样，七世代也是公认的具有代表性的负责任企业。杰弗里·霍伦德本人就是社会责任企业的领导者，当时他刚刚出版了一本书，名为《什么最重要：一小群先锋企业如何教大企业承担社会责任，为什么大企业会听它们的》（*What Matters Most: How a Small Group of Pioneers Is Teaching Social Responsibility to Big Business, and Why Big Business Is Listening*）。[13]

他们在七世代的能源与环境设计领导力（LEED）认证办公室会面，这里可以俯瞰佛蒙特州伯灵顿市的尚普兰湖，该州最终成为共益企业运动的中心。他们的会议非常积极，视角宏大，杰弗里·霍伦德和七世代的企业意识总监格雷戈尔·巴纳姆（Gregor Barnum）都认识到了共益企业这个想法的潜在力量。对于一家设置了企业意识总监一职的公司来说，这并不意外。但杰弗里·霍伦德也有一些疑虑：这个团队能否充分评估一家公司是否具有社会责任感呢？此外，他也知道，社会责任企业运动若想继续发展壮大，就要变得更加制度化。杰弗里·霍伦德还回忆说，当时的企业过度关心环保问题，很少讨论社会问题。他告诉杰伊·库恩·吉尔伯特和巴特·霍拉汉，他担心共益实验室团队会将更容易衡量的环境指标过度指数化，同时忽略社会指标。他要求他们建立一个真正全面的评估体系。

杰弗里·霍伦德问他们，获得共益企业认证需要多少费用。共益实验室团队已经将认证费用与公司销售额挂钩，即销售额的1‰。按照这个逻辑，销售额约为1亿美元的七世代每年需支付10万美元认证费。这是共益实验室第一次向潜在的共益企业开出如此高的价码。格雷戈尔·巴纳姆看看杰弗里·霍伦德，后者笑着说："这笔费用可不小。"杰伊·库恩·吉尔伯特和巴特·霍拉汉表示认同，因为这是一个宏大的愿景。"好的。"杰弗里·霍伦德说道，于是七世代就这样加入了。杰弗里·霍伦德的号召力改变了游戏规则。从那时起，共益实验室就可以告诉其他公司的首席执行官，尽管每年的费用高达10万美元，七世代还是加入了该计划。

在回顾共益实验室团队如何说服知名公司认同一个未经检验的提议时，巴特·霍拉汉表示："我们有一套简单而独特的说辞，这具有号召力。我们会说，你们创业的目标是产生影响力，为他人塑造可以效仿的模式，而我们将为你们提供一个传播这种模式的平台。我们会给它起个名字，也将集合一些志同道合的企业家，而且他们的立场和您一样。"[14]

2011年，杰弗里·霍伦德被自己的公司解雇，因为公司更看重利润而非社会使命，而他作为后者的倡导者，反而成了公司盈利的阻碍。在第一次公开回应解雇事件时，他表示："虽然我对七世代的事业很积极，但它的业务并未触及我真正关心的核心问题，我感兴趣的是公正和平等。"[15]然而值得注意的是，尽管杰弗里·霍伦德被解雇了，但从当时的情况来看，这似乎也是对共益企业理念的一次再现。事实上，七世代现在依然是一家经认证的共益企业，它的BIA评分在不断提高，它在保持使命的情况下被联合利华收购。

首批获得认证的19家共益企业是共益实验室的三位创始人特别锁定的目标。三位创始人希望吸引一些能够让其他公司追随的企业，因此他们接触了投资圈和社会企业网络等商业圈中公认的领导者，以及不同行业和地区的公司。巴特·霍拉汉表示："新叶造纸（New Leaf Paper）试图在最难做到环保，同时对环境危害最大的行业里'变绿'，而回馈企业的商业模式则是将自身利润的100%返还给慈善事业。"其他目标企业涵盖家用产品行业（比如美方洁和七世代）、咖啡店［比如摩卡乔咖啡（Moka Joe Coffee）和普拉维达咖啡］、时尚业［比如原生设计（Indigenous Designs）］，以及住宅建筑业。美国西海岸向来以其进步精神而闻名，最初的共益企业有许多都来自加利福尼亚或华盛顿。此外，另一个热门地区是共益实验室创始人的家乡费城。

今天，许多公司加入共益企业社群的主要原因是它们不仅想获得个体上的成功，还希望影响整个市场。首批共益企业的加入确实提高了共益企业这一品牌的价值，但后者并未给前者带来相同的作用。这些企业的领导者对共益企业使命有着强烈的信念，因此他们在没有任何保障或期望的情况下就参与了进来。尽管在早期阶段尚无任何管理和商业上的案例，但他们还是认为值得冒这个险。巴特·霍拉汉回忆道："我们在早期的宣讲中几乎没有引用他们加入这一社群的原因。不同的人有不同的关注点，有的人关注法律，有的人关注标准，但归根结底，这都和领导力有关。"

超越竞争的社群

最初，当刚开始进行共益企业认证时，一些已经通过认证的共益企业帮助共益实验室说服了一些公司，同时也劝阻了另一些。在共益实验室负责企业开发的安迪·法伊夫（Andy Fyfe）对此这样解释："我们一直认为巴塔哥尼亚、艾琳·费希尔、新比利时啤酒（New Belgium Brewing）、本和杰瑞等通过认证的企业将为我们开辟行业先例。一旦做到这一点，就会产生多米诺骨牌效应，它们所在行业的其他公司也将纷纷效仿，但是我认为有时这反而适得其反。"一些规模较小但对该运动感兴趣的企业可能会认为只有达到巴塔哥尼亚那样的水平才能通过认证。正如安迪·法伊夫所言，这些小公司通常更为灵活，因此反而能够获得比巴塔哥尼亚更高的评分。除非亲眼见证，否则它们不会相信。这使得共益实验室开始强调社群，而非消极或有害的竞争。

无论规模大小，共益企业运动都允许企业相互对抗，并且鼓励企业积极竞争。而在其他类型的认证中，评分最高的竞争选手会说："我知道我们的产品比其他公司的更好。"安迪·法伊夫说："我们的标准不只是讨论是你的肥皂好，还是我的肥皂好那么简单。我们还会考虑公司是否有员工发展计划，是否雇用有前科的员工，是否正在建设一个正能量的设施……这些都超越了评分，超越了产品本身，这是一种来自社区的力量。"共益实验室的重点工作是让共益企业问问自己："有什么事是我们需要和其他共益企业一起完成的？我们如何才能一同走得更远？"这里有一个很明显的例子，那就是共益实验室很早就决定不设排名。如果一家企业获得认证，那它就达到了标准。

壮大共益企业的初始阶层

杰伊·库恩·吉尔伯特将亚瑟王面粉比喻为一家非常中产阶级的美国企业，美国每家食杂店都出售它的产品。他认识到，这家公司非常适合成为共益企业，因为它和新潮的、有风投支持的、具有颠覆性的公司美方洁或像七世代那样环保、想要拯救地球的企业是不同的，亚瑟王面粉能够吸引更广泛的企业。

杰伊·库恩·吉尔伯特回忆起2006年他在亚瑟王面粉首席执行官史蒂夫·沃伊特（Steve Voigt）的办公室里的情形。史蒂夫·沃伊特"半开玩笑地将一张纸扔到了他们中间的小圆桌上"，这是一张BIA评估表。史蒂夫·沃伊特曾用它来评估自己的公司将如何发展，但他对结果很不满意。史蒂夫·沃伊特认为，自己的公司由于没有雇用大量少数族裔员工而被扣分，这是很不公平的。因为公司所在的佛蒙特州的少数族裔并不多。杰伊·库恩·吉尔伯特分享了格雷斯顿面包店的开放雇用规定，该规定为有前科的人、工作经验很少的人或没有接受过正规教育的人提供了就业机会。"格雷斯顿面包店在扬克斯，那儿大多数人都是有色人种。你觉得格雷斯顿面包店应该因为这些行为而加分吗？是的，当然。"[16]杰伊·库恩·吉尔伯特解释说，"这就是BIA的美好之处，没有一家公司能获得完美无缺的分数，因为它的标准必须随着这个变化的世界而不断调整。"

杰伊·库恩·吉尔伯特强调，要想在总分200分的评估中获得80分，公司至少得在一个领域取得优异的表现，例如劳动力和环境领域，同时在其他领域有不错的表现。此外，他还强调，亚瑟王面粉可以因为员工所有制模式而得到加分，而这是其他公司所没有的。没过多久，史蒂夫·沃伊特表示："我们要成为共益企业。"[17]2014年，史蒂夫·沃伊特从亚瑟王面粉退休，但共益企业运动的精神显然与他产生了强烈共鸣。他在退休后继续在全美推广员工所有制和福利企业立法。

对大多数最初通过共益企业认证的企业来说，共益企业团队的多个成员此前就已通过投资圈、社会企业网络和本地活力经济商业联盟（BALLE）等社群相互结识了。例如，本地活力经济商业联盟的联合创始人朱迪·威克斯（Judy Wicks）很喜欢共益企业这一想法，并承诺她的咖啡店白狗（White Dog）也可以成为共益企业的初始企业。本地活力经济商业联盟的执行总监唐·谢弗（Don Shaffer）是彗星滑板（Comet Skateboards）的合伙人，他将共益实验室介绍给了该公司首席执行官杰森·萨尔非（Jason Salfi），后者很快就参与了进来。[18]

共益企业首次亮相

2007年6月，共益实验室的创始人受邀在本地活力经济商业联盟全国大会上介绍共益企业的概念。这对所有参与者来说都是一个令人难忘的时刻。在唐·谢弗介绍了他们之后，安德鲁·卡索伊和杰伊·库恩·吉尔伯特走向讲台，他们的身边是19位初始企业的领导者，而巴特·霍拉汉则在后台负责确保他们的新网站得以上线。杰伊·库恩·吉尔伯特简短地讲了两句，接着，按他的说法就是："这些领导者开玩笑似的相互推搡着，他们迫不及待地走上讲台，分享他们的企业为何要成为共益企业。"[19]

迈克·汉尼根（Mike Hannigan）是回馈企业的创始人，他率先上台，展开了一场"权力属于人民"式的演讲。接下来演讲的是新叶造纸的杰夫·门德尔松（Jeff Mendelsohn），他谈到了颠覆行业和下一代企业家的问题。之后演讲的是朱迪·威克斯，杰伊·库恩·吉尔伯特回忆说："她让共益企业概念在台下的观众中产生了独特的可信度……坦白说，理由不重要，重要的是分享的人是谁。这反映了我们在发展共益企业运动上最重要的见解——最容易影响商界领袖的是他们的同行，而非共益实验室。"[20]令安德鲁·卡索伊尤其高兴的是，美方洁和七世代的代表都上台演讲了，七世代是最初开始努力的领头羊，而美方洁则是更新潮的企业样本。安德鲁·卡索伊表示："有两个竞争者在那儿，这真是太好了，因为这好像在说'这儿有足够的空间给大家'。"[21]

美方洁的亚当·劳里也清楚地记得那个时刻："那一刻，一切都融合在一起了，我不认为那是群聚效应，但它汇聚了核心的支持者、标准，以及将要加入这个生态系统的各个公司。仿佛大家都做出了集体承诺，表示'嘿，这就是必须要做的事情'。"在演讲之前，杰伊·库恩·吉尔伯特要求每个人都说明一下为什么希望自己的公司得到认证。他回忆道："对我而言，这是因为在满足21世纪人类的需求方面，企业所需的东西和政府现有的制度之间存在不匹配的状况。我们需要改变这一矛盾，而不只是覆盖少数人的需求。它应该是动态变化的，而不是什么环保标签或特定案例。"从老牌大型员工持股型企业到本地小型企业，在场的所有人都明白，这一运动背后的动力是它的使命和目标，以及推动这项运动前进的这些人的热情。

借着此次大会的热情，共益实验室向前推进了这项运动，他们放弃收取所有初始公司头两年的认证费用，并且邀请这些公司参加2007年12月在费城白狗咖啡馆举办的共益企业《相互依存宣言》集体签字仪式。在该仪式上，共有81家企业签署了宣言。在这些精神的鼓舞之下，哈里·哈洛伦（Harry Halloran）、凯·哈洛伦（Kay Halloran）以及哈洛伦慈善（Halloran Philanthropies）的主席托尼·卡尔（Tony Carr）承诺向共益实验室提供50万美元的慈善支持，这是共益实验室收到的第一笔外部资金，是一个里程碑。在此之前，共益实验室的初创资金来自几位联合创始人申请的100万美元贷款，他们还放弃了自己第一年的工资。

在回首初创团队的时候，杰伊·库恩·吉尔伯特指出："当时女性太少，而且没有有色人种。如果共益企业群体想反映这个国家乃至世界的多样性，那么它需要持续的、重大的和有意义的努力，因为当前主导这一负责任的商业运动的商业领袖绝大多数都是男性白人。"[22] 但同时，令三位创始人感到自豪的是，他们吸引了从全新的前卫品牌（比如彗星滑板）到知名老牌企业（比如1790年创立的亚瑟王面粉）的各类公司，并且它们在文化、使命和目标上都具有相似性。"现在回想起来，当时真的有人签署了宣言，这简直不可思议。"巴特·霍拉汉回忆说，"我们的品牌无关紧要，唯一重要的是它能够讲述共益企业的故事。"

第四章

让法律站在利益相关者这边

当伊丽莎白·沃伦于2018年在《华尔街日报》的专栏中表示福利企业立法是值得效仿的模式之后，杰伊·库恩·吉尔伯特在《福布斯》（Forbes）上发文，指出通过该法案的许多州都是由保守派共和党人领导的。该项立法在美国12个州通过。杰伊·库恩·吉尔伯特写道："虽然像伊丽莎白·沃伦参议员这样的自由派人物推动负责任的资本主义立法可能不会令人感到惊讶，但对于那些没有一直关注福利企业兴起过程的人来说，他们可能会惊讶于世界上规模最大的投资人群体——共和党人和越来越多的商界领袖多年来一直都在推广相似的理念。"[1]创造一个以人、地球和利润为中心的新经济模式，并不是共和党或民主党的任务，而是全人类的事情。修补我们支离破碎的经济体系的唯一方式就是改变我们的法律。

共益企业认证从一开始就有法规上的要求：公司必须修订它们的治理文件，拓展它们的受托责任，从而使其考虑包括员工、社区和环境等在内的所有利益相关方的利益。小企业（绝大多数都是法律规定的有限责任公司）很容易就适应了这种变化，因为它们只需要修改现有的经营协议，使其反映新的受托责任即可。而对大公司来说，实现这一目标比较有难度。在关注利益相关者条款的31个州，公司董事可以自行决定是否考虑非金融利益相关者的利益，共益实验室本可以把它向有限责任公司讲的那套说辞复述给这些大企业，让它们修改公司章程。然而，包括加利福尼亚和特拉华等重要的州在内的19个州并没有利益相关者条款，因此任何修订都会与基本的公司法相矛盾。如果企业必须在修改条例和遵循常规法规之间做出选择，那么这种矛盾就会带来法律上的风险。

在考虑退出机制时，修改这些法律便显得尤为重要。以前文提到的本和杰瑞与斯托尼菲尔德这样以价值为导向的公司的出售为例，巴特·霍拉汉解释说："这些模范公司都被大型跨国公司以高价收购了，这对一些人来说是好消息。然而，这有时也会让它们的创始人和其最忠实的消费者感到沮丧，因为他们担心出售就意味着出卖。这种对被迫出售或愉快收购的担忧对下一代以价值为导向的创业者产生了寒蝉效应。他们担心寻求传统的风险投资或战略收购会侵蚀他们的创业愿景和价值观。"这些企业希望发展壮大，创造更大的影响力，但是它们并不希望牺牲自己的使命。

对那些想要创办或投资以创造股东价值和社会价值为目标的公司的创业者和投资人来说，为了给他们提供一个在法律上健全的平台，共益实验室支持设立新的法律。这些法律将向企业领导者、法律顾问以及投资人明确说明，这些公司的董事和管理者的受托责任（包括创造公共利益），哪怕是在这些公司要被收购的情况下。在美国，各州对公司的成立具有司法管辖权，因此创造一个全新的法律框架需要在州一级开展立法行动。

新提议的法律对透明度有了更高的要求，它要求面向股东和公众的年度报告应涉及企业在社会和环境方面的表现，并且要求政府配备相应的机制来保障这些企业以及它们所创造的积极的社会与环境影响能够延续下去，例如取消这种高标准的要求需要2/3的股东投票同意。

截至2020年年初，美国35个州和华盛顿特区均已通过福利企业法案，此外还有6个州正在制定相关法律；意大利、哥伦比亚、厄瓜多尔以及加拿大不列颠哥伦比亚省也通过了福利企业法案，同时全球不少国家或地区也正在制定类似的法案。

法律与股东至上主义

正如我们看到的那样，股东至上被写在了美国公司法之中。尽管法律很少明确否定企业有权考虑潜在卖方的经营对社会和环境的影响，但当有多个投标报价时，公司会进入"露华浓模式"（Revlon Mode），该模式得名于一桩具有里程碑意义的案例。1986年，特拉华州最高法院在"露华浓诉马克安德鲁斯与福布斯控股"（Revlon v. MacAndrews & Forbes Holdings）一案中指出，公司有义务将自身出售给开价最高者。这意味着，只要公司的收购不可避免，其董事的受托责任就只能是最大化股东的直接价值，而这通常等同于将公司卖给出价最高的竞标者。如果董事和董事会不这么做，公司就会受到惩罚，包括法院裁定的披露冲突以及禁止公司与出价最高的竞标者之外的买家拟议交易。

尽管此案始终存在争议，但其裁决并非史无前例。早在1919年，"道奇诉福特"（Dodge v. Ford）案的裁定中就写道："组建和运营商业公司的主要目的是最大化股东利益，董事的权力将被用于这一目的。"[2]在"易贝诉克雷格列表"（eBay v. Craigslist）一案中，特拉华州衡平法院（Delaware Chancery Court）裁定，"特拉华州的营利性企业不行使股东利益最大化"的使命是无效的，因为这与董事的受托责任不符。法院认为，即使公司要追求其他更多的使命，它也必须带来经济利益。[3]

共益实验室团队认为，露华浓模式以及对股东至上主义的普遍强调剥夺了企业家、管理者、投资人和消费者建立、投资或支持为社会创造长期利益的企业的自由。正如杰伊·库恩·吉尔伯特所言："有大量公司有效地实现了社会和商业影响力的平衡。然而我们仍然需要将允许公司这么做的价值观、标准和责任制度化，我们需要这样的体系，需要改变游戏规则，而不是继续收拾烂摊子。"[4]

加利福尼亚州的经验
和比尔·克拉克的帮助

加利福尼亚州是共益实验室创始人锁定的首个目标。这里似乎是最合理的起点，尽管事情并没有按原计划进行。据安德鲁·卡索伊回忆："我们环顾四周，然后问自己'哪里是共益企业集中的地方，哪里有活跃的可持续企业，哪里又有合适的立法环境和愿意接受我们的律师呢'？很明显，其中一个地方就是加利福尼亚州。"

如前文所述，利益相关者条款是这样一种规定：它允许但不要求公司董事会在制定决策时考虑公司所有利益相关者的利益。2008年，他们开始与来自加利福尼亚州律师事务所的汉森·布里奇特（Hanson Bridgett）、蒙哥马利与汉森（Montgomery & Hansen），以及温德尔·罗森（Wendel Rosen）等律师合作，安德鲁·卡索伊回忆道："在与加利福尼亚州律师协会进行了大规模的争论之后，我们在立法机构通过了一项条款，而且几乎得到了两院的一致通过。"不幸的是，加利福尼亚州州长施瓦辛格（Schwarzenegger）在加利福尼亚州律师协会公司法委员会（Corporations Committee of the California Bar）的反对下否决了该法案。不过他还是鼓励法案支持者继续尝试。安德鲁·卡索伊解释说："在与律师协会沟通后，施瓦辛格虽然否决了该法案，但又写了一封信。"他在信中写道："在新千年公司治理的新模式方面，加利福尼亚州本该走在前列。这可能是加利福尼亚州再度引领创新的机会。我会督促立法机构考虑和研究新的公司治理模式，从而为当前模式提供可选的替代方案。同时，我也要保证对股东利益的保护，正因为这一点，加利福尼亚州才得以成为世界经济的发电站。"

施瓦辛格要求支持者创建一个独特的公司实体，而不仅仅是推动利益相关者条款生效。杰伊·库恩·吉尔伯特指出："这也是我们倾向的方案，不过我们并没有想到有人支持我们所认为的更加激进的创新。"[5]直到比尔·克拉克（Bill Clark）进入这个领域。

比尔·克拉克是一个虔诚的基督教徒，他认为自己与共益实验室的合作是"神圣的约定"。大学毕业后不久，比尔·克拉克就结婚了。他的妻子已经辍学，但他们认识到她应该在生活还未出现困难之前立刻回去上学。比尔·克拉克原本打算进入威斯敏斯特神学院（Westminster Theological Seminary），他希望在该学院开始古代语言研究。当他的妻子重返大学后，这些计划都被搁置了，他开始寻找工作来养活日益壮大的家庭。最后，他在费城最大的律师事务所——美国摩根路易斯律师事务所（Morgan Lewis & Bockius LLP）的政府监管部门找到了一份助理律师的工作。当他的妻子毕业后，他前往威斯敏斯特神学院实现自己的梦想。他在那里表现得很好，并且最终获得了神学学位，但他每个暑假都会去美国摩根路易斯律师事务所工作。很明显，他找到了自己真正感兴趣的东西——法律。似乎他最看重的东西发生了颠倒。

后来，比尔·克拉克又去法学院学习，并成了美国摩根路易斯律师事务所的一名律师。他的导师起草了《宾夕法尼亚州商业公司法》

（Pennsylvania Business Corporation Law），而那时该法案正在重修。比尔·克拉克主要负责成文法和公司法，也就是说，他要起草有关合伙、有限合伙、有限责任、非营利公司、商业公司、保险公司、信用合作社等方面的法律。此外他还参加了负责编撰国家法规的委员会。

最后，他加入了AND1的律师事务所（英文名为Drinker Biddle & Reath）。比尔·克拉克听说了AND1的收购案和共益实验室的创建，但他当时与共益实验室的三位创始人并无联系。直到共益实验室在加利福尼亚州的计划落空后，他们才聚在了一起。比尔·克拉克回忆说："起初我对此完全持怀疑态度，我一点儿也不理解这些。我用了整个职业生涯去服务那些'大人物'，以及宾夕法尼亚州那些最大的上市公司。安泰保险（Aetna）、康卡斯特（Comcast）等都是我的客户，而我则习惯了作为另一方的工作。但我表示我会与他们会面，并试着理解他们的问题，看看我们能够找到什么样的解决方案。"在与共益实验室团队接触后，他很快就全身心地投入这项事业。回首过去，比尔·克拉克表示："我的整个职业生涯都是在为加入共益实验室做准备。加入AND1的律师事务所是我迈入职业生涯重心的最后一步，因为它让我接触到了共益实验室。"

比尔·克拉克就是拼图中缺失的那一块。安德鲁·卡索伊回忆说："克拉克对我们的想法感到十分兴奋，他认为应该有一种替代性的公司形式或选举方式来让普通公司在履行受托责任之外做更多事情。他鼓励我们坐下来一起起草这样的公司条款，我们一同确定了在股东价值之外创造公共利益的公司应该是什么样的。"[6]

共益实验室的三位创始人用了6个月的时间才和比尔·克拉克确定了加利福尼亚州福利企业法案的最初模型。安德鲁·卡索伊回忆道："当时美国的其他组织也在尝试类似的做法，明尼苏达州曾有一个公民权利组织试图制定一套社会责任公司的法规，而夏威夷州也曾有类似的尝试。我们在31个州拥有利益相关者条款，因此我们对福利企业法案有很多想法。我们和比尔一同工作了很久，也基本上完成了一份公示法案，接着我们希望与几个有联系人的州进行沟通。"

正如比尔·克拉克所言，他们设想的公示法案将会"得到确立，这样基本法规中的所有常规条款都能适用，但不包括特别章节就受托责任拓展所做出的可强制执行的规定"。可选模式与施瓦辛格州长的建议一致。因此，在要求政界人士为此投票时，他们的担忧要比对基本公司法规做类似的修改小得多。

马里兰州一步当先

2009年秋季，安德鲁·卡索伊在华盛顿一个名为"勤杂工与诗人"（Busboys and Poets）的聚会场所参加了投资圈的宴会。吉姆·爱泼斯坦（Jim Epstein）是蓝岭农产（Blue Ridge Produce）的创始人，也是可持续商业运动的长期成员和共益企业运动的支持者，他将安德鲁·卡索伊介绍给了时任马里兰州参议员的杰米·拉斯金（Jamie Raskin）。安德鲁·卡索伊回忆道："我开始向他描述我们所做的工作。然后他说：'哦，这很棒！这正是我们马里兰州需要的。它可以让我们像特拉华州一样（那里是传统企业的中心）成为可持续企业的中心！'毫不夸张地说，谈话结束时，他问我：'可以给我一张你的名片吗？我打算从下周开始起草法案。'"

能够遇到一个志同道合并有可能帮助共益实验室实现长期目标的人，安德鲁·卡索伊感到十分高兴，但他当然不相信一切会来得像杰米·拉斯金说得那么快。安德鲁·卡索伊说："我记得第二天我给巴特和杰伊打了电话，我们都笑了。两天后，我们接到了拉斯金的助理的电话，对方说：'你能和他通个电话吗？因为我们打算下周提交法案。'他大概用了两周而不是一周的时间。但他真的提交了法案，找到了支持者，并且开始推动这件事。"

有三件大事激发了杰米·拉斯金的紧迫感。杰米·拉斯金回忆道："第一件事是西弗吉尼亚州阿普比格布兰奇（Upper Big Branch）矿难，第二件事是英国石油公司漏油事件，第三件事是抵押贷款危机……这些企业灾难让人难受。"[7]那次矿难导致13人丧生，主要原因在于没有人跟进处理，也没有人对那些公司发出安全警告。"在我看来，我们的社会好像回到了贪婪的、不受约束的资本主义时期。"杰米·拉斯金告诉我，"如果公司不受法律约束，那么公司执照就等同于它们盗窃的许可证。"

杰米·拉斯金那时一直在读亚当·斯密（Adam Smith）的书，并将后者的观点与当代世界的状况联系在了一起。"我得出一个结论，"他回忆道，"亚当·斯密的观点被当代右翼政客扭曲、歪曲和利用了。"杰米·拉斯金明白，亚当·斯密并不认为市场应该主导一切，也不认为资本主义就是一切。实际上，他可能也担心股东至上主义的主导地位所造成的后果："垄断资本和掠夺性商业活动得到发展，某些大企业借此获得政治领域的影响力，接着利用它们的影响力向社会其他成员规定公共政策的基本条款。"

2008年美国总统大选前夕，保守派非营利组织公民联合（Citizens United）试图上映一部反对希拉里·克林顿（Hillary Clinton）的电影，但却没有得到准许，因为联邦法律——《麦凯恩－法因戈尔德法案》（McCain-Feingold Act）禁止公司在大选前制作"竞选传播"产品或为候选人提供"软钱"。2010年，美国最高法院做出了一个令人震惊的举动：法院支持公民联合。这开创了允许企业持有自己的观点并像个人那样行动的先例。杰米·拉斯金表示："法院的这一做法基本上是在说，公司的首席执行官可以从公司的金库中开具支票，从而支持他喜欢的候选人上台，或击败那些与他们对着干的候选人。"

杰米·拉斯金解释说:"通过创造一个新的法律实体,这些公司可以向潜在的投资者、员工以及客户发出信号,表明它们是不同类型的企业,因为它们的章程中包含了社会因素。除了常见的特拉华公司模式所表明的尽可能赚钱的目标,它们还有其他想要实现的特定公共目标。"

当他们开始合作时,杰米·拉斯金问共益实验室团队是否有"实际的计划"。三位创始人告诉他,他们对福利企业的构想可能需要5~10年才能实现。杰米·拉斯金回答说,这应该是一个为期十周的计划。当向自己的同事介绍福利企业法案时,他总是言简意赅:"最初出现公司的时候,它们受到了严格的约束,并有特定的目标。只有实现特定目标,它们才能追求其他事情。"而特拉华公司模式彻底改变了最初的公司模式。这使得公司可以做它们想做的任何事情,可以永久存在,可以对股东承担有限责任,并将所有风险从公司转嫁给社会、消费者或员工。由于公司拥有巨额财富,因此我们现在很难"将妖怪收回瓶子里",说服企业自愿将某种社会理念融入它们正在做的事情并不是一种解决方案,而是一种巨大的进步。

他提醒自己在马里兰州议会的同事,福利企业法案将促进该州经济繁荣发展,因为这会吸引相关公司在马里兰州注册并向该州缴纳费用,而这不会花马里兰州一分钱。据他回忆,他所在的民主党立刻就喜欢上了这个想法。尽管多少有些怀疑,但大多数共和党人都找不出该法案有什么问题。尽管还是有人反对,但他们也很少说出来。杰米·拉斯金回忆,有些人认为这是乔治·索罗斯(George Soros)的阴谋,目的是站在自由派这边重新改写资本主义的所有规则。其他人则认为这不过是一个自我感觉良好的练习,不会带来什么改变。面对这些质疑,杰米·拉斯金邀请共益实验室团队前来马里兰州做证,并进一步优化立法提案。此外,他们还有一些争议,主要集中在是否应该有激励和刺激条款，比如对福利企业减税等。杰米·拉斯金叫停了这些争论。最后，杰米·拉斯金表示："我们几乎得到了全体支持。"

2010年4月3日，马里兰州州长签署了该法案。2010年10月1日，法案生效，11家公司在马里兰州评税署（Maryland State Department of Assessment and Taxation）门口等待成为世界上首批福利企业。有机环保宠物店大坏狗（Big Bad Woof）是第一家，接着是公平贸易咖啡进口企业祝福咖啡（Blesses Coffee）。

成为福利企业意味着什么

成为福利企业不仅可以让企业家考虑股东利益之外的其他利益，同时也可以为创始人提供保障，使其无须担心因吸收外部资本而导致公司偏离其社会使命。福利企业示范条例规定，对于福利企业而言：

- 除了在经济上牟利，其目的还包括通过自身的经营对社会和环境产生实质性的积极影响。
- 拓展董事的受托责任，使其在股东利益之外思考自己的决策对更广泛的利益相关者的影响。
- 定期提供公开报告，使用独立、透明、可信且全面的标准来评估公司对环境、员工、客户、社区等多个方面的积极影响，以此传达有关公司的使命信息。

除了为社会和环境带来实质性的积极影响，福利企业也可以选择为特定的群体或环境问题创造具体的公共利益。对问责制的要求则确保公司董事能考虑股东、员工、客户和当地社群的利益。此外，公司根据第三方标准对其社会和环境指标进行评估而生成的年度福利报告必须分发给所有利益相关者，并在公司网站公开，以确保完全透明。共益实验室特别关注负面行为的透明度，例如，他们会披露一家公司在过去几年是否有过法律诉讼，因为这是股东可以做出知情决策的唯一方式。在美国的某些州，福利企业可以选举一名福利董事，这是一名负责监管和评估企业正规性的独立人士；福利企业也可以选举一名福利主管，他主要负责准备福利报告。公司董事一般不会承担个人责任，也不用承担因未能实现公共利益而造成的金钱损失。[8]

一些福利企业最终也会想要获得共益企业认证。而在那些通过福利企业法案的州，接受认证的共益企业需按要求成为福利企业。福利企业和共益企业有几个相似之处：两者都需要根据第三方标准（认证共益企业的这一标准是BIA）进行评估，并公开其全部社会和环境表现；此外，这两类企业都要求自己的董事在制定决策时考虑所有利益相关者。但我们也有必要强调一下它们的不同之处：一个是通过法律形式认定，一个是通过第三方认证。这当然是它们最根本的区别。共益企业和福利企业的最大差异在于业绩表现。共益企业必须达到BIA评审的最低分数，并且每三年必须重新认证一次。福利企业则不需要达到最低分数，也无须持续评估或审核。此外，它们的费用也不一样。共益企业每年根据自己的收入向共益实验室支付年费，而福利企业则只需缴纳国家备案费用。

福利企业立法是必要的吗

一些法学学者认为，福利企业立法是多余的。林恩·斯托特在她2012年出版的《股东价值迷思：股东优先如何损害投资者、公司和公众利益》一书中指出，在公司法中，商业判断规则给了管理者和董事很大的空间，他们只要不滥用自己的地位或权力，就可以按照自己认为合适的方式去领导企业。[9]在发表于《欧洲金融评论》（*European Financial Review*）的一篇文章中，她写道："他们当然可以选择将利益最大化，但他们也可以选择追求其他合法的目标，包括照顾员工或供应商、取悦客户、造福社区和更广泛的社会群体，以及维护和保护公司自身。股东至上主义只是一种管理上的选择——而非法律上的要求。"[10]在特拉华州通过福利企业立法之后，她在接受《卫报》采访时又跟进了这一话题。林恩·斯托特表示："你可以起诉董事，让他们因未能实现股东价值最大化而支付赔偿——这完全是一种误解，而且在大众思维中十分常见。"[11]也就是说，在林恩·斯托特看来，共益实验室认为露华浓模式和股东至上主义有危害的看法是站不住脚的。

但是，特拉华州前首席大法官小利奥·E. 斯特林却不这么认为。在一篇名为《否定的危险》的文章中，他揭露了各种想法的缺陷，并得出结论：在传统企业中，董事可以很容易地促进其他利益相关者的利益。他的一个关键观点在于，股东是唯一拥有法律权力的群体，他们可以行使许多权力，包括投票推选董事、使公司各项条款生效，要求董事负责、批准交易等。但其他利益相关者则没有任何权力。正如他写的那样："宣称董事能够且应该通过促进股东利益之外的利益来完成向善的事情，这不仅是一种空话，而且有害。这种说法没有给那些有能力确保其他利益相关方得到保护的人施加压力，比如给予他们保护其他利益相关方的权利。相反，这减轻了他们在这方面的压力。"[12]

里克·亚历山大是我们在前文提到的"复原公司律师"，他给出了更为直接的反驳："这个国家的法律运作方式对我来说很简单，那就是法官说什么，法律就是什么。看看露华浓案吧，特拉华州最高法院认同股东至上主义。"换句话说，律师和法律认为露华浓模式是可以避免的，或者说它在理论上并不是真正的法律，但实际上特拉华州最高法院的法官明显已经通过他们的裁决使其成为实际应用中的法律。

一个州一个州挺进

如果说马里兰州的福利企业立法是由一个人推动的，那么下一个通过该立法的佛蒙特州则受到了包括佛蒙特州社会责任企业（VBSR）和佛蒙特州员工所有制中心（VEOC）在内的若干社会责任企业和个人的推动，其在获得立法利益和来自佛蒙特州律师协会的支持方面发挥了重要作用。在马里兰州率先通过福利企业立法大约一个月之后，该法案也在佛蒙特州轻松通过。佛蒙特州是第二个，而非第一个通过该法案的州，安德鲁·卡索伊认为这是一种很理想的结果。

能有这样的结果，三人感到非常幸运。如果佛蒙特州是第一个，那么这很可能被人轻易否认。大家会说："那里都是社会主义者。他们做的才不是真正的生意呢。"马里兰州上市公司的数量仅次于特拉华州，那里有很严谨的商业法庭，以及一位非常有名的中间派州长。它紧邻特拉华州，并且靠近华盛顿特区。福利企业法案率先在该州通过，创造了可信度和郑重感，而这是佛蒙特州所不能带来的。不过他们能在一个月内连续击中两个目标也很了不起。

杰伊·库恩·吉尔伯特承认，这些进展并不在共益实验室最初的计划之中。"是的，在我们最初的商业计划书中，立法是终极目标之一。我们原以为这要花上5~10年的时间。但机会来了，我们不能说按我们的计划，三年内我们都不会推进这件事。我们只能说太棒了，让我们开始吧！"[13]

纽约州、宾夕法尼亚州、科罗拉多州、俄勒冈州和北卡罗来纳州都在2010年表达了对福利企业立法的兴趣，共益实验室的三位创始人便开始着手在这些州引入相关立法。然而团队资源有限，他们三人无法一次性去所有地方，只能集中出现在某个州，为感兴趣的政策制定者提供一揽子文件——以比尔·克拉克最初为加利福尼亚州拟定的法案为基础模型。这份文件是可以调整的，但比尔·克拉克表示："这还可以让我们准确地捕捉到我们所认为的最优做法。"早期各州的立法语言并不像后来对此感兴趣的州的立法语言那么一致，但比尔·克拉克指出："它们都有三个基本特征，即改变公司的宗旨、改变董事的职责以及加强披露针对这些更广泛的使命的报告。这就是福利企业最主要的三个特征。"

这类运动的领导者通常是基层人士，而各州的本地企业家群体对此的反应各有不同。在南卡罗来纳州，商会认为这是一个很好的理念。而在密歇根州，商会非常担心企业会因为不采纳这种模式而感到羞愧。也就是说，它担心这种允许企业选择成为福利企业的立法可能会给所有非福利企业贴上"坏公司"的标签。比尔·克拉克表示："这种担心非常有意思，不是吗？突然间你开始担心它会被证明是成功的，而你也必须这么做。"这些不同的回应让我们得到了一个结论，那就是对共益实验室来说，重要的是要在州一级找到合适的人选，并获得这些人的支持。

为了确保得到美国两党的支持，共益实验室的创始人非常努力。"我们有保守派的支持者，也有自由派的支持者，我们的全体投票支持率达到了90%。"共益实验室利益相关者治理与政策总监霍利·恩赛因–巴斯托（Holly Ensign-Barstow）表示。起初共益实验室一直是被动的：除非某个州已经对此有了一些兴趣，否则创始人不会主动接触那个州。他们通常会从当地的共益企业入手，这些企业通常与当地立法机构、商业网络以及公司法方面的律师有一些联系。一旦这些企业有了一些兴趣，共益实验室便会采取下一步行动，推动可以得到两党支持的立法。正如霍利·恩赛因－巴斯托所说："我们通常会打电话沟通，具体情况取决于对方是谁。我们一般会就如何推动该法案向他们提出建议。一般情况下，我们希望发起人是共和党人。如果感兴趣的是民主党人，那么我们还会建议对方找一个至少对共同倡议感兴趣的共和党人。我们会建议他们与商业组织和律师协会取得联系。不幸的是，律师协会有时是最难入伙的。"

比尔·克拉克很快发现，要想通过立法，团队需要做大量游说工作。他的主要工作之一就是在当地找到合适的律师，说服他们推动立法。由于这些律师负责的是这个州在公司和其他商业实体方面的法律工作，因此他们常常会抵触外人告诉他们该怎么做。他们也可能很难理解这么做的必要性，而且法律本就不会要求公司采纳特定的使命。

早期，其他类似的公司模式，例如低利润有限责任公司（L3C）、灵活使命公司（the flexible-purpose corporation）以及社会使命公司（the social purpose corporation），已在一些州实现立法。不过越发明显的是，共益实验室所倡导的模式正在成为标准。共益实验室成功的一个关键因素在于它有能力向监管机构承诺：通过立法不会产生任何额外成本。此外，正如杰米·拉斯金指出的那样，各州多少有些想法——希望福利企业能够"帮助自己恢复将企业与选举隔离开的壁垒"。杰米·拉斯金表示："这也就是说，我希望福利企业能够帮助我们挑战公民联合以及认为公司资金是首席执行官用来增加个人利益或股东共同利益的政治贿赂金的观点。正如拜伦·怀特（Byron White）法官看到的那样，公司是国家的产物，而国家不可以让自己的产物去消耗和吞噬自己。如果公司里的人真心想要改善社会福利，那么他们应该直接在他们所在的社群，或在我们需要他们的地方行动，而不是去干预选举和资助政治活动。"

到特拉华州去

特拉华州是美国公司法的实际中心。超过65%的财富500强企业选择特拉华州作为其合法所在地，此外，该州的年度预算有1/3都来自商业备案。共益实验室的创始人明白，他们必须以不太一样的方式接触特拉华州。而事实也证明，在该州将福利企业条款付诸实施尤其有难度。特拉华州支持福利企业立法的人并没有使用比尔·克拉克的模型，因为他们明白，鉴于特拉华州在制定公司法和其他实体法律上的一般做法，这么做的成功概率很小。

里克·亚历山大花了25年时间研究传统公司法，他是特拉华州立法运动的领导者。过去，他的工作主要集中在特拉华州法律本身，而且他一度坚信股东至上主义。当共益实验室的三位创始人找到他时，里克·亚历山大是特拉华州律师中的一员，而他们基本上都维护传统的公司法。他回忆道："我当时认为他们很天真，根本不想理他们。"这些年来，当地律师见识过各种形式的利益相关者条款——类似于共益实验室团队最早想要在加利福尼亚州通过的法律变革，但它们都被否决了。他说："无论你的政治立场是什么，公司创造利润并得到投资者的支持是天经地义的。如果你觉得外部性成本过高，那么你去游说国会立法吧，让企业将这些成本内部化。"[14]

在当地一些重要人士的支持下，包括首席大法官小利奥·E. 斯特林以及当时的州长杰克·马克尔（Jack Markell，他要求特拉华州律师协会的公司法部门与共益实验室的三人会面），共益实验室的三位创始人小心翼翼地接触了特拉华州律师协会。里克·亚历山大牵头了这个项目，随着研究的深入，他对此越发感兴趣起来。在他读完林恩·斯托特的书后，一切都转变了。[15]

为了证明自己的看法，2012年9月，共益实验室邀请了多家共益企业的创始人和首席执行官,包括爱特西(Etsy)的查德·迪克森(Chad Dickerson)、沃比·帕克的尼尔·布卢门撒尔(Neil Blumenthal)、卡斯卡特工程的弗雷德·凯勒以及丹索(Dansko)的曼迪·卡伯特(Mandy Cabot)。重要的是,共益实验室还特意确保有可信的投资人到场,包括联合广场创投(Union Square Ventures)的艾伯特·温格(Albert Wenger)和保诚(Prudential)的奥姆德·萨瑟(Ommeed Sathe)。安德鲁·卡索伊回忆起他们在一家大型律师事务所会面的情形:"我们到达后,看见18个中年白人男性围坐在一张大桌子前,他们来自特拉华州各大律师事务所。为了帮助他们理解为什么对企业家和投资者来说,拥有另一种不同类型的企业很重要,我们进行了漫长的对话,这是一个影响深远的时刻。从那以后,每次我们与这些律师中的一些人会面,他们都会谈论那次会议中的一个典型例子,并表示'这就是为什么我们需要在特拉华州立法'。这真的是一次令人神往的经历。"

　　起草法案文本时的谈判十分紧张。有一次,比尔·克拉克认为特拉华州应该改变条款的名称,因为这与共益企业的品牌名称不那么匹配,而且会减弱该运动的影响力。"漂绿"危机出现了一次又一次。在另一个紧要关头,共益实验室团队向全美的共益企业社群发出了寻求建议和援助的请求。如果特拉华州决定继续推行福利企业法案的弱化版本,那么此举会令市场不解。共益实验室的三位创始人决定,他们将发起一场广泛的宣传活动,从而影响该州立法。当小利奥·E.斯特林和杰克·马克尔听说这件事时,据巴特·霍拉汉回忆:"那真是个糟糕的时刻,因为原本有人一直真诚地与我们合作并试图找到答案,但现在他们觉得我们的计划可能会对该州造成严重的损害。"[16]2013年2月,小利奥·E.斯特林召集了里克·亚历山大、律师协会的领袖以及共益实验室的三位创始人。当他们共聚一堂,小利奥·E.斯特林邀请律师协会的领袖分享福利企业法案草案,接着宣布,在他们所有人就条款达成一致之前，任何人都不可以离开。当天，在与会者离席前，来自特拉华州律师协会的一名成员表示，特拉华州福利企业立法的通过将给美国公司法带来"地震式的转变"。2013年8月1日，该法案被签署。[17]

特拉华州的立法在某些方面与其他州有所不同。例如，它没有界定公司利益相关者的概念，而是表示董事必须平衡股东以及其他受到公司实质影响的各方的利益。在共益实验室与其他州确立的福利企业法案中，福利企业必须接受第三方标准的检验，且检验结果必须对公众公开。而在特拉华州，福利企业没有义务接受第三方标准对公司的社会和环境影响评估，从而留下了"漂绿"的风险。此外，按特拉华州立法要求注册的"公共福利企业"只需要每两年向其股东（而非普通公众）提供具有透明度的报告（这与福利企业立法模型的年度报告要求相反）。

此外，特拉华州的法案中没有所谓的"福利强制执行程序"，也就是里克·亚历山大所说的股东可以用来"证明公司没有履行福利企业义务"。在这个程序中，不存在商业判断规则保护。而在传统公司法中，只要董事能够真诚行事，股东便会给予他们商业决策的自由裁量权。在立法模型中，这种保护拓展到了董事和管理人员，但不包括公司本身。"股东可以起诉公司，表示有更好的方式来实现实质性的公共利益。"里克·亚历山大解释说。他对比了立法模型和特拉华州的条款，后者在商业判断规则上没有例外。

福利企业的挑战：接受与实施

尽管截至2020年年初，美国福利企业的总数已经超过1万家，但企业家依然面临着来自法律和金融界的巨大阻力。罗曼·奥巴内尔（Romain Aubanel）对初创企业或福利企业并不陌生，他是网球俱乐部16场（Court 16）的联合创始人，也是医疗成像软件公司欧立雅医疗（Olea Medical）的创始成员之一。罗曼·奥巴内尔已经注册了两家不同的福利企业，第一家名叫LNRI联合（LNRI United），是一家家庭投资机构。由于公司资金来自他本人，因此他无须征求任何人的意见就可以将其注册为福利企业。

杰克与费迪（Jack and Ferdi）是他最新的创投项目，这是一款面向商务旅行者的应用程序。在申请福利企业的时候，罗曼·奥巴内尔表示，他在听到建议时感到十分震惊，因为从投资人到律师，再到银行工作人员，每个人都反对这个主意或从来没有听说过这回事。例如，罗曼·奥巴内尔所用的银行IT（互联网技术）系统在其账户设置中不能识别福利企业；他的律师认为他将与投资者展开一场艰苦的斗争，因为他不得不花大量时间来解释和证明福利企业理念的合理性。此外，有人担心公司会因过度关注其社会使命而忽视利润。"我们要么过于看重利润，要么过于看重社会影响那未知的一面。"罗曼·奥巴内尔说，"因此这确实有点困难，毕竟这件事还没有得到证实。"他继续解释说："潜在的投资人还有一个关于退出机制的担忧。如果你的买家在社会方面有不良影响，那么因为你的社会因素而投资你的股东是否会因此而产生麻烦呢？"

此外，罗曼·奥巴内尔的律师认为，福利企业对透明度的要求很高。罗曼·奥巴内尔解释说，这是吸引他选择此类型公司的主要原因。"我们希望与所有消费者和用户沟通，以显示我们的不同之处。这是我们想要展现的。"他说。

福利企业对透明度的要求也带来了一些其他挑战。例如，最近揭露的事实表明，许多福利企业并没有达到强制性的透明度要求。2014年，贝尔蒙特大学的J.哈斯克尔·默里（J. Haskell Murray）调查了该问题，并且发现在他所调查的福利企业中，只有不到10%的企业完成了年度报告要求。此外，他还发现，年度报告的要求并非十分严格——必须按照第三方标准完成年度报告的要求有些含糊，这为企业留下了太多解释空间。[18]J. 哈斯克尔·默里还在他的博客里回应了伊丽莎白·沃伦的《负责任的资本主义法案》："我在学术工作中发现，该州的福利企业法案并没有将所谓的'公共利益'与有效的问责机制相结合，然而该法案要求至少40%的董事会成员应由员工选举，这向着协调公司宗旨和责任的方向又迈进了一步。当然，这还是忽略了董事本该考虑的其他许多利益相关者，而股东仍然是唯一有能力提起派生诉讼的利益相关者。"[19]

福利企业立法要想达到最初的目标，那么它的要求必须得到贯彻和维护。如果没有监督和遵守机制，那么一些公司可能会将福利企业当做一种精密的"漂绿"手段。[20]

走出美国

福利企业立法在美国的成功引起了其他国家的兴趣。其中最早的一项倡议来自罗纳德·科恩（Ronald Cohen）爵士在2013年发起的八国集团社会影响力投资特别工作组（G8 Social Impact Investment Task Force）。比尔·克拉克和安德鲁·卡索伊是该工作组使命协调团队的成员，该团队在其最终报告中建议八国集团采纳福利企业立法。[21]起初，共益实验室并没有花大量时间去研究如何改变其他国家的政策，这在很大程度上是因为其创始人认为大多数司法辖区在信托责任方面是相当宽松的，因此该地区无须采纳或改变政策。以法国为例，股东至上主义并非强制性原则。如果一家法国公司想要成为福利企业，那么它只需修改自己的公司章程即可。而澳大利亚则相反，股东至上是绝对的。但福利企业立法运动是自行发展起来的，共益实验室不得不介入以保护和支持这样的公司概念。

在意大利，企业家埃里克·埃塞基耶利（Eric Ezechieli）和保罗·迪·塞萨雷（Paolo Di Cesare）经营着一家名为娜缇瓦（Nativa）的可持续发展咨询公司。在他们看来，公司的使命感很重要——实际上他们将其写进了公司章程。商业部拒绝了他们的申请，并表示，"所有员工的福祉"并不是一家公司得以存在的合理理由。"我们意识到，在法律上，你如果是一名管理者，"保罗·迪·塞萨雷解释说，"就不能专注于改善员工的生活或环境。你必须帮助股东实现利润最大化，就是这么简单。而我们认为一定有别的办法。"2013年，娜缇瓦成为经认证的共益企业，它的创始人第一次听说了福利企业立法的法律架构。他们终于找到了一直在追寻的答案。接着他们找到了一位开明的政界人士——参议员莫罗·德尔·巴尔巴（Mauro Del Barba），寻求他的帮助。在接下来的几年里，这几位创始人接触了不同的政界人士和公民。2014年，他们得到了支持反馈——意大利民主党给予了热烈回应。2015年，相关法案完成起草并被迅速提交给政府，最终得到了意大利参议院和议会的批准。截至2016年，意大利成了美国之外第一个为新型企业模式立法的国家。这种企业模式不仅着眼于利润，同时还兼顾社会与环境效益。当然，娜缇瓦成了首个注册登记的社会福利企业。[22]

接着，哥伦比亚也对该运动产生了兴趣。当共益实验室团队开始与哥伦比亚当地的律师合作时，该国政治局势发生了转变，正如比尔·克拉克所言："该国局势几乎紧张到透不过气。"于是计划被搁置，直到推动该计划的人，也就是当时的参议员伊万·杜克（Ivan Duque）于2018年6月当选该国总统。在他当选之后，福利企业立法很快得到了通过，其中有些条款体现了哥伦比亚的情况。南美洲的其他国家现在也已提出相关立法，2020年2月，厄瓜多尔通过了福利企业立法。此外，相关立法的讨论也已在阿根廷、澳大利亚、巴西、加拿大、智利、秘鲁、葡萄牙和乌拉圭等地展开。而加拿大不列颠哥伦比亚省已于2019年5月通过福利企业立法。

要想颠覆股东至上主义，就必须从根本上改变公司的法律基础，福利企业立法正是向着这个方向迈进的重要一步。在福利企业法案的规定下，董事的职责发生了根本性的转变，现在他们必须考虑所有利益相关者，而不仅仅是股东。但从长远角度来看，要求福利企业依法满足透明度要求至关重要。如果没有强有力的执行程序，那么法律背后的理念很有可能失去其合法性，并在更大规模的运动中受到减损。

第五章

为影响力投资

2006年，在共益企业运动正式启动前，共益实验室的创始人会见了莱斯莉·克里斯琴（Leslie Christian），后者对他们将要创造的事物产生了极大的影响。他们通过玛乔丽·凯莉（Marjorie Kelly）与莱斯莉·克里斯琴取得了联系，玛乔丽·凯莉是《资本主义的神圣权力：推翻公司的贵族统治》（*The Divine Right of Capital: Dethroning the Corporate Aristocracy*）一书的作者。她在书中直接指出，股东至上主义是经济、社会和环境发展道路上的障碍，这一观点给杰伊·库恩·吉尔伯特带来很大启发。她在新书《掌握我们的未来：正在兴起的所有权革命》（*Owning Our Future: The Emerging Ownership Revolution*）中对合作社和社区所有制企业也做了讨论。[1]

戴着白金色头巾和黑色边框猫眼眼镜的莱斯莉·克里斯琴似乎有一种天生的力量。1999年，她在家乡西雅图创立了首批社会责任投资基金，并成为社会责任投资领域的领军人物。她创立的21世纪投资组合（Portfolio 21）是一只专注于公司对环境和社会的影响的开放式无佣金共同基金。

社会责任投资运动可追溯至20世纪60年代，当时民权运动和反越战运动激起了广泛的变革热情。20世纪70年代，人们开始关注环境和污染问题带来的威胁。这一精神也影响了一些商界人士，例如，在种族隔离危机最严重的时期，很多公司纷纷从南非撤资。到了20世纪80年代，市场上已经有了一些针对社会责任投资的共同基金。这些基金排除了那些从武器、酒精、烟草和赌博业中获利的公司，以及那些虐待员工或对环境有害的企业。1990年，多米尼社会指数（Domini Social Index）成立，人们可以用该指数来鉴别符合社会和环境标准的公司。[2]

尽管这些进展令人鼓舞，但莱斯莉·克里斯琴却提出了这样一个关键观点：当社会责任企业进入关于社会责任投资基金的公开投资市场时，大多数人已经被卷入一种资本制度和市场动态，它们迫使人们做出短期决策，减少了人们对人类和地球的关注。由于对股东负有受托责任，创始人常常认为自己应该卖掉公司，而不是将它转交给新的所有者或自己的员工。为了解决这些问题，2004年，莱斯莉·克里斯琴创立了一家名为逆流21（Upstream 21）的控股公司。在她看来，这是一家"价值驱动型的伯克希尔·哈撒韦公司"。逆流21的第一个收购对象是一家陷入困境的木材公司，该公司对当地经济至关重要。"逆流21的想法是，不颠覆它，而是像管家一样保管好它。"杰伊·库恩·吉尔伯特解释说，"这种见解真的十分强大。"然而，逆流21并没有坚持多久。在2008年的金融危机中，该公司遭遇重创，并且一直没有缓过来。尽管莱斯莉·克里斯琴和合伙人损失了金钱，但她依然对这段经历保持着积极的态度。"我们推动了福利企业运动，"她说，"最后我们发现自己学到了很多，而且我们为自己所关心的事情做出了贡献。"

当杰伊·库恩·吉尔伯特与莱斯莉·克里斯琴见面时，他们谈到了她如何创办自己的公司。莱斯莉·克里斯琴播下了福利企业的种子。她记得自己曾告诉杰伊·库恩·吉尔伯特："你必须在法律上密切关注利益相关者的利益。你可以成立一家公司，将这一点写进公司章程，从而使之不可更改。"莱斯莉·克里斯琴在逆流21就是这样做的，这是第一家在公司章程里明确要求考虑利益相关者利益的公司。莱斯莉·克里斯琴对此表示："我们制定了一系列条款，定义了公司最重要的利益群体，包括员工、社区、环境、供应商、客户以及股东。我们对这些群体一视同仁，并把这写进了公司章程。"

有了这些思路，共益实验室开始向投资界进军。正如我们将要看到的，共益企业运动从许多方面改变了影响力投资领域。从根本上说，BIA的发展为影响力评估奠定了基础。投资者鼓励投资组合中的公司使用共益实验室的工具，这不仅可以让这些公司更好地理解社会和环境影响力，也可以让它们更好地管理公司。此举加速了共益企业运动的发展，大型跨国公司也通过收购共益企业的方式来推动该运动。截至2019年，已经有数十家金融服务公司通过认证并成为共益企业，包括风险投资公司、商业银行、财富管理机构以及保险公司等。

影响力投资的兴起

洛克菲勒基金会（Rockefeller Foundation）在2007年创造了影响力投资这一概念，并用它来描述在关注投资回报的同时聚焦社会和环境目标的投资。社会责任投资在很大程度上关注的是上市公司的股东决议以及排除所谓的"罪恶股票"，而影响力投资的重点是有意在大多数非公开市场创造积极影响。[3]正如安德鲁·卡索伊回忆的那样，当时"阻碍影响力投资的关键在于缺少标准和评级的基础设施，因此投资者无法了解衡量影响力的意义何在"。

洛克菲勒基金会将BIA确定为影响力投资的首要指标，并为共益实验室团队提供了资金，将最初的BIA转变成了一个更为完善的评级体系。在这个过程中，它还让共益实验室团队参与了有关"如何推动机构资本成为使命驱动型企业"的讨论。"自2007年起，"洛克菲勒基金会前任主席朱迪思·罗丁（Judith Rodin）博士解释说，"为了应对社会和环境问题，加快惠及贫困和弱势群体的速度，洛克菲勒基金会始终致力于发展和壮大影响力投资。共益实验室一直是这项工作的重要合作伙伴，它为扩大该领域和解决普遍的社会性问题建设了基本的基础设施。"[4]洛克菲勒基金会表示："BIA是一个适合面向投资者的评级系统。无论我们想要做出怎样的改变，归根结底，我们需要的是一套合适的方法。"今天，BIA被用来认证共益企业，但它也是共益实验室其他工具和评估的基础。

开发评估工具

2007年，洛克菲勒基金会创建了全球影响力投资网络（GIIN），其使命是"通过集中的领导和集体行动来加速行业发展"。[5]全球影响力投资网络推广的是共益实验室最初面向投资者的工具，即全球影响力投资评估系统（GIIRS），该工具从BIA中提取信息，并以此来为基金创建一个评级系统。基金自身要完成一份基金经理评估（定制版的BIA），并在共益实验室员工的协助下审核反馈结果。一旦该基金组合中的所有公司都完成了BIA评审，共益实验室就会汇总这些数据，根据各公司的投资额来对它们的平均分进行加权计算，从而得出整个影响力商业模式和整体运营的评分。该评分随后将被转化为奖牌等级（铜牌、银牌、金牌和白金牌）和星级（一星到五星）。这只基金还将得到特定影响力领域的评级，例如社区、客户、环境、劳动力和治理等。[6]

共益实验室认为，全球影响力投资评估系统可以让机构投资者和高净值投资者更好地进行尽职调查，制定更明智的投资决策，更有效地跟踪和改善整个投资周期中的社会和环境效益，同时更好地报告绝对和相对影响。此外，全球影响力投资评估系统也致力于为咨询师、投资银行家以及其他中间机构提供改善其专有产品和增值服务所需的数据分析工具，同时帮助公司和基金经理以潜在业务或投资组合公司的社会和环境影响力为基础，从与之有着一致使命的投资者那里筹集资金。这套评估系统为投资者提供了方法，使其通过越来越微妙的方式来理解社会和环境影响，该系统最后发展成了现在的共益分析平台（B Analytics platform）。

从先驱者入手

共益实验室团队明白，他们必须从那些已经对可持续投资感兴趣的人入手，让这些人加入进来。也就是说，他们首先要"得到那些真正理解它的人的认可"，这个投资群体就是那些已经对社会投资有所关注的人。他们认为："如果这么做有效，那么我们可以超越影响力投资，让阿波罗（Apollo）、黑石（Blackstone）和KKR（科尔伯格·克拉维斯·罗伯茨，Kohlberg Kravis Roberts）也得到评级。"由于投资公司和银行可以直接进行认证，所以这将产生有助于扩大该运动规模的网络效应。

新资源银行就是实现这一战略的例子之一，这是一家专注于环境可持续发展的社区银行。如前文所述，新资源银行是第300家通过认证的共益企业。它成功将共益企业的理念传递给了RSF——一家影响力投资先锋机构，同时也将这一理念传递给了另一家早期共益企业（也是其早期投资者之一）——于2015年通过共益企业认证的荷兰特里多斯银行（Triodos Bank）。2017年，新资源银行和共益企业合并银行（Amalgamated Bank）合并，共同创建了一家美国最大的专注于可持续发展的银行，这进一步传播了该理念。当RSF和特里多斯银行等影响力投资机构成为这项工作的积极参与者和支持者时，共益实验室开始鼓励它们向其投资组合中的公司以及与它们有合作的公司传播共益企业理念。

正如安德鲁·卡索伊解释的那样："我们努力让投资者成为促使企业使用BIA等影响力管理工具的加速器。"共益实验室团队鼓励所有投资者通过共益分析平台来分析自己的投资组合。这样一来，作为投资组合一部分的其他公司也必须使用该平台，至少它们要使用该平台来上传资料。而这常常会让企业自己产生进行共益企业认证的意愿，或者会让企业使用该平台的BIA指标或其他工具。

2015年，伦敦的桥梁基金管理公司（Bridges Fund Management）通过了共益企业认证，这是"投资人在其所在行业扩大共益企业运动影响力"的又一例证。早在该运动越过大西洋之前，桥梁基金管理公司的合伙人之一、负责可持续发展和社会部门基金的安东尼·罗斯（Antony Ross）就告诉过我，桥梁基金管理公司一直在游说政府"创建一种可以让企业参与的专业模式"，这不仅可以验证一家企业对其使命的贡献，也可以验证其对客户的贡献。现在，桥梁基金管理公司通过BIA来评估其投资组合中的企业，以此考察它们的影响力是否不足，以及桥梁基金管理公司还可以在哪些方面为它们提供帮助。环境议题和人力资源管理是该公司最关注的两个领域。目前，通过桥梁基金管理公司而经历这一程序的企业包括一家连锁酒店、一家为住房协会提供维修服务的公司，以及一家专注于图书回收的公司。安东尼·罗斯解释说："桥梁基金管理公司有支持私营部门盈利的企业的基金，也有支持以使命为基础的企业的基金，但我们是使命驱动的盈利企业。"

桥梁基金管理公司的创始人兼首席执行官罗纳德·科恩爵士是一位出生于埃及的商人。他是英国政界、影响力投资领域和风险投资界的知名人物，他所获得的赞誉不胜枚举。1957年，他的家人在纳赛尔（Nasser，埃及第二任总统）实行反犹政策之后逃离了埃及。刚到英国时，11岁的他几乎不会说英语。他的父亲将他送入伦敦当地的一所学校，并向校长保证，他很快就会成为班级第一，这也是罗纳德·科恩渴望实现的。他适应得很快，后来在牛津大学和哈佛商学院取得了出色的成绩。毕业后，他创立了安佰深（Apax Partners），这是英国最早的风险投资公司之一。2005年退休之前，他一直管理着该公司。他那令人难以置信的职业生涯的后半段始于他在英国首创社会影响力债券。[7]他在2001年受封爵士，并被称为"富有同情心的资本家"和"英国风险投资之父"。[8]无论是在舞台上还是在面对面的接触中，他都会让人感到他拥有一个真正的英国贵族的灵魂，他的言谈举止无不流露出才华与热情。"我认为，现在的问题是如何激励千禧一代再现我们在科技革命中做过的事情，"他说，"但这一次，这么做是为了影响力——做善事，并将其做好。"[9]

投资共益企业的理由

在影响力投资取得长足发展的同时，新资源银行的前任首席执行官文斯·西西利亚诺也敏锐地意识到了公司所面临的挑战。他说："对大多数企业和大多数投资组合而言，财务回报依然是十分重要的。尽管大多数影响力投资者都表现得好像鱼和熊掌可以兼得，但实际上，你要么通过提高风险来获得回报，要么投资那些并非真正绿色的公司。真正的目标是深入理解影响力投资，将表面风险降至收益风险比可以接受的范围。"

在共益实验室努力扩大社会投资圈，接触传统投资者的过程中，团队需要回答的首要问题是，从长远角度看，共益企业认证对投资者来说是好事，还是坏事。一家公司如何才能既考虑股东、员工、消费者和本地群体等所有利益相关者的利益，又赚到钱？如果共益实验室无法说服传统投资者，使其相信承担社会责任也有利于企业自身，那么这项运动就无法继续下去。

实际上，共益企业具有传统企业通常所不具备的优势，比如长期可持续性、风险缓解和质量管理等。共益实验室一直致力于向投资者传达这些要素。例如，当共益实验室的创始人首次接触硅谷的投资者时，他们受到了很多质疑。但是，共益实验室的霍利·恩赛因－巴斯托回忆道："等到会议结束时，这些投资者已经开始重新考虑投资组合中的公司了。"如果投资者相信共益企业运动可以降低投资风险，那么他们会加入进来。

桥梁基金管理公司在其出版的《投还是不投：共益企业投资者指南》(*To B or Not to B: An Investor's Guide to B Corps*)一书中列出了投资共益企业的优点与缺点。其中，优点包括：

- 改变投资者的形象，改变他们的心态，吸引年轻人才。千禧一代逐渐成为资产所有者和员工，投资共益企业的做法改变了投资者在年轻人心目中的形象。如果投资者想要把握年轻一代最看重的东西，改变自身形象就非常重要。研究表明，从长远角度看，那些具有强烈价值观和以使命为中心的公司可以产生更加积极的效益。此外，对那些有志于向善商业的就业者来说，共益企业具有很大的吸引力。这些员工之所以能够做出出色表现，是因为他们所效力的公司从根本上代表了他们自身。

- 基准化。投资共益企业可以带来更多基准化的机会。共益分析工具可以帮助投资者以他们从未使用过的方式来跟踪投资组合中的公司。提高评分报告（improve your score）为公司提供了在未来进一步改进的途径，而这是其他指标所不擅长的。重新认证共益企业的激励也是一种极大的优势，因为考虑如何提高自身的分数可以让公司保持警醒。

- 创造新的商业机会。共益企业认证为品牌推广以及通过共益企业社群来建立伙伴关系和进行协作创造了机会。

- 建立信任关系。共益企业可以与其利益相关者建立高度信任的关系，因为企业做出了让商业成为向善力量的承诺。这给双方带来更多的力量、弹性和长期稳定性，可以让企业获得更高的估值。

- 锁定使命。"使命漂移"是价值驱动型企业的一个常见问题。而共益企业的使命已经融入企业的基因，因此它们不太可能在使命上有所妥协。[10]

当然，桥梁基金管理公司的这本书也调查了共益企业运动的一些缺点，并将它们分为五个主要类别：

- 共益企业品牌能否获得足够的牵引力并成为主流？这是共益企业运动当前致力解决的一个问题。该运动要求参与企业必须付出极大努力才能提高品牌知名度和消费者认知度。近年来，该运动与大型跨国企业的合作对缓解这种担忧起到了一定作用。

- BIA是否能够继续创造强大的评估基准？为了解决这一疑虑，共益实验室团队必须坚持他们最初就在做的事情——提高共益企业认证的标准并将其付诸实践。

- 共益企业真的能通过它们所在的社群创造价值吗？共益企业运动

可以在新客户或商业伙伴关系方面为其成员带来真正的优势。

- 共益企业的身份会带来公司治理方面的问题吗？正如我们所见，法律框架能够而且确实改变了公司的治理方式，但这似乎阻碍了部分投资者投资于此。然而，在共益实验室和共益企业与其投资者的紧密合作之下，这将不再那么令人担忧。

- 对潜在投资者来说，"锁定使命"是否过于严苛？共益企业自然意味着其领导者在某些方面没有太多回旋的余地。与前面的问题一样，我们的目标是展示作为共益企业的诸多优势与机会，并以此消除潜在的障碍。[11]

我的访谈表明，在所有优势中，最重要的莫过于共益企业与不断变化的投资环境之间的关系。社会投资先锋企业（同时也是共益企业）崔莉恩资产管理公司的副总裁苏珊·贝克（Susan Baker）强调了这一转变背后的力量，她说："调查显示，女性和千禧一代一直走在把对可持续、负社会责任和影响力投资的兴趣转变为实际行动的最前沿。正是这些行动推动企业在其使命和商业战略中开发或深化对可持续发展的承诺。"现在，各行各业都变得日益多元化，不再过度关注以白人男性为主的富有保守人士的利益。例如，2016年，崔莉恩资产管理公司敦促J.B.亨特运输服务公司（J. B. Hunt Transport Services）采纳一项政策，即禁止针对性取向、性别认同和性别表达的歧视。该提案得到了通过，J.B.亨特运输服务公司扩大了对其员工的保护范围。[12]不久之后，它用实际行动兑现了承诺。黑岩的拉里·芬克加入了由崔莉恩资产管理公司牵头的联盟，反对得克萨斯州一项有关变性人使用公共卫生间的法案。[13]仅仅过了一年，这家投资公司就将多元化和其他针对人力资源的问题放在了首位。

各家公司现在对这类问题的认识越来越深刻，为了吸引新的投资者，树立形象，表明自己是适合这个投资新时代的公司，它们正在做出必要的改变。公司不仅希望吸引长期投资者，也希望吸引最优秀的人才。苏珊·贝克指出："我想到了塔吉特（Target），作为一家大型零售商，它率先告诉我们，为了吸引最优秀的人才，公司必须优先考虑环境、社会和治理问题，并通过经营方式来展现自己对这些问题的承诺。"

商业进化

为了踏上共益企业的征途，企业必须克服的一个最重要的障碍是，对其投资者的反应的担忧。科罗拉多州的风险投资公司铸造集团（Foundry Group）的创始合伙人塞思·莱文（Seth Levine）指出："这一困扰常常会阻碍公司进行共益企业认证。我认为大多数公司没有与其投资者讨论这一问题的原因在于，它们没有想过这个问题，或者它们认为这个问题太难，又或者它们普遍持有这样一种错误的观念，即公司获得共益企业认证就无法以利润为导向了。大多数公司都这么想，但我们却觉得事情并非如此。我们更宽泛的使命是让投资者赚到钱。"

说起投资者和共益企业，铸造集团可谓其中一个比较有意思的例子，因为它既是共益企业，又是一家传统风险投资公司，但不是影响力投资者。在研究BIA时，塞思·莱文发现BIA中的不少内容是铸造集团已经在做或准备做的，而且其中的许多指标都能在一定程度上代表最佳商业实践。"他们的文件中没有任何反对我们向投资者回馈尽可能多的钱的内容，而这是我们之所以存在的终极意义。"他说。尽管共益企业运动正在革新传统资本主义制度，但它并没有瓦解整个体系——它所寻求的是在创造循序渐进的变化和积极影响的同时，使商业成为一股向善的力量。"衡量你所关心的事情能够帮助你改变对自己正在做的事情的看法。"塞思·莱文解释说。铸造集团已经在实践一些好的做法了，例如，考虑国内合作伙伴的利益。同时，BIA可以帮助公司弄清它尚未考虑到的事情，比如回收管理和供应商评估。塞思·莱文回忆说："我们考虑了一些事情，这些事情可以为我们加分，而剩余那些事情又是我们想做的，因此我们将两者结合起来。"

当铸造集团决定进行共益企业认证时，其领导团队并没有就此与其有限合伙人和投资者进行太多讨论。但在成为共益企业之后，铸造集团领导团队偶尔要回答这样一个问题：公司是否只投资共益企业。塞思·莱文表示："这个问题的答案是否定的，这并不是我们的核心使命。我们的确通过了共益企业认证，我们投资过的企业中也有共益企业，但这并不是我们的投资标准。"尽管如此，铸造集团还是希望自己可以借助风险投资公司和共益企业的身份去激励其他公司行动起来，同时吸引与其价值观一致的企业。[14]

像铸造集团这样的共益企业支持者吸引了其他投资者参与该运动。在过去的几年里，投资于共益企业和福利企业的资金已经超过20亿美元。在接下来的十年里，共益实验室希望自己能将全部精力转向公共资本市场以及主导市场的大型机构投资者。

共益企业是变革的代理人

"我们所擅长的就是与变革代理人进行互动，"安德鲁·卡索伊表示，"他们就是企业家。"在改变股东至上的投资意识的过程中，共益企业说服自己的投资人加入该运动是另一个重要的变革杠杆。

巴西大型化妆品公司纳图拉就是一个很好的例子。当该公司领导者决定进行共益企业认证时，它还是一家上市公司，因此它不得不改变公司章程中的条款，而这么做需要股东投票。由于该公司拥有大量机构投资者，因此这可能是一个巨大的挑战。纳图拉团队就这一变化为什么与公司的身份相一致进行了论证。最后投资者并没有犹豫太久，很快就同意了。杰伊·库恩·吉尔伯特认为这个例子可以说明"大型机构投资者正变得越来越认同这项运动"。[15]

纳图拉是先上市，然后成为共益企业的，而罗瑞特教育（Laureate Education）的做法则与之相反。这家全球最大的营利性高等教育运营商在2017年1月成为首家上市的共益企业。2015年，当通过共益企业认证时，该公司尚处于苦苦挣扎的阶段。原因在于营利性教育机构遭遇了很多负面报道（尤其是在北美市场）。许多这样的教育机构并没有将重点放在教育上，而是放在了营销上，它们虚假的就业承诺让学生背负了巨额债务。其中一个典型的例子便是特朗普大学（Trump University），这所大学创办于2005年，其表面上的使命是提供房地产培训。这所大学没有获得官方认证，实际上也没有提供任何类型的大学学分、学位或分数。相反，它提供的是为期3~5天的，有关房地产、资产管理和财富创造的研讨会。截至2010年，特朗普大学基本停止运营，但在此之前，该校面临法律诉讼和欺诈指控。特朗普大学的前任销售员罗纳德·施纳肯伯格（Ronald Schnackenberg）在最近公布的证词中表示："特朗普大学感兴趣的只是尽可能地向每个人推销最昂贵的研讨会，这不过是一个诈骗计划，专门骗取老年人和未受过高等教育的人的钱。"[16]当罗瑞特教育开始考虑上市时，其领导者明白，潜在的消费者和投资人会拿特朗普大学等机构的例子来反对他们。托德·韦格纳（Todd Wegner）曾是罗瑞特教育全球公共事务高级经理和共益企业项目的负责人，他说，罗瑞特教育认为共益企业认证是一种行业基准以及更正式地了解公司影响力的手段，同时可以让公司获得可信度。在2016年上市之前，罗瑞特教育重新注册成为福利企业。[17]

罗瑞特教育的创始人兼前任首席执行官道格·贝克尔（Doug Becker）领导了这项变革，并花时间投入共益企业运动。他进一步向我解释了公司这么做的理由："当考虑上市时，我们想到，如何才能传递不同的信息？如何讲述这样一个企业的故事？它是一家营利性公司，但同时又相信教育具有改变人生的力量。我们能做些什么来阐明这一点呢？从而让人们知道罗瑞特教育与众不同，并让投资者注意到我们。"

重要的一步是向罗瑞特教育的董事会成员解释这一运动，董事会中的不少人代表着该公司的大型私募股权投资人。道格·贝克尔表示："他们中的一些人已经很熟悉共益企业运动了，并对此非常支持，但也十分谨慎。他们表示，这听上去是个很不错的主意，但公司必须真正认识到，这其中有许多未经验证的规则和从未有过的内容。"其他董事会成员则"有点儿疑虑"，他们不明白为什么有必要为商业是向善的这件事辩护，不理解这么做有何必要。最后，道格·贝克尔表示，董事会的总体反馈更偏向"做你认为必须做的，但当我们要做出一个正式的决策时，请确保我们真正理解了相关风险和不利因素"。

重中之重的问题在于，罗瑞特教育可能不会最大化股东价值，因此不能确定它是否会因为其共益企业的身份而获得较低的上市估值。罗瑞特教育的领导者用了大量时间来对改革带来的相关法律和利润衍生问题进行了尽职调查。道格·贝克尔回忆道："我们和不同的银行家进行了沟通，也在不同场景下做了有关内部收益率（IRR）的研究，但没人能回答这对公司股票来说是好，还是坏。我们认为这件事应该还不错，而且可能不好也不坏。"尽管在不再强调利益最大化方面依然存在一些担忧，但该公司领导者十分清楚，他们必须尽最大努力向世界证明"自己并非败家子"。道格·贝克尔表示："如果没有法律框架和共益企业认证，那么这可能看上去很像装点门面的假把式。但实际上，我们曾经请本和杰瑞的首席执行官在我们的董事会上发言，因为我们希望董事们接受这一理念。我们想听听那些经历了整个认证过程并仍在践行其核心使命的人的意见。"

罗瑞特教育的领导者表示，KKR等投资者在很大程度上对我们固有的社会使命是理解的。这有助于说服其他机构投资者相信，福利企业是一种优质而稳固的投资。

可持续鞋类初创公司欧布斯创立于2015年，并在2016年获得共益企业认证。该公司在获得投资的道路上经历了一些坎坷，但最终还是成功了。欧布斯近年的股价高达14亿美元，公司的投资者包括主流投资机构普信、富达、老虎环球等。当第一次寻求支持时，该公司听到了许多反对的声音，因为其公司模式是直面消费者的，而且欧布斯的创始人蒂姆·布朗（Tim Brown）和乔伊·茨威林格在他们即将进入的行业中没有任何经验，投资者称他们为"天真派"。尽管如此，蒂姆·布朗和乔伊·茨威林格还是看到了他们所具备的隐藏优势：他们从来不会将"因为事情总是这么做的"当做一个合理的答案，这促使他们进行创新，采用了许多传统鞋类制造商不会采用的方法。最终，他们通过五轮融资筹集了7 700万美元。

大型传统资本投资机构开始出现翻天覆地的变化。乔伊·茨威林格告诉我，他最近听到了普信的副总裁、新地平线（New Horizons）增长基金经理亨利·艾伦博根（Henry Ellenbogen）的看法。亨利·艾伦博根说："这就是事情的发展方向，不仅是一种正确的做法，也将对商业有所助益。作为一个在这个世界上分配大量资金的人，我们有责任持续关注这一点。我们和投资者之间没有任何紧张的关系，这反而更像是让我们扬帆起航的风。"乔伊·茨威林格在接受杰伊·库恩·吉尔伯特的访谈时进一步表示："投资者从来没有质疑过我们为什么要这么做，也没有质疑过福利企业的法律结构。作为一家上市共益企业，有些公司面临着一些挑战，但坦白地说，我认为这就是世界的发展方向。"[18]

跨国公司日益受到关注

每当大型跨国公司或其子公司获得共益企业认证，就会有规模更大且更为传统的投资公司注意到共益企业。快乐之家（Happy Family）就是这样一个例子。这家充满激情的公司成立于2003年，总部设在纽约，是全球发展最快的面向婴幼儿的有机食品品牌之一。它的使命是向各个收入阶层的父母提供有机且健康的婴儿食品。这一使命引起了RSF的注意，并在2009年为快乐之家带来了流动资金贷款。RSF后来又将快乐之家介绍给了家乐氏基金会（Kellogg Foundation），后者在2012年承诺为快乐之家提供460万美元的贷款和股权。总之，该公司从早期投资者那里筹集了2 300万美元，但其创始人兼首席执行官谢兹·维斯拉姆（Shazi Visram）认为，快乐之家需要更多资源才能真正扩大规模。与此同时，谢兹·维斯拉姆对接受风险投资也有所担忧，因为她认为这可能会破坏公司的价值观和使命。快乐之家在2011年成为经认证的共益企业，但她并不认为传统的风险投资者能和这种使命驱动型共益企业携手合作。因此在2013年，她将公司卖给了始终以健康和营养为核心的达能集团。这笔交易让两家公司都有所获益——这为达能进入美国市场开辟了道路，同时为快乐之家的进一步研发和规模增长提供了支持。[19]

在2017年12月之前，谢兹·维斯拉姆一直是快乐之家的首席执行官，她说："这些人是认真的，尤其是当谈到社会责任。现在，很多大型食品品牌通过收购小品牌来树立信誉，特别是在千禧一代中的信誉。这是因为我们都在改变，我们想知道我们吃的东西里都有什么。"[20]

自此，达能成了共益企业运动的一大参与者。如前文所言，截至2020年年初，包括达能北美公司在内，达能已经拥有17家经认证的共益企业，并且它一直立志成为首个获得全球共益企业认证的跨国食品公司。"我们相信，每一次对饮食的选择都是在为我们想要生活的世界投票。"达能首席执行官伊曼纽尔·费伯如是说。[21]自从达能北美公司获得认证，其他跨国公司联系达能并询问认证过程。伊曼纽尔·费伯向《烘焙业》(*Baking Business*)表示，他希望这可以掀起一场运动。"为了获得认证，"他说，"你必须签署《相互依存宣言》，成为这场相互依存运动的一部分。也就是说，你不可以单独成功。我真心希望有更多的品牌和公司（无论规模大小）参与进来。"[22]

在联合利华收购本和杰瑞之后，相似的故事渐渐发生。本和杰瑞是一家先锋派冰激凌公司，其深刻的社会使命体现在它的种种做法之中，包括与通过公平贸易认证的供应商合作，使用环境友好型包装，向奶农支付较高的报酬，将税前收入的7.5%捐赠给慈善机构，以及为本地社群和弱势群体创造就业机会等。一家位于佛蒙特州沃特伯里的本和杰瑞冰激凌主店和工厂反映了该公司积极的企业文化。在其位于佛蒙特州南伯灵顿的总部，散落在建筑物各处的冰柜里有各种免费样品，员工每周都可以带一些冰激凌回家。本和杰瑞的员工和消费者满意度总是非常高。

一开始，人们都担心本和杰瑞可能不会再成为顾客喜爱的以正义为中心的公司。尽管过渡过程被工厂关闭和裁员破坏，但联合利华最终还是允许本和杰瑞拥有比其他子公司更大的自主权，甚至还成立了一个外部董事会来负责维护该公司的社会使命。而这也被写入了有约束力的收购协议。该董事会只对自己负责，甚至有权起诉联合利华。同时，这使得本和杰瑞的收入增加了两倍，创造了更多职位和更大的影响力，并为其员工领导的社区项目和公司慈善活动贡献了大量资金。[23]

联合利华的历史有助于解释这样的安排。该公司成立于1929年，由一家肥皂制造商和一家人造黄油制造商合并而成。20世纪80年代，它已经成为世界排名第二十六的大公司，业务涉及塑料、航运、食品和个人护理等领域。之后，它做出了一个震惊世人的举动：决定重组。它脱离了一些曾让它获得成功的行业，并开始关注环境和可持续发展。2009年，当保罗·波尔曼接任首席执行官时，他做出了加倍的承诺。

当保罗·波尔曼上任时，本和杰瑞已经成为联合利华的子公司近十年了。此时，共益企业运动刚刚起步。本和杰瑞在2012年获得共益企业认证，从那时起，它对母公司的影响远远大于后者对它的影响。联合利华旗下现有数家共益企业，包括普卡草本、羽扇豆以及调味品公司肯辛顿爵士。此外，共益企业初始公司七世代也于2016年被联合利华收购，这是迄今为止规模最大的共益企业收购案，收购价在6亿~7亿美元。从本和杰瑞的收购案例中吸取经验，七世代保持了半独立的状态，并且成立了一个社会使命董事会。[24]"能够加入联合利华，我们感到十分自豪。而且它拥有在全球范围内开展以使命为导向的业务的愿景。"七世代首席执行官约翰·里普洛格尔（John Replogle）说，"在共同努力下，我相信我们能够对世界数十亿人口的健康产生积极影响，真正实现我们的使命，即在培养未来领导者的同时改变全球商业面貌。"[25]

2019年，联合利华收购了奥利（Olly），一家获得共益企业认证的维生素补剂制造公司，该公司由美方洁最初的合伙人之一创立。保罗·波尔曼常常公开谈论成为共益企业的好处，并表示联合利华也计划获得全球认证。尽管保罗·波尔曼已于2018年年底退任，但他的继任者艾伦·乔普（Alan Jope）——联合利华美妆和个人护理部门的前任主管，自1985年起一直在联合利华工作，并打算继续完成保罗·波尔曼的愿景。联合利华对共益企业运动的投入影响了投资圈，甚至影响了全球经济。随着越来越多跨国公司与联合利华、达能一同加入该运动，传统资本主义及其主要参与者将别无选择，他们只能去适应，去改变，否则他们可能会被认为跟不上时代的步伐。[26]

另一家家喻户晓的共益企业初始公司美方洁也采取了相同的方式，该公司销售由植物原料制成的清洁用品。2012年，美方洁与比利时的使命型家居产品公司意可维（Ecover）合并，成为世界上规模最大的绿色清洁产品公司。[27]与此同时，大型家居用品制造商庄臣（SC Johnson）也开始专注于选择更优质的产品成分，并改善自己在健康和环境方面的影响。2017年，该公司收购了美方洁和意可维。[28]2019年11月，日本麒麟控股（Kirin Holdings）宣布将收购共益企业运动的坚定支持者新比利时啤酒。这一系列快速的收购和合并清楚地表明，大型传统公司也开始看到可持续发展的好处，具体而言，也就是共益企业运动的好处。

其他一些重要的趋势也表明，共益企业投资已经日趋成熟。众筹先驱公司启动众筹网几乎就是一家共益企业，也是一家福利企业。最近，专注于"仿生胰腺"（该产品用于患有I型糖尿病的儿童和成人）的贝塔仿生（Beta Bionics）在第二轮融资中筹集了1.26亿美元。该公司最初的一小笔资金来自我们筹（WeFunder），这是一家支持股权众筹的共益企业。2016年，贝塔仿生通过股权众筹获得合法地位。贝塔仿生的业务发展和企业战略副总裁爱德华·拉斯金（Edward Raskin）解释说："大多数参与股权众筹的投资者都是I型糖尿病患者或其家人，以及关心这一疾病的人，他们可能不会过度关注股权给他们带来的回报。"其他一些经认证的共益企业也采用了股权众筹的方式。艺术娱乐集团喵狼（Meow Wolf）在2017年7月发起了"我们筹"项目，并且很快筹到了107万美元。[29]

关于众筹的案例可以说明过去十年里，民众对福利资本主义的接受度越来越高，而后者也得到了自上而下的支持。例如，2018年，美国劳工部（DOL）发布公告，称受《雇员退休收入保障法》（ERISA）管辖的基金可以采取扩大受托责任的措施，如考虑ESG（环境、社会和治理）指标。过去，美国劳工部认为ESG关联着较高的风险和较低的回报，因此很少考虑它。[30]这一变化可能会对投资福利企业的方式以及整个影响力投资活动造成极大影响，并重塑国家经济。

短短十年时间，共益实验室发生了巨大的变化。随着越来越多跨国公司和机构投资者的加入，共益企业运动将越来越接近转折点。届时，股东至上主义将被更以人为本、更可持续的资本主义理念取代。

第六章

员工是公司重心

犀牛食品（Rhino Foods）成立于1981年，最初是一家由特德·卡斯尔（Ted Castle）和安妮·卡斯尔（Anne Castle）在佛蒙特州伯灵顿经营的名为切西的卡仕达冰激凌（Chessy's Frozen Custard）商店。特德·卡斯尔在纽约的罗切斯特长大，他对自己童年时在阿伯特的卡仕达冰激凌（Abbott's Frozen Custard）商店的经历有着美好的回忆。在大学毕业并结婚后，他和妻子决定将卡仕达冰激凌带到佛蒙特州。切西最终成了一家生产曲奇饼和冰激凌烘烤碎片的制造商，同时是美国和国外几个品牌的冰激凌代加工商。从开业第一天起，卡斯尔夫妇就希望从他们的员工开始，以多种方式给世界带去积极的影响。[1]特德·卡斯尔的员工称他为"大人物"（the Big Cheese）。他是一个喜欢开玩笑的首席执行官，努力为员工做到最好，甚至会在员工的车坏了的时候把自己的车借给他们。[2]犀牛食品的员工因特德·卡斯尔希望经营一家"让员工有发展、对社区产生积极影响、能分享创新工作场所经验的企业"而感到自豪。[3]

例如，在犀牛食品开业的早期，伯灵顿经历了一次难民潮。在听取员工的意见后，特德·卡斯尔改变了公司的策略，向难民开放就业岗位。他承认，当1990年的第一批波斯尼亚难民抵达伯灵顿时，他并不愿意雇用他们，因为他们的英语不够熟练。犀牛食品有一项公开的管理制度，这一制度与企业绩效挂钩，其本质是让员工像管理者一样行事。公司将自身的财务状况以及长期计划和目标公开分享给大家。特德·卡斯尔想到，如果这些难民员工不会说英语，那么他们该如何参与公司运营的核心部分呢？[4]

幸运的是，他的团队使他改变了意见。他很快发现，许多难民员工有着令人难以置信的工作精神，他们是友爱而稳定的员工。犀牛食品不仅为难民提供临时工作，还会雇用他们为正式员工，同时开发了一系列帮助他们融入美国生活的项目。一开始，公司聘用翻译人员来协助员工沟通。后来，这种方式转变成了家庭语言软件课程，并最终发展成现场ESL（非母语英语课程）授课，以及面向整个公司的多样性和包容性培训。截至2020年，犀牛食品大约拥有180名员工，其中30%的员工是来自越南、波斯尼亚和黑塞哥维那、尼泊尔、孟加拉国、索马里、刚果、加纳或肯尼亚的难民。

这明显与当今世界在用工方面的其他典型的"创新"想法截然不同。例如，零工经济就是一种将人力成本外部化的做法。共益企业的员工之所以对工作十分积极，是因为他们相信自己的工作是有价值的。[5]共益企业不仅能吸引有热情、有社会责任感的员工，还能更长久地留住他们——公司社会使命感的强度与其员工留存率之间存在很强的正相关关系。除了具体的例子，大量研究也表明，将员工视为相互依存的对象而非外部负担可以为企业创造巨大价值。

以员工为中心的文化的好处

共益企业为员工提供的福利远不止传统公司所提供的医疗保险和

人力资源福利，它们将关爱融入公司的日常文化，其主要目标是提高员工业绩。当员工感到公司关心自己的幸福和快乐时，他们不仅会觉得被重视，也会更加努力地工作。许多共益企业还提供影响员工生活方式的福利。例如，有机食品制造商自然之路（Nature's Path）为员工提供现场冥想室，为参与"保持健康"（Get Fit）计划的员工提供500美元的健身房会员津贴，并允许他们使用公司的有机食品菜园。[6]其他公司则专注于改善员工福利，比如优化产假、陪产假或社区服务假的相关条款。

这样的关系是双向的。在线床垫销售商卡斯珀有一项内部竞争机制，员工可以在公司内部发起新的提议。正如共益实验室企业开发团队的安迪·法伊夫告诉我的那样："卡斯珀收到的提议之一就是希望公司进行共益企业认证，虽然这一提议起初并没有在投票中排名第一（它排名第二），但是包括员工和领导层在内的每个人都支持这个提议。他们表示：'这实际上还是值得一试的。让我们看看我们能不能达到这样的标准吧。'公司创始人对此也很感兴趣，很多年轻的员工也已经了解了公司成为共益企业的重要性。"2017年，卡斯珀通过共益企业认证。

犀牛食品的卡特琳·戈斯（Caitlin Goss）表示，公司的职场文化和成为共益企业的承诺影响了该公司决策的方方面面。在共益实验室包容性经济挑战（B Lab's Inclusive Economy Challenge，一项年度行动倡议，鼓励经认证的共益企业至少做出三种不同的可衡量的改进，从而提高自己在平等、多元和包容性议题上的影响力）的促进下，犀牛食品开始思考自己的招聘流程，不想拘泥于现有流程。卡特琳·戈斯说："我们开始挑战原有的偏见。我们这里是否有人在就业上存在障碍？我们是否能够创造更多赛道，为更多人创造机会？"现在，犀牛食品常常举办内部招聘会，鼓励员工向上晋升，这种提高员工留存率的方式也为其带来了经济上的好处。

炼金师（Alchemist）是一家家族酿酒厂，该公司对每个职位都做了专业化改进。你无论是清洁工、管理者，还是酒吧收银员，都可以获得薪水和全套福利，包括享用炼金师的获奖啤酒的机会。此外，公司每周还设有瑜伽课，公司厨房里堆满了天然健康食品，还有一名厨师为员工准备午餐。清洁能源公司绿山能源（Green Mountain Power）以及美方洁支付给最低级别员工的工资远远超出了美国最低生活工资水平（前者高出25%，后者高出40%）。当我与这些公司的领导者沟通时，他们都强调这些做法给公司在劳动力市场带来了极大的竞争优势，而且公司的员工流动率也相当低。

社会使命和员工留存率

除了明确的社会使命，有证据显示，员工驱动战略具有多种经济效益。例如，2015年，《组织科学》（*Organization Science*）杂志上的一篇文章强调了公司的社会倡议与其员工留存率之间的强关联性。[7]

这种现象在犀牛食品已经表现得十分明显。该公司的另一项创新是工资预付计划，该计划为员工提供紧急情况补助金，这样员工就不必等到发工资或通过高利息贷款才能筹到钱。在过去的十年时间里，该计划为379名员工提供了380 040美元补助金，帮助他们恢复信用记录并与银行重建关系。通过实施该计划，员工旷工次数减少、士气提升、专注度提高，犀牛食品也因此获得了经济上的好处。实际上，自该计划开展以来，犀牛食品的员工留存率提高了36%。[8]

加拿大技术人才招聘公司伊恩马丁集团（Ian Martin Group）一直致力于让共益企业的价值观深入人心。公司首席执行官蒂姆·马森（Tim Masson）在公司的印度办事处看到了这种价值观的影响。许多招聘公司都在印度设有办事处，这里对有限人才的竞争十分激烈，这意味着员工会频繁跳槽。印度的平均员工流动率高达70%～80%，但伊恩马丁集团的员工流动率却不到10%，这要归功于该公司员工的敬业精神。该公司的年度员工调查表里有这样一个问题：在伊恩马丁集团工作有什么好处？一位员工这样回答："我们是一家经认证的共益企业，这种感觉就像我家屋顶上有太阳能板一样，这里的工作让我很满意。"

之前提到的墨西哥卷饼店波洛克对门店的员工流动率有较高的预期，而这也是该行业的特点。即便如此，该公司用在提高员工留存率上的时间比大多数同行少，因此它可以更多地关注员工的未来发展。波洛克的首席执行官约翰·佩珀（John Pepper）相信自己能够尽可能地帮助他人实现目标。如果员工的梦想是留在波洛克工作，那就太棒了；如果员工的梦想是做其他事情，那么他也会提供帮助，比如帮助他们提高餐饮业之外的其他行业的新技能。

自1999年开业以来，波洛克就在公司开设英语课程。这些课程一开始是非正式的，由波洛克的一名员工讲授，但现在已经发展到由外部教育公司入场执教。约翰·佩珀经常提醒ESL教师，应该针对全英语场景制定课程，而不应局限在餐饮业。波洛克之所以花钱让员工上英语课，是因为约翰·佩珀认为，如果员工必须再找一份工作才能负担得起上课的费用，他们就不会用合适的心态去学习。此外，如果课程是免费的，但占用了员工本该工作的时间，那么他们可能也不会去上课，因为很多人不愿意牺牲每天几个小时的工作报酬。这一举措看起来不起眼，却在整个公司内部产生了连锁效应。波洛克的很多管理人员在十多年前刚进公司时还不会说英语，但现在他们不仅加入了管理团队，还参加了领导力培训班，为自己追求更多机会。波洛克也鼓励员工寻求更高的教育机会或餐饮业之外的工作机会。

这种对员工和员工文化产生的积极影响不仅发生在初级员工层

面，也延伸到了更高级别员工层面。在烘焙和零食产品制造商巴马（BAMA），管理岗员工的留存率相当高，而巴马将其归功于自己的内部招聘制度。公司首席执行官葆拉·马歇尔（Paula Marshall）解释说："除非不得不去外部找人，否则我们都在内部培养团队成员，实行内部晋升。"巴马提供的福利包括100%报销医疗费用，每周都有按摩师和医生上门服务，同时还配备了一位健康教练。在这些福利的配合之下，该公司"人人帮助人人取得成功"的使命造就了一个真正具有吸引力的职场。

当一名新员工进入一家共益企业工作时，如果他能够立即被鼓励参与实现公司的使命和维护公司的价值观，那么他会为了公司的持续成功而积极努力。如果公司在提供积极职场环境的同时培养了强大的员工文化，那么该公司的员工留存率会更高。

关注家庭的贝吉獾

20世纪90年代中期，木匠比尔·怀特（Bill Whyte）的手部皮肤出现了干燥、开裂的问题。当时市面上没有任何产品可以治疗他的双手，为此，比尔·怀特开始在自家厨房里制作产品。在多次试错后，贝吉獾药膏（Badger Balm）诞生了。他的木匠伙伴们很快就开始求购贝吉獾药膏。1995年，W. S. 贝吉獾公司（W. S. Badger Company，后文简称贝吉獾）正式成立。原版贝吉獾药膏成功的秘诀在于它采用了简单、天然的配方，这是该公司恪守至今的传统，公司领导者对产品原材料及其供应链建立了极其严格的标准。[9]

对员工及其家庭的重视也是该公司成功的另一个关键因素，这在共益企业中很常见，但在传统企业中却很少见。比尔·怀特的妻子凯蒂·施未林（Katie Schwerin）是贝吉獾的联合创始人兼首席运营官，她在公司网页上表示："我们致力于支持儿童与家庭生活，并传播同样的讯息，这样其他公司就可以加入我们并一同努力。我们希望激发并引领一种全新的商业运动，为家庭提供具体而重要的支持。"[10]

贝吉獾总部位于新罕布什尔州南部，其建筑看起来像一座大木屋，给人一种家一般温馨的感觉，就像是一个你周末会去放松的地方。该公司对家庭的关照从员工的孩子出生就开始了，名为"薰衣草屋"（Lavender Room）的哺乳室为贝吉獾赢得了母乳喂养友好型公司的荣誉。在获得该荣誉后，贝吉獾要提供一份公司允许上班哺乳的文件，但它发现自己并没有这样的文件，只是自然而然地接纳了上班哺乳这件事。在进行BIA评审时，贝吉獾制定了一系列书面制度。贝吉獾的"带孩子上班"（Babies at Work）项目允许员工在孩子6个月大时（或会爬行之前）带孩子上班。这是公司提供给主要照顾者为期5周的假期（此外还有联邦法律规定的12周休假）之外的福利，公司也为非主要照顾者提供假期。[11]

当员工的孩子满6个月时，员工可以将孩子送往公司在总部那条街上开设的日托机构金盏花花园儿童中心（Calendula Garden Children's Center）。子女年龄稍大的员工可以通过公司的一个项目申请托儿费用报销，同时，该项目还为每个孩子提供每年最高800美元的报销，以弥补儿童放假时的育儿费用。[12]

贝吉獾认为父母的影响十分重要，因此它的员工不会错过自己孩子的舞蹈表演或少年棒球联赛。贝吉獾允许员工灵活安排工作时间，员工可以在孩子上学的时间段工作。这项举措对员工留存率产生了极大影响，该公司员工的平均任期为5年。2018年，这个以家庭为中心的公司延续了其一贯传统，贝吉獾的比尔·怀特和凯蒂·施未林将公司交给了他们的两个女儿丽贝卡（Rebecca）和埃米莉（Emily），并任命两人担任公司的联合首席执行官。

吸引最优秀的员工

共益企业认证为潜在求职者提供了一个信号———家共益企业将为员工做出承诺。而求职者对公司品牌和社会使命的熟悉程度将直接影响他们的求职决定。研究表明，即使对公司的其他方面知之甚少，强大的社会使命和积极的员工文化也会吸引潜在求职者，特别是那些对企业社会责任和社会使命有所认识的人。这意味着雇主应该在招聘时宣传自己的社会使命，而共益企业认证就是方法之一。[13]共益实验室的安德鲁·卡索伊可以证实这一点，他表示自己经常会收到一些人发来的电子邮件或信件，他们有的正在寻找共益企业中的职位，有的想要离开当前公司去共益企业上班。

研究表明，当公司的品牌在市场和公众意识中有良好表现时，潜在求职者对它们的兴趣会增加。对一个品牌企业来说，在当地社区表现良好显得尤为重要，而且这种积极的作用并不会在求职者开始工作后消失。良好的声誉还可以提高员工的敬业度。[14]把雇主的声誉当作员工和雇主关系的一个方面来看待是非常重要的、积极的，受影响力驱动的声誉可以促进双方进行沟通、建立关系，让员工真正感到自己是利益相关者。在某些情况下，他们会觉得自己是公司的伙伴，而不只是员工。他们和公司的联系比传统企业紧密，从长远角度看，这对企业的成功至关重要。[15]

几年前，伊恩马丁集团关注这样一个问题：如何才能让那些在工作中寻找意义的人更轻松地找到合适的职位？这个问题造就了共益企业工作平台共益职场（B Work）——共益实验室的伙伴机构。在共益职场的官方网站，人们可以搜索全球经认证的共益企业的职位信息，找到符合个人价值观和目标的职业机会。职位搜索功能按地区、职业类型、雇用类型以及行业划分。此外，还可以按公司类型划分：经认证的共益企业、福利企业、待定共益企业以及具有经过审核的BIA评分的企业等。蒂姆·马森表示："我们会根据求职者的简历和能力来对其进行评估，那么求职者为什么不能了解公司的详细信息，筛选与自己的目标和价值观相符的公司呢？"蒂姆·马森认为这个过程对雇员和雇主都有好处。

卡伯特奶油（Cabot Creamery）是一家拥有百年历史的乳品公司，该公司可持续发展部主任杰德·戴维斯（Jed Davis）还记得公司人力资源部经理打电话告诉他，他们收到了一份求职申请，求职者对"你为什么有兴趣在卡伯特奶油工作"这一问题的回答是，"因为你们是一家共益企业"。那是他们第一次收到这样的回答，但杰德·戴维斯表示，现在这种情况在面试中十分常见。鉴于这种趋势，卡伯特奶油改变了宣传现有职位的方式，它利用自己的共益企业身份向年轻求职者传递自己才是首选雇主的信息。该公司使用共益职场平台，并鼓励其他共益企业也这么做。

同样，马斯科马银行（Mascoma Bank）高级副总裁兼首席营销官萨曼莎·波斯（Samantha Pause）也表示，有几位员工曾经告诉她："马斯科马银行的共益企业身份是我加入该公司的原因。"新比利时啤酒的凯蒂·华莱士（Katie Wallace）指出，她开始注意到越来越多的人表示，自己因新比利时啤酒是一家共益企业而对其感兴趣，于是她请人力资源团队提供一个有这种想法的人的数目，结果令她十分吃惊。几年前，还没有求职者提到过共益企业。而现在，25%的求职者表示，公司的共益企业身份是他们在此求职的首要原因之一。兰雅·哈恩（Ranya Hahn）是参与学习（Participate Learning）的人力资源主管（这是一家通过与机构和学区合作，让学习者参与在线社区的公司），她表示，她在招聘会上遇到了很多询问公司共益企业身份的学生。此外，参与学习还参加了北卡罗来纳州立大学举办的年度网络晚会，会上该公司与其他共益企业一同做了展示。这通常会带来这样的结果：大量实习生最终被雇用为初级员工，并且通常会在公司留任较长时间。

员工所有权的重要性

共益企业对员工所有权的关注与优步和跑腿兔（TaskRabbit）等零工经济公司所宣扬的恰恰相反。麦肯锡全球研究所（McKinsey Global Institute）的一份报告显示，美国和欧洲劳动人口的20%～30%属于零工经济一族。[16]从雇主的角度看，用兼职员工或临时合同工代替全职员工是一项规避发放福利的战略性举措。沃尔玛（Walmart）和亚马逊等裁员率高、工资低的雇主的存在，使美国许多劳动者无法从一个雇主那里获得经济保障。《今日美国》（USA Today）报道了密歇根州的一位名叫迈克尔·阿尔法罗（Michael Alfaro）的男子的故事，他是一名全职客户服务代表，但在大多数工作日的晚上或周末，他都会在一家电子产品商店工作到很晚。最近，为了偿还助学贷款和信用卡，他又找了第三份零工。[17]像他这样的人在美国并不罕见。与过去相比，越来越多的美国人开始从事多份工作，尽管很少有人能在其中找到快乐和满足感。

与将员工视为外部性成本不同，越来越多的企业开始将员工纳入公司所有者范畴。亚瑟王面粉一直将家庭价值观当作核心理念，该公司已经经历了五代家族管理者。20世纪90年代，该公司管理者弗兰克·桑兹（Frank Sands）和布琳娜·桑兹（Brinna Sands）打算退休，他们希望公司能够由优秀的人来管理。因为他们的其他家庭成员对接管公司并不感兴趣，所以他们决定将公司转交给他们的另一个大家庭——亚瑟王面粉的员工。1996年，他们将公司卖给了员工。2004年，该公司完全实现员工所有制。[18]

这种面向员工所有制的转变简单而直接。弗兰克·桑兹和布琳娜·桑兹一开始转让了30%的股份，几年后又转让了40%的股份。这时，他们发现100%员工所有制下的税收优势相当可观——这样的企业无须缴纳联邦或州所得税，因此他们最后将股份悉数转让。今天，对于所有在公司工作满一年或每年工作超过800小时的员工而言，无论是季节工、兼职员工，还是带薪员工，他们都有资格获得亚瑟王面粉的员工股权。自从变为员工所有制企业，它的销售额和利润获得了长足增长。亚瑟王面粉是美国三大面粉品牌之一，常常获得"最佳工作场所奖"。[19]研究显示，对公司拥有正式所有权可以给员工带来"心理上的所有权"，会使员工与公司的关系变得更加紧密。[20]

许多经认证的共益企业和福利企业都倾向于选择员工所有制这一模式，这可以营造良好的职场文化，提高透明度和员工参与度。员工持股公司的"一半一半"（Fifty by Fifty）行动发布报道称，为了建设更加可持续的经济，我们需要越来越多的员工所有制企业。"一半一半"通过比较35家员工所有制共益企业和非员工所有制共益企业的BIA评分，发现前者的分数明显更高。这项研究同时发现，和员工所有制企业相比，投资者所有制企业很少能具备像前者那样的员工投入度。[21]

员工所有制也是平衡组织文化的关键。女装品牌艾琳·费希尔的员工持股比例为40%，其公司创始人十多年前就决定选择这条道路。她不希望把公司卖给更大的公司，也不想上市，因为上市会让公司任由股东摆布。相反，她意识到，能够为公司做出最佳决策的是那些为其投注了"心血、汗水和眼泪"的人。此外，艾琳·费希尔还有一项非常慷慨的利润分享计划。[22]

环境咨询公司EA工程（EA Engineering）在纳斯达克上市后交易了一段时间，在此期间，公司一直处于动荡之中。在转为100%员工所有制企业之后，公司的士气和员工留存率有了大幅提升。该公司创始人洛伦·詹森（Loren Jensen）表示："现在，我们关注自身和我们所做的事情，回归环境问题，并专注于去解决它们。除非为了获得高额回报，否则没人会卖出股票。困扰EA工程的问题在于，上市会混淆我们的目标，在那样的环境下，我们很难进行管理。"[23]

员工所有制的支持者认为，没有比这更好的办法来追求企业的可持续性和社会责任了。杰弗里·霍伦德表示："我认为，如果公司不致力于实现员工所有制，它就不可能成为一家负责任的企业。因为如果不这样做，企业就会成为一种敛财聚富的工具。"他指出："美国已经出现了财富集中问题。负责任的企业必须正视这一问题，同时要认识到，如果它们不致力于实现员工所有制，它们就会成为财富集中的代理人。"艾米·科特斯（Amy Cortese）在《共益变革》中指出："我们越来越需要这种观点上的转变，美国有超过1/3的劳动者属于零工经济中的独立合同工。与此同时，曾经是工人最强有力支持者的工会也发现自己的地位和权力被削弱了。不断扩大的财富和收入差距重新引起了人们对某些所有制模式的兴趣，这些模式有助于发展一种可以更广泛地分配财富、更加包容的资本主义。"[24]

多样性和包容性驱动价值创造

在21世纪依然十分猖獗的性别歧视和性骚扰，或许是当今职场文化中最令人头疼的问题。女性司机和乘客遭遇的危险以及该公司有害的职场环境，引发了人们对共享汽车服务巨头优步的密切关注。优步的几位女性工程师已经对该公司提起诉讼，表示她们的薪资待遇低于男性同事。个别有色人种工程师也提起诉讼，声称自己的工资比白人和亚裔美国人的低。[25]优步前软件工程师苏珊·福勒（Susan Fowler）在2017年发布文章，指控该公司的性别歧视和性骚扰问题，包括第一天上班时，她的主管就对她进行性骚扰。一些优步的女性司机每天都会遭遇骚扰和侵犯，这使得她们减少工作量，而收入也因此减少。2014年，开始出现男性司机性侵女性乘客的报道，这些司机中的许多人有犯罪前科，而优步的背景调查却未能查明这些情况。[26]

对许多公司来说，多样性和包容性是它们一直在宣扬却从未践行的口号。共益企业关注的是更广泛意义上的包容性，它引导企业重新认识多样性和经济平等问题。这些问题不仅要在社会层面解决，也要在企业内部解决。2016年，共益实验室发起了共益实验室包容性经济挑战，邀请经认证的共益企业制定并实现三个可衡量的目标，利用它们的业务来构建长期适用于每一个人的具有包容性和平等性的经济结构。包容性和多样性是相互关联但又有所不同的概念。多样性意味着考虑不同的人，而包容性意味着让每个人都有价值（看重每一个人），用我们希望被对待的方式来对待所有人。进一步说，公平就是提供所有人都能获得成功所需的资源。共益实验室包容性经济挑战的目标就是创建一个从招聘、采购到所有权都以这些价值观为核心的公平、多元和包容的经济结构。

公平性、多样性和包容性是很多共益企业的核心。格雷斯顿面包店的创始人伯尼·格拉斯曼（Bernie Glassman）创办自己的企业并不是为了制作美味的布朗尼蛋糕，他的初心是为那些遭遇就业困境的人提供工作和职业培训机会。在格雷斯顿面包店，任何想要工作的人都可以申请职位，不论他们有什么样的背景。这些人包括曾经入狱的人、无家可归者以及与毒瘾做斗争的人。这家面包店所做的不仅仅是为人们提供工作机会，还尽其所能为员工排除工作内外的一切困难，为他们提供各种帮助，比如寻找安全的住处和托儿服务，以及制订长期成功计划等。通过给员工提供种种机会，格雷斯顿面包店成功抗击了工资差距和长期贫困带来的影响。

扬克斯是纽约州第四大城市，这里34%的人口生活在贫困线以下。[27]格雷斯顿面包店在社区中发挥了重要作用，它提供劳动力发展课程、过渡性就业计划，为曾经无家可归的艾滋病患者或艾滋病病毒携带者提供住房，同时向所有人开放早期学习中心。为了将这些做法拓展到其他公司，格雷斯顿面包店于2018年开设了开放招聘中心（Center for Open Hiring），该中心为那些打算实施开放招聘政策的公司提供教育、培训和咨询服务，同时针对开放式招聘的改善和提高进行研究。该公司当时的长期目标之一是在2020年之前在阿姆斯特丹开设一家面包店，借此将开放招聘模式带往全球。[28]

研究表明，职场的多样性和包容性可以提高员工的业绩、归属感和投入程度，同时可以改善他们对自己的职业生涯和所在组织的看法。[29]有效的职场多样性管理也与职场文明水平、员工留存率、创新能力、组织话语权以及销售业绩呈正相关关系。[30]杰伊·库恩·吉尔伯特表示："超过250家公司已经开始着手参与共益实验室包容性经济挑战，它们知道这将是一件具有挑战性的、敏感的、进展缓慢且可能要持续数年的事情。这些公司设定了一个共同目标来改善各自的做法，这样它们就可以改变在商业目的方面的文化预期以及经济运行方式，从而提高所有人的安全感和富裕程度。"[31]

接受这项挑战的企业在不同种族和性别人群的平等薪酬、兼职员工和正式员工的平等福利、共享所有权、劳动力和董事会多样性，以及可再生能源（气候变化对最为弱势的人口及其后代有着巨大影响）等方面取得了长足的进展。尽管多样性在这一挑战中发挥了重要作用，但包容性同样重要。其目标包括设立合理的产假制度以及为低收入或代表性不足的人口提供创造收入和财富的机会等。例如，公司会被问及管理层中女性或有色人种的比例、产假制度、来自低收入地区的供应商的占比以及非管理层员工的持股比例。

共益实验室为参与者提供了支持和基本框架。经济指标大约由20个具有最高影响力的措施组成，公司可以参照这些经济指标来规划经营路径和制定年度目标。共益实验室每月会向这些公司发送包括资源、灵感、建议在内的电子邮件，公司可以访问虚拟论坛，帮助彼此实现目标。为了确保参与者是认真负责的，这些公司每个季度都会按要求提交报告。此外，为了提供更多直接的支持与鼓励，它们还建立了同行"小圈子"。现在，在董事会多样性、治理和包容性，以及包容性问题的透明度等问题上，共益实验室都制定了相关的最佳实践指南。[32]

共益实验室包容性经济挑战为一些公司提供了改善现有政策的机会，其他公司则发现自己没有平等制度或支持多样性的文化。总部位于北卡罗来纳州的商业保险公司红木集团（Redwoods Group）发现公司支付给每个员工的薪酬并不平等。公司律师约翰·费瑟（John Feasle）表示："那些在五年或十年前所做的决定早被遗忘，因此人们不会意识到其中的差距。"为了解决这一问题，该公司提高了部分员工的工资，并将这一差距缩减至最小。做出改变有时是简单的，有时却很棘手。例如，红木集团认为供应商应该具备多样性。正如约翰·费瑟所言："多样性具有多个维度，有时人们并不清楚应该优先考虑哪个方面。你首先要考虑的到底是少数族裔供应商、本地女性供应商、共益企业，还是你所在社区的供应商呢？"

很多共益企业在没有参与挑战的情况下展现了它们对多样性和包容性的承诺，对它们来说，这种事情只是由价值主导的三重底线业务的一部分而已。以崔莉恩资产管理公司为例，该公司的女性员工占比超过50%，而艾琳·费希尔的女性员工占比约为84%。南美洲首家共益企业特里西克洛斯为街头拾荒者和社区中的无家可归者提供了经营回收站的机会，这使得他们提高了收入，为社区做出了贡献，也获得了尊严。[33]纳图拉拥有超过180名咨询师，他们中的很多人之前都是失业或未充分就业的女性，她们接受了培训，并且可以参加公司的利润分享项目。因此，她们常常是改变其所在社区的主力。[34]

对于传统企业来说，它们在包容性问题上还有一个很大的成长空间，那就是优化高级管理层的结构。近年来，股东和机构投资者对董事会和高级管理层成员的任命给予了更多关注。研究表明，多样性带来了新的见解和观点，有助于改善组织业绩。我们要做的事情有很多，应该欢迎女性、有色人种、来自多元文化和社会经济背景的成员加入高级管理层和董事会。

在最近的共益企业领军者研讨会上，一位参与者将今天人们对多样性和包容性的认可比作20世纪80年代和90年代人们对技术部门的认可，这个观点给了我很大启发。20世纪90年代，我曾在美国一家大型银行工作。当时，技术员工常常被单独隔离出来（通常是在地下室），并且没有被视作为公司产品和服务提供支持的一部分。而如今在技术驱动的经济之下，这种做法自然不合时宜。最近，专注于多样性和包容性的员工通常都在公司的人力资源部。公司要想不断满足多元消费者的需求、树立品牌优势，就需要创建多样性和包容性的职场文化，因为它能够带来更有创新性和更大影响力的解决方案。在这种情况下，公司也意识到多样性和包容性对其长期成功而言尤为重要。打造一个具有包容性的职场文化是一项挑战，这需要的不仅是几个重要领导者和人力资源部门的努力，还需要将这种精神扩散到整个公司。

在危急时刻向员工伸出援手

工资预付计划是犀牛食品为其员工提供的最具创新性的项目之

一。在犀牛食品工作满一年后，员工最高可以申请1 000美元的同日贷款，而且可以通过减扣每周工资来偿还，这确保了当紧急情况发生时员工能够得到支持。该项目由北方国家联邦信贷联盟（North Country Federal Credit Union）负责运营。犀牛食品的人力与文化总监卡特琳·戈斯表示："这真的帮助大家解决了现实问题。现在，员工和银行建立了关系，他们的信用评分有所提高，对如何储蓄也有了更多认识。"

项目开始时，被大家亲切地称为"冷冻怪人"的犀牛食品长期雇员保罗·菲利普斯（Paul Philips）申请了1 000美元的贷款。因为报税时的一项失误使保罗·菲利普斯的信用评分大幅下降，以至于他无法在别处申请贷款。而他的情况并非个例。2017年，哈里斯民意调查（Harris Poll）的一项调研显示，78%的美国劳动人口生活拮据，无法负担紧急开支。[35]保罗·菲利普斯成功申请了五次工资预付贷款，最终他的信用评分有了很大提升。这让他买了人生中的第一辆车，不久后他又买了一栋新房。[36]

而这对犀牛食品意味着什么呢？这意味着该公司拥有勤奋而忠诚的员工，他们永远都会记得，在别人拒绝他们的时候，犀牛食品给了他们一个机会。在该项目付诸实施前，在有紧急事件发生的情况下，员工可以向公司申请直接贷款。犀牛食品通常都会通过申请，但特德·卡斯尔发现这么做并不能为员工提供长久的帮助。工资预付计划在犀牛食品运作得相当成功，以至于犀牛食品开始与共益实验室合作编制相关指南，这样其他公司就可以利用该指南来了解这一计划的影响和实施方式，而犀牛食品也会对这些公司进行直接培训。[37]

犀牛食品的工资预付计划在共益企业中产生了连锁反应。该项目的核心是将员工视为企业的重心，认可并珍视每个员工的价值。2018年，佛蒙特州有超过30家企业和5家信用机构实施了该项目，其他州的公司也对此表现出了兴趣。共益企业希瑟·保尔森咨询（Heather

Paulsen Consulting）在听说此事之后，开始与当地一家金融机构合作，创建了"员工贷款助力"（HEAL）项目，旨在为门多西诺县的所有共益企业员工提供紧急贷款。[38]

特德·卡斯尔告诉我，随着新冠肺炎疫情的持续，共益企业为具有良好商业意识的员工获得财务保障建立了必要的机制，这些机制被快速落实。例如，巴塔哥尼亚和欧布斯等大型知名共益企业承诺在关闭门店的同时依然向员工支付工资。

犀牛食品的做法是同时考虑员工的生理健康、情绪健康和经济健康。当将所有问题都放在一起时，公司很难弄清应该做什么。为了尽最大努力平衡这一切，公司成立了一个特别小组，每天早晨开会，中午还会和整个领导层开会，讨论棘手的问题并做出决策。

其中一个关键的问题在于公共卫生和个人福利之间的潜在冲突，因为当人们经济拮据时，哪怕身体抱恙，他们也需要工作。为此，犀牛食品创建了一个激励机制，鼓励员工在不舒服的时候待在家里。公司设立了一个项目——针对有人因为健康问题或不舒服而不想来上班的情况，公司会支付给这些人40美元，让他们待在家里康复。这个数目合理吗？我们并不确定，但至少该公司开了个头，而且这总比什么都不做要好。

这些趋势表明，那些员工只能获得维持温饱的最低工资而高管却能赚得盆满钵满的日子即将结束。这个世界的劳动力市场正在发生转变，而且求职者的要求也变得更多。与此同时，共益企业运动正在引领建设强大职场文化的新方式，这种文化关注的是员工个体的价值，以及他们作为利益相关者的重要性。无论共益企业是私人所有还是员工所有，它们都明白这一点：将员工置于核心位置会为公司带来可观的战略和经济利益。

第七章

寻找志同道合的人：共益企业社群

2013年9月，科罗拉多州大部分地区出现了毁灭性的一幕。前所未有的降雨所引发的洪水摧毁了300多所房屋，整个地区的居民都被迫撤离。这场暴风雨对每个人来说都是一次意外，没有任何天气预报系统预测到了它。

纳马斯特太阳能（Namaste Solar）是一家员工所有制企业，主营太阳能设备设计、安装和维护，总部位于博尔德，于2011年通过共益企业认证。这场洪水导致该公司办公场所内淤积了高达3米的泥浆。尽管纳马斯特太阳能的领导者感到十分沮丧，但他们还是着手开展复原工作。

9月17日，几辆载满其他共益企业员工的汽车来到受灾现场，这些人提供了帮助。而当年的共益企业领军者研讨会最后也在博尔德召开。共益实验室团队原本打算取消此次会议，后来他们决定借助当地企业来帮助科罗拉多州的居民，并将会议变成了一次为期三天的志愿服务。与美国联邦应急管理署（FEMA）、美国红十字会以及科罗拉多州当地组织的成员一样，共益企业社群成员也挽起袖子大干了起来。[1] "那天我们就像是在手臂上打了恢复活力针。"纳马斯特太阳能创始人布莱克·琼斯（Blake Jones）回忆道，"共益企业社群成员帮助我们在几个小时内完成了工作。如果我们自己做，那么需要很多天才能完成。他们以一种无法言喻的方式提升了我们的士气，使我们感到自己得到了共益企业社群的支持和关爱。我们永远都会感激共益企业社群在我们危难之际给予的帮助。"[2] 我也听说过很多共益企业团结起来以应对新冠肺炎疫情所造成的经济破坏的故事。

共益实验室的发展伴随着共益企业社群的发展。杰伊·库恩·吉尔伯特认为："工具、资源和个体公司的经验都不是什么了不起的事情。根据我们的经验，共益企业社群才是我们创造的最强大的服务之一，它可以推动企业提高业绩，还可以为集体行动和系统性变革创造条件。"

共益企业社群不只是发挥支持作用。可持续发展咨询公司沃兰思（Volans）的联合创始人约翰·埃尔金顿（John Elkington）表示，作为一名推动社会变革议程的首席执行官和企业负责人，他有时会感到孤立无援。作为几十年来在社会责任企业方面的先驱，约翰·埃尔金顿早该知道自己实际上被人们誉为"三重底线"这一概念的创造者。在职业生涯的大部分时间里，他一直致力于变革、创新和影响力方面的工作，常常与董事会上的唱反调者和怀疑者做斗争。约翰·埃尔金顿的态度直接且有重点——在直抒胸臆的同时不乏机智，当在一个让他感到兴奋的话题上被人追问时，他的激动之情就会从语调中流露出来。

约翰·埃尔金顿表示，共益企业运动给他这样的人带来了归属上的舒适感和力量感。他描述了自己在沃兰思招聘新首席执行官时第一次与路易丝·凯勒鲁普·罗珀（Louise Kjellerup Roper）会面的情形。当得知后者曾在两家共益企业——美方洁和吉戴普（gDiapers）工作过时，他知道自己找到了志同道合的人。他们有同样的价值观和信念，而且致力于为此奋斗。如果大家都来自同一个阵营，那么这可以让商业关系变得更加轻松。新资源银行的文斯·西西利亚诺对此解释道："当潜在的客户听说你来自一家共益企业时，他们会省下三个小时的调查时间。"

新资源银行得以筹办，也是因为有一群人和一些组织认为有必要创立一家为可持续发展公司提供金融服务的银行。文斯·西西利亚诺向我讲述了他和合并银行的首席执行官基思·R. 梅斯特里奇（Keith R. Mestrich）初次会面的情形，当时他们因为全球银行价值联盟（Global Alliance for Banking on Values）走到一起，两家银行最终合并。文斯·西西利亚诺认为："基思·R. 梅斯特里奇是一位新型的首席执行官，他重视社会使命，于是我鼓励他为自己的公司申请共益企业认证。如果一家银行能正确地运用这种身份，那么这会带来真正的改变。"

将新资源银行和共益企业社群连接起来的还包括该银行的创始投资方——RSF。RSF成立于1936年，全名是鲁道夫·斯坦纳基金会（Rudolf Steiner Foundation）。鲁道夫·斯坦纳（Rudolf Steiner，1861—1925年）是奥利地学者、批评家、哲学家、社会改革家、慈善家和神秘主义者。在成立的前50年里，RSF为具有这样一种使命的企业提供资助，即培养以社会、经济和环境效益为重点的透明关系。[3]1984年，RSF开始提供贷款，随后开始进行直接投资。RSF对新资源银行的投资完全合乎情理。RSF的总裁兼首席执行官马克·芬瑟（Mark Finser）在2006年的采访中表示："对RSF来说，这是我们使命的延伸。我们建立了投资者和慈善家与那些致力于促进健康和可持续发展的社会友好项目之间的联系。"[4]RSF的营利性机构RSF资本管理（RSF Capital Management）于2009年获得共益企业认证，从那以后，它就成了共益企业运动的有力支持者——这一点和新资源银行十分相似。[5]尽管RSF不要求其投资组合中的公司通过共益企业认证，但它要求所有借款人都要接受BIA评审并支持认证过程。巴特·霍拉汉认为，RSF从一开始就是共益实验室的支持者，因为它为共益实验室提供了资金和董事会咨询服务。[6]

在这张关系网中，新资源银行的投资人荷兰特里多斯银行也在其中，它于2015年通过共益企业认证。特里多斯银行成立于1980年，推行以价值为基础的银行模式，并且很早就在阿姆斯特丹证券交易所推出了首只"绿色基金"。特里多斯银行对自身的二氧化碳排放实施100%补偿，并且投资了太阳能、有机农业等领域的公司和文化组织。它在西班牙、比利时、英国和德国等地设有分支机构，其国际业务还包括针对发展中国家的小额信贷投资。[7]

相互依存关系网的力量在共益企业运动中不断壮大，这意味着每天都有人加入这个网络。通过多样化的方式召集如此之多的参与者是一项挑战，而共益实验室和共益企业正在有意识地应对这一挑战。共益实验室从基层开始，与各地的共益企业合作，创建专注于其所在城市或地区的共益企业社群领导团队。他们通过正式组建的共益企业地方委员会或非正式社交活动聚集在一起，组织活动，推广共益企业概念，鼓励新企业加入这一运动。他们可能还会在自己的行业和所在区域创建关系网络，致力于更广泛的变革。在这些群体内部，经认证的共益企业和福利企业可以结成伙伴关系，相互支持。例如，很多共益企业鼓励自己的供应商进行BIA评审。此外，不少共益企业还会优先选择其他共益企业作为供应商，特别是在将自己的业务拓展到新的区域时。

尽管共益实验室在鼓励这种自下而上的变革方面扮演了重要角色，但它也鼓励共益企业社群通过自上而下的方式发展壮大。共益实验室已经提供了大量资源供共益企业、福利企业以及其他对这一运动感兴趣的机构使用。例如，它推出了社交网络平台共益蜂窝（B Hive），它组织的共益企业领军者研讨会也在南美洲、欧洲、英国、澳大利亚和东非等地促进了相应的共益企业的产生及其盟友的聚会。

培育强大的本地根基

共益实验室团队在早期就已经发现，和其他地区相比，某些地区吸引了更多的共益企业。他们认为这种地理上的集群发展是拓展共益企业运动的一种方式。在这些共益企业社群自然发展的时候，共益实验室团队也在努力支持和鼓励它们发展。第一个这样的社群出现在科罗拉多州。2014年，共益实验室获得了一笔用来在该州设立办公室的资金。科罗拉多州本地人安德鲁·卡索伊解释说："当时我们的想法是在科罗拉多州组建一个团队，其职责是打造并服务本地共益企业社群。我们将它作为样本，以它为中心建立更大的致力于让商业成为向善力量的企业社群。这有点儿像一个实验室，你可以在这里了解企业如何以具体的方式相互协作并带来改变。我们希望这些企业能够真正实现集体合作。"在理想情况下，那些未能成为共益企业的公司也会因为受到影响而去衡量自身的影响力，推动公司改革，与共益企业一起讨论具体的议题。

当共益实验室用于科罗拉多州的拨款于2017年到期时，科罗拉多州的共益企业和使用BIA的当地企业已经超过了100家，其中有不少共益企业在科罗拉多州注册成为福利企业（截至2019年，这样的企业已有500家）。当地的共益企业领导者创立了共益科罗拉多（B Local Colorado），他们是一群充满激情且非常有动力的人，会每周举办活动，致力于扩大共益企业的影响力。共益科罗拉多的第一任主任金·库帕纳斯（Kim Coupounas）表示："他们相互支持彼此的企业，努力让其他企业加入这个群体，并且致力于在科罗拉多州和西部山区推动负责任企业的发展和共同繁荣。"在过去几年里，许多大型合作与协作层出不穷。例如，科罗拉多大学博尔德分校的道德和社会责任中心与当地共益企业合作，制作了一本手册，允许通过BIA评审的公司帮助其他公司完成认证。[8] 该校在可持续商业方面的MBA（工商管理硕士）课程一度要求学生帮助一家公司完成一个以可持续发展为基础的目标。对许多人而言，这就是帮助当地企业完成BIA评审。[9]

培育之屋（GrowHaus）是丹佛当地的一个室内农场，它与共益科罗拉多一起组织活动，鼓励人们参与共益服务。培育之屋和共益科罗拉多为有意回馈社会的公司和个人（那些对共益企业运动感兴趣的人士）提供志愿服务机会。字之岸（Wordbank）是一家有志成为共益企业的营销公司，它参加了培育之屋在2018年组织的一场活动。字之岸团队解释说："'让商业成为向善的力量'的动力激励我们加快行动，参与培育之屋组织的志愿服务。与这样的组织一同行动，我们能够缓解影响我们所在社区的社会和环境问题。"[10]

科罗拉多州政府也提出了支持共益企业运动的倡议。"最佳科罗拉多（Best for Colorado）"运动在鼓励当地企业进行BIA评审方面尤其成功。这一运动的有趣之处在于，公司即使不是经认证的共益企业或福利企业，也能参与。它们只要完成一项经过调整的BIA评审，就可以成为向善企业。

共益实验室同时抓住了在其他地区建设社群的机会，例如佛蒙特州和北卡罗来纳州等，而蒙特利尔和俄勒冈州波特兰等地区的本地社群已经发展起来了。以洛杉矶为例，当地经认证的共益企业在2016年创建了本地共益企业社群，其使命是"分享知识，在推动变革的最佳方式上携手共进，提高洛杉矶地区共益企业的活力、福祉"。[11] 在拉丁美洲和澳大利亚，集中的共益企业社群证明了这一运动的全球影响力。"所谓变革理论，"安德鲁·卡索伊说，"就是随着这些公司越来越多的参与，它们会产生波及整个地区经济的连锁效应。"

连接本地组织、增加共益企业数量的活动层出不穷，地区性BLD（读作build，意思为共益企业领导力发展）便是其中一个重要的连锁效应。这些活动由当地共益企业组织和领导。正如犀牛食品的特德·卡斯尔所说："这就是事情的发展趋势。我们成了使者，不能指望所有事情都由共益实验室来做。"首届BLD活动于2014年5月22日在旧金山举行，由共益实验室、共益州立银行（B Corp Beneficial State Bank）和美国金门大学联合主办，吸引了来自当地共益企业的150多名员工参加。由瑞安·霍尼曼（Ryan Honeyman）创办的霍尼曼可持续咨询公司（Honeyman Sustainability Consulting）是合作方之一。[12] 瑞安·霍尼曼与他人合著了《共益企业手册：如何让商业成为向善之力》（ *The B Corp Handbook: How to Use Business as a Force for Good* ），该书现已出版第二版，他本人也曾帮助数十家公司通过共益企业认证。[13]

　　BLD活动的特点在于，该活动的分组会议由当地共益企业主办，让参与者有机会遇见志同道合的人并交换最佳实践方式和建议。BLD活动可以在旧金山湾区蓬勃发展，要感谢欧布斯、美方洁、阿什利塔、新叶造纸、社会公益请愿网站Change.org、RSF，以及其他共益企业的共同努力。最近的统计数据显示，这样的企业已接近200家。独立出版商兼福利企业布雷特凯勒出版（Berett-Koehler Publishers）致力于改变出版行业并造福所有利益相关者。近年来，该公司有关"创造为所有人服务的世界"的呼吁引起了社会各界的关注。[14] 旧金山的另一家共益企业纽米有机茶（Numi Organic Tea）则是为了应对茶叶公司在质量和创新方面缺乏多样性的问题而创立的。今天，它已成为有机茶行业的领先品牌，同时是公平劳动方面的典范。[15] 为了在加利福尼亚扩大共益企业的规模，该地成立了共益企业委员会。此外，北美洲的不少地区也成立了这样的委员会，包括阿什维尔、波士顿、科罗拉多、伊利诺伊、洛杉矶、蒙特利尔、纽约、北卡罗来纳、波特兰（俄勒冈州）、安大略省西南地区、温哥华、弗吉尼亚、威斯康星、西密歇根和美国东海岸地区等。

佛蒙特州的共益企业社群

长期以来，佛蒙特州一直是可持续和负责任企业的中心，因此，共益企业运动在该地蓬勃发展也不足为奇。事实上，一些规模最大、最具影响力的共益企业都在佛蒙特州。很多人甚至会说，具有社会使命的企业运动真正起源于本和杰瑞的创始人本·科恩和杰瑞·格林菲尔德在伯灵顿创立的第一家冰激凌店，其商业模式的核心正是社会责任。2012年，本和杰瑞正式成为经认证的共益企业，这是大型跨国公司子公司中这么做的第一家。佛蒙特州有很多我们现在十分熟悉的经认证的共益企业，包括犀牛食品、卡伯特奶油、亚瑟王面粉、七世代、绿山能源和炼金师。绿山能源是全球首家通过共益企业认证的公用事业公司。本·科恩和杰瑞·格林菲尔德向该公司发去祝贺，并表达了"希望它们的承诺和商业成功能够影响其他人"的期望。[16]

佛蒙特州的大多数共益企业领导者都加入了佛蒙特社会责任企业协会（Vermont Business for Social Responsibility），这样，他们就有更多时间相互接触，为他们的社群提供支持并开拓更好的业务。"这里就像一个大家庭。"炼金师的联合创始人珍妮弗·金米奇（Jennifer Kimmich）如是说。卡伯特奶油已经和当地共益企业开展了互动活动和联合广告等工作，巴塔哥尼亚、本和杰瑞、七世代等其他公司也在全国范围内采取了同样的做法。

犀牛食品的卡特琳·戈斯表示："共益企业之间的合作为原本可能会相互竞争的企业创造了一个生态系统。共益企业社群帮助我们了解我们所在行业之外的企业，而这会对我们有所助益，可以让我们分享创意和最佳实践方式。"犀牛食品经常与佛蒙特州的其他共益企业进行沟通，讨论劳动力计划、未来合作等。亚瑟王面粉的凯里·安德伍德（Carey Underwood）补充说："佛蒙特州有一个很强大的关系网，那里有当我遇到问题时首先会想到的公司。"

波洛克的约翰·佩珀发现，虽然他所在的新罕布什尔州与佛蒙特州仅隔一条康涅狄格河，但新罕布什尔州的人对共益企业运动却不甚了解。当应邀主持商会活动时，他决定联系佛蒙特州的共益企业。他们举办了一场联合招待会，炼金师提供了免费啤酒。这场活动在波洛克的一家餐厅举办，真正展示了共益企业的力量。之后，约翰·佩珀设定了与尽可能多的共益企业合作的目标。这样，他的社群会变得和佛蒙特州的社群一样，社群成员之间紧密相连，相互依存。

建立在共同理解基础上的伙伴关系

共益企业之间的相互理解早在企业获得认证和正式参与共益企业运动之前就开始了，之后也继续保持。当想要购买产品和服务时，共益企业会首先考虑社群中的其他企业，因为它们了解共益企业如何经营自己的业务。共益实验室鼓励社群成员交流有关潜在供应商和合作伙伴的信息，以这种方式进一步扩大合作效应。

在被另一家共益企业合并银行收购之前，新资源银行制订了一套银行服务方案，包括针对经认证的共益企业的存款福利。同时，该银行还承诺将其部分资产用于为社会责任企业提供融资。合并银行做出承诺，在2020年之前将为社会责任企业提供的融资总额翻倍。同时，作为美国最大的社会责任银行，它将继续致力于为全球创造积极的经济影响力。这在很大程度上是可能的，因为随着时间的推移，新资源银行、合并银行，以及更广泛的共益企业群体之间将会形成合作关系。

对于许多共益企业来说，与其他共益企业合作的机会是吸引它们进行共益企业认证的主要因素之一。实际上，许多公司已经对自己的供应链和其他合作伙伴做了筛选，而加入共益企业运动让它们有机会提高这样的筛选能力。2018年获得共益企业认证的卢克龙虾（Luke's Lobster）就是一个典型的例子。2009年，前华尔街职员、25岁的卢克·霍尔登（Luke Holden）在自己的人生道路上来了一个急转弯，他决定与自己的父亲杰夫（Jeff）以及在克雷格列表网站上认识的同样20岁出头的自由美食作家本·康尼夫（Ben Conniff）在纽约市中心开设一家龙虾店。他们决定用几个月的时间来启动和运行这个项目。2008年的经济危机对当时的影响依然很大，因此，在曼哈顿开一家龙虾店这件事就算不离谱，也是相当有风险的。然而，卢克·霍尔登一直想吃那种"朴实无华"的龙虾卷，而他在整个纽约都找不到。[17]

卢克龙虾的使命很简单：为顾客提供可追溯和可持续的海鲜产品。该公司在美国已有20多家分店，其2017年的销售额高达5 000万美元。从一开始，卢克龙虾就认为应该对其供应链中志同道合的商家予以鼓励。该公司直接从美国东海岸的合作社购买原材料，那里的产品品质、安全性和价格都有保证。卢克·霍尔登表示："利益相关者至上是卢克龙虾创立以来的驱动力，但刚开始我们并不知道如何表达这一点。"当卢克龙虾准备在西海岸开设第一家店铺时，它联系了共益实验室旧金山办公室，询问是否有潜在的合作伙伴。这让它与苦旅啤酒公司（Sufferfest Beer Company）达成了合作。"同为共益企业的两家公司都注重供应链的可持续、员工福利和健康生活方式，因此，这两个品牌之间立刻产生了吸引力。"苦旅啤酒公司的创始人兼首席执行官凯特琳·兰德斯伯格（Caitlin Landesberg）表示。[18]

"有趣的是，在获得共益企业认证之前，卢克龙虾就已经开始与一些共益企业合作了，因为共益企业认证发挥了'过滤器'的作用。"卢克·霍尔登说，"这比对潜在的联系对象进行筛选，了解它们是否言行一致更高效。而且从共益企业那里获得高质量的、持久的后续服务的可能性也更大。"他的合伙人本·康尼夫对此表示认同，而且强调，拥有相同的原则不仅能够保证更好的服务和合作关系，还提供了学习的机会。他说："看到合作伙伴有同样的想法，而且做着了不起的事情，我们有了持续改进的动力，这也为我们设立了诸多目标。"[19]

卢克龙虾与共益企业的合作意义深远。该公司打算在尽可能多的店铺中使用共益企业伙伴因丝派尔（Inspire）开发的清洁能源模式，它的垃圾也交由同为共益企业的回收跟踪系统（Recycle Track Systems）处理，其办公室的咖啡则来自共益企业坏坏乔咖啡（Wicked Joe Coffee）。除了供应与巴塔哥尼亚食品（Patagonia Provisions）和苦旅啤酒公司合作的啤酒，卢克龙虾还与有机服饰销售商蓝联（United By Blue）合作举办季节性龙虾碗活动，以此提高人们的海洋清洁意识。该活动的主要内容是，卢克龙虾每卖出一碗龙虾，蓝联就会在沿海水域清理一磅垃圾。卢克龙虾虽然是一家较年轻的共益企业，但长期将共益作为建立有价值的关系和达成合作的"超声波"。

本和杰瑞的合作方式

本和杰瑞与其他共益企业建立了长期合作关系。自1991年起，早在共益企业运动出现之前，犀牛食品就开始为该公司供应曲奇饼。[20]30多年前，本·科恩在一次社会创新会议上遇到了格雷斯顿面包店的伯尼·格拉斯曼，两人一见如故。自此，格雷斯顿面包店开始为本和杰瑞烘焙布朗尼蛋糕。实际上，该公司每天为其供应的布朗尼蛋糕多达3 400磅（1磅≈0.4536千克）。[21]

有了与本和杰瑞的合作，犀牛食品的特德·卡斯尔和格雷斯顿面包店的迈克·布雷迪也经常合作。例如，格雷斯顿面包店对犀牛食品完善的工资预付计划很感兴趣，双方还讨论了员工交换事宜。这让双方员工都学到了新技能，同时加强了这两家公司的社群意识。

为了支持当地一个关注气候变化的非政府组织保卫冬天（Protect Our Winters），本和杰瑞和新比利时啤酒合作开发了一款咸焦糖布朗尼艾尔啤酒和同款冰激凌。几年后，它们又联手开发了巧克力曲奇艾尔啤酒和同款冰激凌。本和杰瑞的社会影响力总监罗布·迈克拉克指出，两家公司相同的共益企业身份促使它们这么做。他说："对我们而言，这好比我们对新比利时啤酒说，'伙计你很酷'，而对方也表示，'本和杰瑞你也很时髦啊，看来我们可以一起做些有意思的事情'。"

建立共益企业网络

共益企业还建立了合作伙伴关系网络，以促进世界发生更大的变化。鲁比康环球（Rubicon Global）是基于云计算的可回收垃圾处理方案引领者，该公司曾获得演员莱奥纳多·迪卡普里奥（Leonardo DiCaprio）、高盛和都铎（Tudor）的资助。而世之心（World Centric）是一家经过认证的可堆肥食品服务商，这两家公司都致力于减少垃圾排放。2016年，两家公司宣布合作，鲁比康环球鼓励其客户使用世之心的产品，以减少垃圾填埋，世之心的首席执行官阿西姆·达斯（Aseem Das）则表示："我们的可堆肥食品服务产品和鲁比康环球的有机回收模式都是向这个目标——创造一个可持续发展的世界，迈出的重要一步，我们会共同努力。"[22]

同样在2016年，巴塔哥尼亚创造性地牵头成立了一个由五家共益企业组成的集团，创立了一只总额高达3 500万美元的税收权益基金，其目标是让更多家庭用上太阳能。税收权益基金使业主和金融机构获得了双赢——业主获得太阳能，金融机构获得税收减免和抵扣等优惠。通过该基金购买的1 500套太阳能设备，用于美国八个州的家庭。五家共益企业的职责分别是：巴塔哥尼亚是税收权益基金的投资方；吉纳欧莱（Kina'ole）派员工担任基金经理；新资源银行和共益州立银行是贷款方；桑捷维提（Sungevity）负责提供太阳能设备。巴塔哥尼亚的首席执行官罗丝·马卡里欧指出："共益企业在了解如何赚钱的同时创造了更多利益，但任何公司都应该以明智的方式来合理利用自己的减免税金。"时任桑捷维提首席执行官的安德鲁·伯奇（Andrew Birch）补充说："共益企业的合作关系清楚地表明，企业可以通过创造性的方式进行合作，让自己的财务业绩、业主的财务状况和环境同时受益。"[23]2014年，巴塔哥尼亚和吉纳欧莱又创立了一只类似的基金，并通过该基金在夏威夷购买了1 000套太阳能设备。[24]

2015年，卡伯特奶油与共益企业、儿童媒体出版商小小菜出版（Little Pickle Press）合作开展了一场活动。它们制作了一本名为《帕特里克·奥沙纳汉厨房里的奶牛》（*The Cow in Patrick O'Shanahan's Kitchen*）的绘本，以此向读者展示食物的来源。该书净收益的15%被捐赠给了ONE运动（ONE Campaign），这是一个致力于在全球、特别是在非洲地区与可预防的疾病和极端贫困做斗争的非营利组织。这两家公司都在培养和扩大公众对食物来源的认识方面有所投入，因此这次合作称得上是"天作之合"。[25]2016年，这两家公司推出了一款应用软件"从农场到餐桌"（Farm2Table），其中的动画和游戏内容是上述绘本的交互版本。[26]卡伯特奶油还在奖励志愿者（Reward Volunteers）项目上与多家共益企业达成合作。参与者通过应用软件或在线工具记录他们的志愿服务时长，这样他们就有资格赢得其他共益企业提供的奖励，这些企业包括亚瑟王面粉、加德纳园艺用品（Gardener's Supply）和神圣巧克力（Divine Chocolates）。根服装（Root Collective）是一家有社会道德的服装公司，它与自己的直接竞争对手合作开发了一款由尼泊尔人口贩卖幸存者制作的T恤，该产品的利润被用于打击人口贩卖。[27]

杰伊·库恩·吉尔伯特认为，和大多数企业领导者一样，共益企业的成员"天生具有竞争意识"。当他们听说其他公司为员工、环境和投资者做了一些事情的时候，他们有动力在自己的公司做得更多。但与此同时，他们又同属一个社群。无论是在市场上相互竞争，还是为了促进慈善事业、积极推动社会变革、提高大众对重要议题的意识而合作，共益企业之间的紧密联系是推动这场运动的真正力量。

培养"结缔组织"

共益企业已经联合起来，共同推动社会公益项目，共益实验室也发起了大规模的活动来鼓励相互依存关系网的发展。这些活动包括为共益企业举办年会、为共益企业员工开设专门的社交平台，以及提供各种激励措施和合作机会等。

领军者研讨会

在过去的十年里，共益企业社群的使命驱动型领导者每年都会在共益企业领军者研讨会上会面，建立关系网，加入工作坊，扩大共益企业运动的规模。起初，共益企业领军者研讨会在加利福尼亚州南部的高地沙漠举办，属于邀请制聚会，会议目的是向30多位早期领军者表示感谢，因为他们为发展这一新生运动做出了巨大贡献。从那以后，这场为期三天的聚会每年秋天都会在不同城市举办。"共益企业领军者研讨会的意义重在参与，帮助人们看到共益企业不仅是一种认证，还是一个共同发起一项运动的集体。"安德鲁·卡索伊解释说，"共益企业领军者研讨会能够让人们体验和创造杰伊·库恩·吉尔伯特所说的'结缔组织'，而这是共益企业所共有的。"

共益蜂窝网络

2015年，共益实验室推出了共益蜂窝网络。这是一个面向共益企业员工和高管的专属在线平台，用户可以用公司和专业领域的相关信息创建档案，还可以组建群组，比如共益企业女性群组（Women in B Corps），从而让人们更亲密、更直接地接触。[28]共益蜂窝网络可以让用户建立即时合作关系，包括销售产品和服务，在新项目上合作和排除故障等。我访问过的很多共益企业都表示，当打算寻找产品或服务时，它们首先会试着在共益蜂窝网络上寻找共益企业伙伴。

共益蜂窝网络还可以让共益企业的员工进行非正式的互动。例如，当绿山能源的克里斯廷·卡尔森（Kristin Carlson）需要客户关系方面的帮助时，她可以打电话联系巴塔哥尼亚的首席执行官罗丝·马卡里欧。这个方法对克里斯廷·卡尔森来说是可行的，但这并不是因为共益蜂窝网络，而是因为他们已经通过各自认识的人或公司构成了同一个关系网并联系在一起了。共益企业社群不仅能够让其成员产生强烈的归属感，还会带来忠诚感和尊重。例如，共益企业大房子（Big Room）的雅各布·马尔特豪斯（Jacob Malthouse）这样描述社群的支持在共益企业运动中的重要性："在防止潜在的使命发生漂移的问题上，我认为这些同行群组实际上发挥了非常有意思的作用。一旦成为这个群体的一部分，身为其中一员的你就有了商业优势。你如果想要成为这个群体的一部分，就必须忠于你的信仰。"[29]

内部激励

经认证的共益企业使得企业有资格与共益实验室建立服务伙伴关系。例如，赛富时（Salesforce）可以按折扣价格为共益企业提供客户关系经理（Client Relationship Manager）服务，财捷（Intuit）可以提供免费的财务软件证书，网速（Netsuite）和因丝派尔则按折扣价格提供它们的软件产品。[30] 在共益企业运动早期，曾出版《地球母亲新闻》（*Mother Earth News*）、《优涅读者》（*Utne Reader*）和其他可持续发展刊物的奥格登出版（Ogden Publications）提供了总价约为500 000美元的免费广告，这是共益企业第一次集体品牌宣传的一部分。

参加共益企业运动还有其他方面的好处。耶鲁大学管理学院的毕业生如果毕业后在非营利机构工作，那么可以获得税收减免优惠。2009年，该项目拓展到了毕业后十年内在共益企业工作的毕业生群体。这个项目的宣布让共益实验室的创始人大为惊讶。安德鲁·卡索伊表示："这在很大程度上是因为学生们认为除了在非营利机构工作，还有一种创造社会价值的完美方式，那就是加入共益企业。"现在，哥伦比亚大学和纽约大学也有了类似的项目。

除了学校，伊利诺伊州库克县也颁布了一项法令，即为影响力企业（包括共益企业在内）提供采购商品和服务方面的优先权，洛杉矶和旧金山也制定了针对福利企业和共益企业的采购政策。同时，有利于共益企业运动的税收激励措施开始出现。例如，在华盛顿州斯波坎市，共益企业可以享受注册费减免和免征人头税的优惠。而在费城，共益企业获得的好处是税收抵扣和减免优惠。我们相信这样的做法一定会变得更加普遍。

所有发展都鼓励建立相互依存关系，这正是共益企业运动的核心。在一家企业发生的事情会影响社群中的其他企业，从而使该运动发展壮大起来。安德鲁·卡索伊说："共益企业正在利用它们的关系来帮助我们与其他类型的企业组织、商会、'企业孵化器'或商学院建立合作关系。而对共益企业所接触的从零售到批发的其他类型企业来说，共益企业认证可以让它们衡量什么是重要的，可以影响它们的员工和客户。"从乘坐大巴前来帮助在自然灾害中受害的其他共益企业的员工，到小城镇里关系密切的本地社群，如果没有这些充满激情的个人和公司的参与，共益企业运动就不可能在过去十年取得发展并获得成功。

第八章

走向世界

2007年秋季，哥伦比亚女商人玛丽亚·埃米莉亚·科雷亚（Maria Emilia Correa）正忙着帮女儿在俄勒冈州波特兰的里德学院（Reed College）安顿下来。当在超市寻找洗洁精时，她拿起了一款美方洁产品。它那透明的包装在一大堆不透明的瓶子里脱颖而出，而真正吸引她注意力的是标签上的标语：使用该产品无须戴手套。"这句话对每个人来说都通俗易懂。就算不是专家，你也能明白该产品不会危害自己的健康或破坏环境。这是让每个人都行动起来的绝妙方式。"玛丽亚·埃米莉亚·科雷亚回忆说。她曾在某大企业的可持续发展部门工作了15年，最让她沮丧的事情莫过于听到营销部门的人说"这是不可能的"。在仔细考察美方洁之后，她发现这是一家经认证的共益企业。万事俱备，时机已到——玛丽亚·埃米莉亚·科雷亚注定会成为共益企业运动的领袖人物，为拉丁美洲的商界带来颠覆性的变革。

共益企业运动已经扩展到了南美洲、欧洲、英国、澳大利亚、东非和亚洲等地区。与美国的做法一样，共益实验室采取基层战略，通过当地企业家来将共益企业的理念介绍给当地政府。这使得他们有了一套为不同地区量身定制的变革理论。截至2019年，总部设在美国以外地区的共益企业占比已经过半。尽管这一扩张的效果十分显著，但挑战依然存在，特别是在将美国的BIA标准转化为全球适用的工具方面。

在了解美方洁和共益企业几年后，玛丽亚·埃米莉亚·科雷拉与智利的冈萨罗·穆尼奥斯（Gonzalo Munoz）共同提出了一个全新的回收理念，并创办了一家名为特里西克洛斯的公司，它的使命是向民众传授如何通过回收实现更加可持续的生活。特里西克洛斯开发并安装了回收站，清晰地解释了垃圾分类和回收的方式。它还在当地社区聘用街头拾荒者，协助其保持社区清洁，并为他们提供更多收入。

从一开始，特里西克洛斯就强调三重底线。冈萨罗·穆尼奥斯解释说："特里西克洛斯这个名字的意思就是三个循环，我们的理念建立在平衡社会、环境和财务三方利益的基础上。"他们按照自己一直想要的方式经营特里西克洛斯，而这与他们之前工作过的公司的做法截然不同。玛丽亚·埃米莉亚·科雷拉表示，她之所以成为一名企业家，是因为她对企业社会责任的概念感到十分困惑："这是一个从未兑现的美好承诺。"尽管所拥有的资源和能力可以让企业创造影响力，但玛丽亚·埃米莉亚·科雷拉总觉得少了一些至关重要的东西——股东和管理层之间的一致性。拓展受托责任，也就是将公司的法律义务拓展到股东之外，包括自然和社会，这可以让公司有意识地行动，以长远的眼光创造积极影响力。她说："在我看来，这才能改变商业的历史。"

2011年，冈萨罗·穆尼奥斯协助策划了阿空加瓜峰会（Aconcagua Summit），这是重点关注"人性化的全球化进程"的泽马特峰会（Zermatt Summit）的一场分会。他和玛丽亚·埃米莉亚·科雷拉打算邀请杰伊·库恩·吉尔伯特在会议上发言，但他们找不到任何能够联系上他的人。他们向朋友求助，无果。然而他们没有放弃，因为他们知道共益实验室正在做的事情与他们想做的事情完全一致。玛丽亚·埃米莉亚·科雷拉心想："再创造这样一个概念是毫无意义的，既然已经有人创造这个概念了，那么就让我们加入其中好了。"玛丽亚·埃米莉亚·科雷拉最终找到一位阿根廷朋友佩德罗·塔拉克（Pedro Tarak）。在阿根廷第一个民主时期，他曾担任该国副总统的法律顾问，推动了环境治理和公民参与。玛丽亚·埃米莉亚·科雷拉表示："佩德罗·塔拉克拥有惊人的全球关系网，但他尚不认识共益实验室团队。"翌日，佩德罗·塔拉克回电说："你可能不会相信，昨天晚上我遇到了一个认识这些人的美国人。"

在佩德罗·塔拉克和一位智利朋友、社会企业家、智利企业家协会（ASECH）主席胡安·巴勃罗·拉伦纳斯（Juan Pablo Larenas）的帮助下，玛丽亚·埃米莉亚·科雷拉和冈萨罗·穆尼奥斯与共益实验室团队通了电话。冈萨罗·穆尼奥斯清楚地记得那次对话，他们四人已经做好计划，十分清楚自己要说什么。但轮到冈萨罗·穆尼奥斯说话时，他却担心杰伊·库恩·吉尔伯特和安德鲁·卡索伊会对此感到无趣。他说："你知道吗？在没有面对面的情况下讨论拯救世界和解决经济的问题，我感到非常别扭……我习惯看着对方的眼睛来沟通。因此我们需要以一种让彼此有所联系的方式来做这件事，需要有相互信任的感觉。"紧接着，冈萨罗·穆尼奥斯开始述说自己的人生、家庭、他所在的房间以及他对未来的梦想。他说："就在这时，杰伊说：'好的，现在算我们一个。'"

冈萨罗·穆尼奥斯记得，当时正值"9·11"事件纪念日，这对杰伊·库恩·吉尔伯特、安德鲁·卡索伊和巴特·霍拉汉来说是非常难过的时刻，而冈萨罗·穆尼奥斯的伴侣不久前在飞机失事中去世。冈萨罗·穆尼奥斯说："这让我们之间有了更多联系，现在我们成了兄弟。"这几位拉丁美洲人迫切希望将共益企业运动打造成一场全球性运动，他们说："我们需要系统性的变革和市场的改变。我们需要消费者、投资者、媒体和学者行动起来，创造一个更美好的世界，这种改变必须是系统性的。"

杰伊·库恩·吉尔伯特还没来得及告诉他们共益实验室的计划，佩德罗·塔拉克就说："好的，非常感谢。杰伊，请让我告诉你们为什么我会在这里。我可以说，两个小时后我们可以成为最好的朋友。"据玛丽亚·埃米莉亚·科雷拉回忆，这四位朋友开始开诚布公地谈论他们的愿景。冈萨罗·穆尼奥斯对这段谈话的印象也是如此，他说："这主要是在不同层面上建立连接与联系。除了理性、道德和价值层面，我们也在情感上建立了更紧密的联系。接着，我们便看到了自己想要在实际层面上做的事情。"

他们提出了两件重要的事情。第一，他们希望共益企业认证成为一个全球现象，并打算将共益影响力评估和共益实验室的其他资源翻译成西班牙语和葡萄牙语。第二，在南美洲，变革不会像共益实验室希望的那样简洁利落或系统性地发生——他们需要做好面对混乱局面的准备。在那次电话会议之后，他们同意在正式合作前先熟悉一段时间。在之后的一年里，共益实验室与这个名为共益系统（Sistema B）的全新机构达成了授权和合作协议，后者将获得认证南美洲共益企业的绝大多数费用。随着该运动在全球范围内的扩张，这种合作关系将成为其他全球合作关系的基础。

在纽约会面之后，四人回到圣地亚哥，他们看着彼此问道："我们该从哪里开始呢？"他们当时只是刚认识的朋友，并想要一起做出改变。他们要做的第一件事就是筹集资金，让这个组织运作起来。共益系统团队依靠志愿者的力量和他们自己的专业网络来筹集资金，为引入共益企业概念提供支持。智利经济发展局（CORFO）是一个政府组织，它为这项运动在本国的发展提供了支持。多边投资基金（FOMIN）为共益系统提供员工工资，而拉丁美洲开发银行（CAF）则为制定公共政策和开展教育项目提供支持。安德鲁·卡索伊还将共益系统的创始人介绍给了洛克菲勒基金会，后者可以支持他们在圣地亚哥举办会议，重点是在拉丁美洲开启共益企业的对话。

圣地亚哥的活动于2012年1月举行，其规模超出了任何人的想象，效果也出人意料。在活动召开前几天，智利经济部部长办公室联系了主办方，表示部长打算参加此次活动。玛丽亚·埃米莉亚·科雷拉本以为他会发表开幕致辞或做一场演讲后就离开。然而，对方告诉她："部长不想只是宣布会议开幕，他希望和你们一起参加会议。"他们完全不敢相信自己的好运。此次活动原计划有25～35人参加，但是开会当天，会场很快就坐满了来自十多个拉丁美洲国家、美国和西班牙的80位代表。

2012年2月，特里西克洛斯获得认证，成为拉丁美洲首家共益企业。同年，共益实验室在克林顿全球倡议（Clinton Global Initiative）会议上正式宣布了一项合作，安德鲁·卡索伊表示："将共益企业运动拓展到南美洲的新兴市场……共益企业运动将对更具包容性和可持续性的经济发展产生巨大影响。"[1]

另一种变革理论

共益实验室的变革理论建立在一个临界点模型的基础上。正如玛丽亚·埃米莉亚·科雷拉所言："有人说，当经认证的共益企业数量达到一个相当高的数值时，系统性变化就会出现，而这将改变整个经济。"共益系统团队对这一观点做了补充："我们需要所有人都参与进来。共益系统带来了互补的变革理论——变革之所以会发生，不仅仅是因为临界值，还是因为新进入市场的先驱者与不断发展的生态系统之间产生了重要的联系。一个全新的系统需要其他参与者的参与：购买新产品和服务的消费者，支持新经济的投资者和公共政策制定者，传授全新经营方式的学者，以及将全新未来引入我们日常对话的意见领袖。"

正因如此，共益系统四人组的战略重点不仅在于公司，还在于让更多利益相关者参与进来，特别是那些"实践群体"：学者、大型市场参与者、意见领袖、投资人、公共政策制定者等。这或许不是共益实验室最初设定的改变世界的方式，但它实际上已经融入了该团队自身的实践。正如玛丽亚·埃米莉亚·科雷拉所言："系统性的变革是多种变量共同向着变革发挥作用的结果。社会变革是不可预测的，它会自然而然发生。你可以将所有要素都放在那里，但你无法预测会发生什么或这些变化什么时候发生。"

共益系统的发展

共益系统于2012年在智利、阿根廷和哥伦比亚同时诞生，并很快拓展至乌拉圭和巴西。该团队要做的第一件事就是定义"社会企业"这一概念，使其适用于南美洲的12个国家。从那时起，该团队的创始人必须创造一个"生态系统"，因为当时还没有现成的社会企业体制。受地理条件限制，这对如何建立法律框架、如何支持员工等问题都带来了影响。

该团队提出了在2014年实施的五项计划。其中之一是开展B乘数（B Multipliers），这是一项低成本的工作坊活动，每次可以按共益系统培训员工的方式为20人提供培训。之后他们会鼓励参与者以自己的方式来发展这项运动。到目前为止，该项目已经培训了从教师、学生、咨询师到企业高管在内的2 000多人。玛丽亚·埃米莉亚·科雷拉说："每周我可能会收到来自陌生人的电子邮件或电话，对方会说，这里是B乘数，他有这样或那样的问题。"现在，共益系统已经在十个国家设立了办事处，其业务在另外五个国家也发展得不错，而这在很大程度上都得归功于B乘数。在能够从本地获得资金并开展筹资活动之前，每个国家的团队都会在其成长过程中得到共益系统智利总部的资金支持。

在最初的几年里，共益系统的重点工作是共益企业认证。如果没有这些企业，这项运动也就不复存在。然而据玛丽亚·埃米莉亚·科雷亚回忆："这是一件非常耗费时间和资源的事情。"他们做了一番计算，发现让一家公司开始进入认证过程平均要花费5天的全职工作时间。玛丽亚·埃米莉亚·科雷亚记得他们当时的想法，如果他们的目标是发展1 000家共益企业，那么这对当时的人员来说几乎是不可能完成的任务。"我们没办法扩大组织规模，于是我们开始寻找其他方式，在不扩大组织规模的情况下扩大影响力。"她回忆道。他们最终确定了一系列全新的外联战略，比如与哥伦比亚银行（Bancolombia）合作。对共益实验室来说，当时最紧迫的挑战莫过于组织的监督和共益实验室标准的全球化。

哥伦比亚银行和BIA

2016年5月，哥伦比亚银行与共益实验室和共益系统达成合作，向其供应商推广BIA评估。总部位于麦德林的哥伦比亚银行是南美洲第三大银行、哥伦比亚第一大银行，其资产总额超过550亿美元。它一直坚持"向客户提供更加以人为本的银行服务"的使命，并且一直在寻找能够体现这一使命的平台。[2]玛丽亚·埃米莉亚·科雷拉向该公司领导介绍了共益企业运动，并鼓励他们参与BIA评审。尽管他们明白成为经认证的共益企业是一件非常有挑战的事情，但他们最终还是接受了。他们的目标包括加强银行与其供应商之间的联系，提高其供应链的可持续性，了解以使命为导向的供应商以及它们的做法。[3]

在这项合作开展的第一年，哥伦比亚银行要求与其合作的近150家供应商接受完整的BIA评审并汇报结果，同时找出两三个需要改进的地方。其中的100多家供应商完成了评审，这帮助哥伦比亚银行更好地了解了自己的供应链规模及其构成。哥伦比亚银行的领导也意识到，与其他企业相比，这些供应商在治理水平、劳动力情况、环境治理、社群等方面都更胜一筹。实际上，其中有超过30家供应商已经有资格进行共益企业认证。这个结果非常惊人，同时说明全球经济结构发生了更大的变化：在这100多家公司中，有36%的公司的高管是女性，有68%的公司制定了环保政策，这些公司每年创造的就业岗位多达17 500个。[4]

哥伦比亚银行打算以BIA评审为契机，在借款人中开展类似的试点项目，并从这里开始扩大项目规模。该银行的领导将这一过程视作一种建议而非一项要求，这个项目早期的成功可能是因为哥伦比亚银行首先进行了BIA评审，故可以证明它的效果。这个试点项目的好处显而易见：它强化了银行的使命和品牌，使供应商和银行建立了更好、更长久的关系，这有助于降低借款人的风险，因为供款人可以获得比以往更多的有关哥伦比亚银行的数据。[5]

英国共益实验室

英国共益实验室成立于2013年，其创始人詹姆斯·佩里和夏米安·洛夫（Charmian Love）分别是库克的董事兼联合创始人、伦敦咨询公司沃兰斯的联合创始人兼首席执行官。夏米安·洛夫有艺术史背景，并获得哈佛大学MBA学位，他与帕梅拉·哈蒂根（Pamela Hartigan）以及可持续发展先锋人士约翰·埃尔金顿共同创立了沃兰斯。2013年3月，沃兰斯成为英国首家经认证的共益企业。随后不久，同样由约翰·埃尔金顿创办的可持续之力（SustainAbility）也在同年4月获得非政府组织认证。2013年6月，库克获得非政府组织认证。[6]

约翰·埃尔金顿发表了17本专著和40多份企业责任报告。2013年，他被国际可持续发展专业协会（International Society of Sustainability Professionals）列入可持续发展名人堂（Sustainability Hall of Fame）。他的社会企业家生涯始于11岁，他那时就开始为新成立的世界野生动物基金会（World Wildlife Fund）筹集资金。[7]当第一次与共益实验室三人组会面时，他就知道他们属于同一个世界。他说："我们都是更广泛运动的一部分，而共益实验室试图为一些事情搭建框架，并以特定的方式给它贴上标签。"

21世纪初，约翰·埃尔金顿曾与帕梅拉·哈蒂根在世界经济论坛（World Economic Forum）和施瓦布社会企业家基金会（Schwab Foundation for Social Entrepreneurship）共同工作，致力于让社会企业家进入国际会议的主要讨论环节。他说："社会企业家与传统的非政府组织非常不同，因为他们是倾向于企业的。"2002年，世界经济论坛在纽约举办年度会议，并在华尔道夫酒店的一间宴会厅召开社会企业家会议。据约翰·埃尔金顿回忆，世界经济论坛创始人克劳斯·施瓦布（Klaus Schwab）和社会企业家穆罕默德·尤努斯（Mohammed Yunus）等关键人物出席了会议，除此之外，就没什么人到场了。人们看不到其中的相关性。直到最近，约翰·埃尔金顿还能感觉到非政府组织不愿意和企业打交道，而企业也不愿意让非政府组织进入它们的董事会。约翰·埃尔金顿指出，20世纪80年代，绿色和平（Greenpeace）等非营利组织表示，推动商业进步的唯一方式就是用规章制度来约束非政府组织，因为它们无法信任非政府组织。约翰·埃尔金顿不认同这种观点，而认为在建立企业时必须具备涵盖社会和环境变化的议程，这就是他在1994年提出三重底线概念的原因。

就在沃兰斯与共益实验室取得联系的同时，英国已经有了不少以价值或使命为导向的企业，但很少有企业认为自己需要认证。夏米安·洛夫和詹姆斯·佩里为这项运动带来了活力。沃兰斯的理查德·约翰逊（Richard Johnson）回忆道："夏米安·洛夫常常说，三重底线时代即将到来，大部队已经到了。"夏米安·洛夫回忆说："前来参与的人很多，英国共益实验室的创建是一项真正的社区合作。它成功的原因在于，一个充满企业家精神和活力的社区所采取的行动使他们深信商业可以成为一股向善之力。"

英国已经在很多方面为共益企业这一理念做好了准备。2005年，英国政府为以营利为目的的社会使命组织引入了一种全新的公司组织形式——社区利益公司（CIC）。和福利企业一样，社区利益公司需要发布年度报告，总结它们对社区带来的好处。然而，社区利益公司有一个重要的不同之处，即它们受"资产锁定"的约束，其目的是确保它们的资产只能用于社区利益，因此投资者的回报有上限。正如库克的詹姆斯·佩里对我解释的那样，福利企业并不存在"神圣—世俗"鸿沟，因此，资本市场可以参与到社会企业领域。他继续说道："社区利益公司发现自己被排除在资本市场之外，因此它们不得不创造自己的资本市场，而这个市场又在一定程度上依赖政府补贴。"2019年3月，英国的社区利益公司总数超过15 000家，预计这一数字将按每年2 500家的速度增长。[8]

2010年，詹姆斯·佩里见到了杰伊·库恩·吉尔伯特。他说：

"杰伊·库恩·吉尔伯特正在推广共益企业，我心想，那正是我要找的！说真的，他打招呼的方式就吸引了我。"当时，詹姆斯·佩里是罗纳德·科恩爵士领导的八国集团社会影响力投资特别工作组任务协调组的一员。你可能还记得罗纳德·科恩，这位当年已经72岁高龄、充满激情并以"英国风险投资之父"著称的老人。詹姆斯·佩里说："当共益实验室在英国登记成立英国共益实验室时，我和夏米安·洛夫把它当作一个非营利机构来建设。我们得到了200 000英镑种子基金，这差不多足够了。"从那时起，他们"连哄带骗"地找来了他们同在社会创新领域工作的朋友。詹姆斯·佩里深情地回忆道："我们创业艰难，这么做只是因为信念。"他们希望能有50家公司参与启动仪式，最后的结果超出了这一目标。

英国共益企业群体不断发展壮大，部分原因在于专注可持续发展的消费品领域的挑战者品牌的崛起。这些竞争者参与同样的活动，花时间在一起，相互帮助——就像美方洁和七世代在共益企业运动早期的做法一样。在这些大公司推动社会企业和影响力投资向前发展的情况下，共益企业运动在英国以超乎想象的速度发展了起来，并且始终保持着这样的劲头，这为世界其他地区树立了榜样。

欧洲共益实验室

欧洲共益实验室也是一个非营利机构，其发起时间与英国共益实验室相近。起初，少数几家欧洲公司开始将这一概念带入它们所在的市场，包括荷兰投资公司"把钱放在你认为有意义的社区"（Put Your Money Where Your Meaning Is Community），以及法国和意大利的可持续发展咨询公司优陀皮斯（Utopies）和纳维塔（Nativa）。从那以后，该机构一直稳步发展。2019年，欧洲共益实验室正式在比利时、荷兰、卢森堡、瑞士、西班牙成立了分支机构，并在意大利和法国拥有巨大的影响力。[9]

欧洲共益实验室的联合创始人马塞洛·帕拉齐（Marcello Palazzi）已经参与了多年的企业社会责任运动，他的工作集中在瑞典和丹麦。在他看来，它们是企业社会责任运动的始发国。早在1989年，马塞洛·帕拉齐就创办了进步基金会（Progressio Foundation），开设了数百个风险投资项目，在30多个国家成立企业。我在鹿特丹的一家咖啡店与他会面，这里距离欧洲共益实验室在阿姆斯特丹的总部只有一小段车程。马塞洛·帕拉齐是一个有动力、有野心的人，且气质超群，这在一定程度上要归功于他有力的手势和吸引听众的方式。

当马塞洛·帕拉齐发现共益实验室时，他立即意识到，与他遇到的其他机构相比，共益实验室可以在向善商业的方向上走得更远。共益实验室和欧洲共益实验室在2013年2月签署合作协议。2014年1月，马塞洛·帕拉齐和他的合作伙伴利恩·萨温博根（Leen Zevenbergen）开始全职从事欧洲共益实验室的工作。2015年4月，欧洲共益实验室正式启动，同时有65家企业获得了共益企业认证。[10]2018年，欧洲境内的共益企业总数已经超过500家。[11]

从一开始，欧洲共益实验室的战略就是寻找当地合作伙伴，因为它们能够用自己的语言以及对自身文化的理解来传播相关理念，帮助公司获得认证。欧洲共益实验室还建立了一支标准分析师团队，对欧洲乃至非洲、亚洲和南美洲企业的BIA评审进行分析。马塞洛·帕拉齐将欧洲共益实验室形容为一个传道者。他说："我们谈论它、推广它，分享信息，组织活动，在会议上讨论，更重要的是，我们会走出去接触企业高管和潜在群体。"

法国食品公司达能一直是欧洲共益实验室拓展的主要参与者。该公司首席执行官伊曼纽尔·费伯表示："我们的共益企业认证之旅始于几十年前，这比共益实验室的诞生还要早。早在1972年，达能就宣布它将致力于'经济和社会的双重议程'。这是近20年前'达能之路'（Danone Way）的延伸：我们对世界各地的分支机构实施以审计、记分卡为主导的综合报告和监督流程。"[12]

欧洲共益实验室面临的最大挑战在于它要应对的法律框架相当多。在不少国家，比如丹麦和瑞典，当地先进的法律意味着共益企业所做的工作已经达到了预期的基本向善水准。因此它们必须做得更多，同时在BIA评审上获得更高的分数，这样才能向它们的消费者和潜在员工证明，它们并非这个国家常见的普通先进企业，而是一种全新的企业。

欧洲社会企业的先进性也有利于福利企业立法。2015年，意大利成为世界上第二个通过福利企业法律的国家，这在很大程度上要归功于纳维塔和欧洲共益实验室。在欧洲某些国家，公司可以像美国部分州的公司那样，在无须改变法律的情况下专注于员工福利、社区和环境。和美国某些选区的法规相比，欧洲国家法规的真正不同之处在于，从技术上说，企业只要能够继续服务于股东利益，就可以考虑其他利益相关者的利益。

总体而言，共益企业认证和共益企业运动帮助一些欧洲企业保护自己免于被收购。马塞洛·帕拉齐提到了阿克苏诺贝尔（AkzoNobel），这是一家总部位于荷兰的跨国企业，该公司曾避免了被美国PPG工业（PPG Industries）收购：荷兰法院实际上做出了拒绝PPG工业收购阿克苏诺贝尔的裁决，因为后者的总体利益远远大于其财务利益。另外一个例子是关于联合利华的，卡夫亨氏和3G资本曾经试图收购联合利华。而在联合利华的发源地之一荷兰，这个问题被高度关注，人们会考虑在荷兰工作的员工怎么办？这对国家利益有什么影响？欧洲越来越关注这方面的事情，而共益企业对此发挥了一定作用。

进一步在全球扩张

澳大利亚和新西兰共益实验室

澳大利亚和新西兰共益实验室成立于2013年，并于2014年8月正式启动。影响力投资公司小巨人（Small Giants）的首席执行官丹尼·阿尔马戈（Danny Almagor）在斯科尔世界论坛（Skoll World Forum）上见到了安德鲁·卡索伊，当即决定让自己的公司成为澳大利亚首家共益企业。[13]在此之后，澳大利亚共益企业社群很快就出现了爆发式的增长。2012年，在一些企业取得共益企业认证之后，一群共益企业领导者便开始游说共益实验室批准成立澳大利亚和新西兰共益实验室。这些公司包括小巨人、净平（Net Balance）、投影室（Projection Room）、全童（Wholekids）和澳大利亚伦理投资（Australian Ethical）。詹姆斯·梅尔德伦（James Meldrum）和他的妻子莫妮卡（Monica）共同创办了健康的零食制造商全童，他回忆道："回想十年前，当第一次和人们谈论我们打算如何经营企业时，我们得到了两种回答——'这太过感性了吧'和'你到底想做什么'。"[14]

2013年，一方面，共益实验室团队正在为共益系统和英国共益实验室提供支持，因此他们对另辟市场保持了谨慎的态度；另一方面，共益实验室鼓励澳大利亚团队率先行动起来，因为他们知道对方希望尽快达成更为正式的合作关系。澳大利亚团队第一年的工作是由志愿者主导的。它的创始成员包括47个共益企业，这是一个十分强大的集体。此外，创始成员参照共益系统的做法与共益实验室签订了协议。最初的资金来自创始成员，其目标是在三年内依靠认证费用生存下去。[15]同时，该创始团队得到了澳大利亚保险公司太阳集团（Sun Corp）的支持。[16]

小巨人旗下的所有企业都获得了共益企业认证，丹尼·阿尔马戈认为巨变即将到来。他说："我们谈论了有意识的资本主义，比如占领运动。我认为，很多拥有资本和权力的人都应该同意对利润和使命等而视之，而且这样的运动正在不断发展壮大。"[17]

在引入福利企业立法方面，澳大利亚和新西兰共益实验室面临着一个重要的挑战，因为澳大利亚的公司法是建立在联邦层面上的。澳大利亚的福利企业法案于2016年12月提出，但截至2019年，它仍然处于考虑阶段。一开始，持续的资金支持也是一个大问题，但澳大利亚和新西兰共益企业社群的热情是显而易见的，来自61家共益企业的120位成员在2017年举办了该地首届共益企业领军者研讨会。[18]

亚洲共益实验室

亚洲共益实验室实际上是一个由各种组织组成的联盟，截至2019年，该联盟包括共益实验室在韩国的一家大使组织、日本共益实验室、中国共益实验室以及其他17个国家（地区）的87家共益企业。

共益实验室在中国台湾的分支机构于2014年启动，该机构主席张大为指出，亚洲是世界上人口最多的大洲，它面临着贫困、冲突和环境恶化的严重问题。该运动引起了中国台湾当局的关注，台湾当局前领导人马英九将共益企业视为台湾地区农业、教育、服务业和IT业的新机遇。[19]

在中国香港，共益企业也开始被关注，并得到了知名社会企业家谢家驹的推广。他是香港社会企业论坛的创始主席、共益企业仁人学社的首席执行官。仁人学社致力于提供可持续发展和社会创新教育培训项目，并与共益实验室有正式联系。仁人学社承诺：在未来五年创建一定规模的共益企业，推动商界朝着向善的力量转变。目前，该学社正致力于在亚洲范围内推广共益企业运动。[20]

与此同时，其他组织也在研究共益企业是否适用于中国内地。非政府组织北京乐平共益基金会要求在中国香港设立地区性共益实验室办事处。它最初的估计是，共益企业需要用5~6年的时间才能在中国完成一种法律形式上的制度变革。北京乐平共益基金会由知名社会企业家沈东曙创立，他致力于通过创新和创业来解决中国的社会公平和发展问题。沈东曙是一个乐于激励他人的人，当他提出一个具有挑战性的问题或尖锐的观点时，你可以看到他眼里的火花。他的组织为社会企业家提供培训，向低收入公司和团体提供小额贷款，同时为具有社会意识的企业提供管理方面的培训。[21]

与此同时，中国内地的不少企业也在为了获得共益企业认证而努力。它们中有家族企业（这些企业的掌门人很年轻，大多拥有西方教育背景，渴望有所作为），有希望参与国际市场竞争的企业，也有传统意义上的社会企业。

中国内地的第一家共益企业于2016年6月获得认证。第一反应的经历突显了其他中国内地企业将会面临的问题。时任第一反应国际事务部主任的高敏牵头完成了认证过程，她对该机构在第一次自我评估中获得的分数感到十分兴奋。她说："我几乎可以确定，我们获得认证完全没问题。"但她和共益实验室发现，BIA评审中列出的很多要求在中国内地并不适用。例如，共益实验室会评估申请人是否在具有LEED（能源与环境设计先锋）等绿色建筑标准的建筑中经营。虽然此类标准在美国被广泛接受，但在认证机制相对薄弱的中国内地，这样的绿色建筑却很罕见。尽管共益实验室的标准是一致的，但它应用的国家或地区却不尽相同。在北欧公司占尽先机之时，中国内地企业必须后起直追。

此外，在评审问题中使用的一些术语也很难转换到中文语境之中。例如，高敏表示，她对"向独立承包人支付最低生活保障工资

（若有最低生活保障工资数据，则应将其换算为每小时薪资）"的要求感到不解。与美国和欧洲不同，中国内地并没有官方的最低生活保障工资数据，政府只给出了最低工资指导意见。共益实验室回应，中国内地申请者只要其薪资水平高于最低工作薪资就可以获得认证，但问题是应该高出多少？高出1美元和高出100美元是一样的吗？此外，在第一反应所在的城市上海，其满足基本生活所需的薪资水平与其他不那么发达的城市完全不同。上海的最低工资是其他大多数城市的1.7倍。如果无法参考现有的市场机制并将其整合进BIA评审（就像共益实验室借助麻省理工学院的美国最低生活保障工资计算器所做的那样），中国内地企业就很难回答这个问题，因而也更不容易在评审中达到80分。此外，BIA评审大约包括200个问题，其中有不少都要求提供证明文件。对那些母语不是英语的公司来说，这意味着它们要进行大量翻译工作。

尽管第一反应的共益企业认证之路充满挑战，但自从获得这一认证，它几乎立刻从中获益。和其他共益企业的经验一样，这一认证帮助该公司在与潜在客户的沟通中明确了自己的使命。此外，高敏说："这对公司内部的所有员工而言也是一个具有启发性的过程，因为现在他们明白了公司的方向，以及公司想要打造何种程度的真实社会影响力。"高敏在很多方面都体现了共益企业运动的草根精神。在带领第一反应获得认证之后，她去了北京乐平共益基金会工作，现在负责中国内地的共益企业推广。

应对全球化挑战

回到2014年，安德鲁·卡索伊曾对共益实验室全球合作的规模、范围和时机表示担忧。"我们在国际上的合作太多了,"他说,"我们在许多地方都有很棒的合作伙伴,但它们并没有扩大规模,因为它们所在的市场还没有准备好。它们生存不下去,而我们也无法给予支持。"

当然,监督一场全球性的运动并非易事。沃兰斯的理查德·约翰逊打趣说:"英国有很多企业可以成为共益企业,只是都没有获得认证。"当他最初将共益企业概念介绍给英国企业时,那些自封社会企业或使命导向企业的企业,并不认为这一概念很友好。它们觉得这个美国组织的到来似乎在说对方可以做得更好。然而,共益实验室建立的国际合作关系却各不相同。共益实验室从一开始就明白,它不能只是在一个国家出现后,告诉它们事情是如何做的。安德鲁·卡索伊说:"事情不是这样的,特别是在有美国人参与的时候。不少地方的人都认为,尽管美国的经济具有创新性和创造性,但它在负责任的经济方面却远远落后于大趋势。"

为了应对作为美国发起的全球运动可能存在的不良权势问题,2014年3月,共益实验室正式将部分责任授权给新成立的全球治理委员会(Global Governance Council)。在这个委员会中,共益实验室和其他全球合作伙伴的地位是平等的。共益系统的冈萨罗·穆尼奥斯记得共益实验室团队曾这样说:"我们只想成为这个委员会的一名合作伙伴,负责监督这项全球运动的三个方面——批准新的全球合作关系和现有合作关系的续期、负责认证之外的有收入项目以及在各国推动福利企业立法之外的任何政策工作。"有些全球治理委员会的成员同时是共益实验室的董事会成员。

冈萨罗·穆尼奥斯回忆说:"在最初的几次全球治理委员会会议上,我遇到的一切都和美国有关。大家读到的所有报告都很复杂,而且与世界其他地区是脱节的。我的部分工作就是告诉他们如何从全球角度来理解这些内容,从而建立起共益实验室和全球合作伙伴之间的桥梁和纽带。"这明显是个问题。巴特·霍拉汉回忆说："全球范围内对共益实验室及其运动最大的批评是：这不过是美国的观点输出罢了。"[22] 为了缓解这种趋势，共益实验室的每个合作伙伴都可以提名一个人加入共益实验室的标准咨询委员会（Standards Advisory Council）。此外，每个地区都设立了自己的委员会，并接受更大地区的委员会的管理。这种机制确保共益实验室的标准可以适用于不同地区。目前，BIA标准有三个版本：美国版、国际版以及新兴市场版。

此外，BIA评审的问题也得到了调整，以更好地适应各个地区的情况。共益实验室标准审查总监克里斯蒂娜·福伍德解释说："我们试图维持一种平衡，也就是确保这项评审适用于所有企业、具有洞察效力，且能保持一种广泛的可比较性，同时是一项评审何为向善企业的国际标准。我们可以提供很多通用指标。"共益实验室还设立了区域咨询小组，它为标准咨询委员会提供反馈和建议。

正如我们在斯堪的纳维亚半岛看到的那样，如果美国公司采用了一些政府本就规定或提供的福利，这就会被认为创造了积极的影响力，但其他地方的公司却不会因此得到赞誉。"我们希望确保人们依然会认为这些企业提供了更好或优质的工作环境，"克里斯蒂娜·福伍德解释说，"它们在那些地区纳税。坦白地说，德国公司提供的工作环境比美国的好，我们不得不承认这一点。"这在某些方面和第一反应在中国面临的问题恰恰相反。

马塞洛·帕拉齐表示，意大利的福利企业立法是一个分水岭。"为了讨论公司的使命是什么以及它们的所有者该对谁负责，我们已经召开了200多场相关会议。"他说，"从外部性来讲，我们如何确保公司真正为这些负成本买单？它引发了一场私营企业与社会之间有关治理、合规以及问责制等问题的真正辩论。非政府组织加入进来，学者也参与进来。你如果看看南美洲，就会发现现在有超过200位学者正在教授这些内容。共益企业运动创造了一种全然不同的商业范式。"

每一天，都有越来越多的企业家、可持续商业领袖以及政界人士在了解共益企业运动后致力于在自己的国家发起这样的运动。共益实验室在非洲的先遣队东非共益实验室（B Lab East Africa）成立于2016年。[23]该运动如果能够在短短10年内扩大到30个国家，那么可能很快会实现全球化。

第九章

拓宽通道

2005年，一位手艺人和两名程序员共同开发了一个独特的在线平台，它就是现在众所周知的爱特西。这位手艺人名叫罗布·卡林（Rob Kalin），他希望给诸多手艺人一个在网上销售自己作品的机会。2008年，当程序员克里斯·马圭尔（Chris Maguire）和海姆·肖皮克（Haim Schoppick）离开爱特西后，罗布·卡林聘请了一位新的首席技术官查德·迪克森，后者随后接替他成为首席执行官。[1]

在爱特西的早期阶段，该公司广受推崇的文化常常被人们认为是其成功的主要原因。2012年爱特西获得共益企业认证，其办公楼获得了生存建筑挑战（Living Building Challenge，一项专注于打造可再生建筑环境的行动）的认证。该公司所提供的工作场所福利包括瑜伽和冥想课程、有机午餐、学术课程以及无性别卫生间（这种设计在当时十分先进）等，员工福利则包括延期产假和可观的工资。

2015年3月，爱特西宣布计划上市。许多媒体十分关注该公司的共益企业身份，以及它能否在自己的社会和环境承诺与上市后的财务压力之间保持平衡。因为当时还没有针对共益企业的上市交易规定。此外，共益实验室规定，如果共益企业是在美国一个通过了福利企业立法的州成立的，那么该公司必须在四年内注册成为福利企业。爱特西在特拉华州成立，2013年福利企业法案在该州生效，因此爱特西必须在2017年之前注册成为福利企业，否则就将面临失去共益企业身份的风险。杰伊·库恩·吉尔伯特解释说："这四年的过渡期是为了给爱特西这样的公司提供一段集中而合理的时间，使其可以与自己的董事、投资人，以及公开市场上的其他利益相关者就法律事宜进行沟通。"[2]

爱特西上市后，查德·迪克森在公司博客上向爱特西社群发布了一则信息，内容为"爱特西明白成功的关键在于自己是一个以价值为导向且眼光长远的企业"。查德·迪克森认为爱特西可以为其他可持续企业的上市铺平道路。[3]然而不幸的是，事情并非如此。

爱特西上市的第一天，其市值翻了一番，超过30亿美元，这是一个辉煌的开端。但在那之后，事态急转直下。在两年时间内，其股价持续下跌，2017年第一季度，该公司首次亏损。[4]投资人控制了局面，要求该公司做出改变。塞思·旺德（Seth Wunder）和他的对冲基金黑白资本（black-and-white Capital）进入市场，购买了爱特西大约2%的股票。这个份额虽然不大，但足以引起轰动。[5]塞思·旺德认为，考虑到爱特西的员工人数和其丰厚的职场待遇与福利，这些成本大约是市场正常水平的两倍。爱特西的一般费用和管理费用占其总收入的24%，而同样的费用在其竞争对手那儿的占比仅为10%。此外，该公司用了三年时间来招聘大量工作人员，增加了超过一半的员工。[6]

塞思·旺德在他给爱特西董事会的两封信中阐明了自己的担忧，要求召开会议，讨论"该公司似乎缺乏成本约束"的问题。接着，在爱特西发布盈利报告前几小时，塞思·旺德公开了这些信件，并在新闻稿中列出了他所说的三个关键问题，即商品销售总额放缓，运营和公司治理亟待改进，以及实现股东价值最大化的必要性。[7]没过多久，查德·迪克森就被解雇了，随之一同被解雇的还有8%的员工——其中大多数人都是致力于协调价值和提升工作场所福利团队的成员。几个月后，爱特西宣布进行新一轮裁员，人数约占员工总数的15%。[8]接替查德·迪克森的是董事会成员乔希·西尔弗曼（Josh Silverman），他曾对公司的财务状况提出尖锐的质疑。

2017年，乔希·西尔弗曼宣布爱特西不会重组为福利企业，也不会为共益企业认证续期。鉴于爱特西领导层的变动，共益实验室向该公司提出了延期一年的邀约，但乔希·西尔弗曼拒绝了。[9]

杰伊·库恩·吉尔伯特回应了爱特西的决定，他提到了已上市的共益企业纳图拉和罗瑞特教育。罗瑞特教育也是一家福利企业，它和爱特西一样都是纳斯达克上市公司。而达能和联合利华等大型上市公司的许多子公司也都是共益企业。"虽然上市公司在采用福利企业法律结构方面面临着独特的挑战，"他说，"但是全球机构投资者已经接受了上市公司采用福利企业治理结构一事。"[10]失去爱特西确实是一次打击，而且这还不是该运动遭受的唯一一次打击。

失去共益企业头衔

在面对或感知来自投资者的阻力时，其他知名共益企业很难满足共益企业认证在治理方面的要求。奥涅斯特（Honest）就是这样一个典型的例子，该公司成立的宗旨是打造一个无毒害的环境，特别是在面向婴儿和家庭的产品行业。它的产品由清洁原料制成，没有添加合成化学物质和香料。[11]该公司的这一主张来自其创始人——女演员杰西卡·阿尔芭（Jessica Alba），她曾在怀上第一个孩子时对传统产品产生了过敏反应。[12]

奥涅斯特的理念与共益实验室的使命似乎十分吻合，因此它在2012年获得共益企业认证也就不足为奇。2017年以前，该公司一直保持着共益企业的身份。后来一名员工在被问及公司为何放弃共益企业认证时表示："奥涅斯特无法在法律结构上向福利企业转型，因为这一变革将给公司带来一系列法律和合规问题，而这可能导致风险和不确定性。"

此外，该公司面临的其他挑战也可能导致其认证失效。联合利华曾有兴趣收购奥涅斯特，但在2017年年初，这笔收购失败了，因为联合利华决定收购另一家共益企业——七世代。此后不久，奥涅斯特彻底改变了公司结构，撤换了联合创始人兼首席执行官布莱恩·李（Brian Lee），他一直是共益企业的忠实拥护者。[13]大约在同一时间，奥涅斯特还面临着几起有关其产品成分的诉讼，许多消费者都认为自己被骗了。报告显示，该公司并非所有产品都如其营销所暗示的那样由100%清洁原料制成。《纽约邮报》（*New York Post*）的一位记者尖锐地指出："杰西卡·阿尔芭开了一家公司，向那些紧张兮兮、有钱没处花的人销售高价产品。她告诉全世界自己才是唯一值得信赖的人，暗示其他公司的存在就是为了伤害、残害、毒害和杀害人们。奥涅斯特通过危言耸听和更安全、更健康的虚假承诺来提供高价产品，并且兴旺发达起来。"[14]2018年，奥涅斯特宣布获得2亿美元资金来重振品牌。[15]时间会证明它是否能够与自己的核心价值观以及客户重新建立联系，或者是否会持续被一些人认为这是在掩盖它非环保的事实。

另一家失去共益企业身份的大公司是眼镜制造商沃比·帕克，该公司以一个令人振奋的理念给市场带来了冲击：以合理的价格供应用户可以在家中试戴的眼镜。公司成立后不久，沃比·帕克就获得了共益企业认证。该公司还有一些其他举措，比如其生产和分销过程是碳中和的，而且每销售一副眼镜，公司就会向发展中国家有需要的人捐赠一副眼镜。此外，沃比·帕克的公司文化注重通过系列演讲和"午餐学习"项目来实现员工的职业和个人发展。它的社会使命和以员工为中心的职场氛围带来了极大的员工吸引力和高员工留存率。

然而当该公司没有选择成为福利企业时，它的共益企业认证也就失效了。[16]

这件事让我感到很意外。2012年，我在沃比·帕克的总部待了一整天，采访了该公司的首席执行官尼尔·布卢门撒尔。共益企业的标识醒目地展示在该公司的入口处，该公司曾对这项运动充满热情。当时，尼尔·布卢门撒尔暗示，沃比·帕克的投资人已经同意组建福利企业。该公司和欧布斯等其他共益企业有着共同的投资人，比如老虎环球。此外，尼尔·布卢门撒尔也是前往威尔明顿游说特拉华州立法机构通过福利企业立法的高管之一。考虑到这些事实，"投资者的阻力"可能并不是沃比·帕克决定放弃采用福利企业治理结构的唯一或主要原因。遗憾的是，我无法直接与尼尔·布卢门撒尔讨论这个决定。

当我与沃比·帕克的高级公关经理卡其·里德（Kaki Read）沟通时，她告诉我："考虑到沃比·帕克的规模和发展阶段，事实证明在当时改变它的法律结构是很困难的，未来我们可能会重新考虑这件事。在我们看来，这并不是一个不可违背的决定，只不过当时不太可能罢了。我们如果现在要组建企业，那么很可能会成立一家上市福利企业。但在2010年沃比·帕克成立的时候，这种形式还不存在。"

因此，部分原因可能在于时机尚未成熟。在沃比·帕克做了决定之后，共益企业运动已经发生了变化：作为一家上市公司，知名化妆品品牌美体小铺和雅芳的所有者纳图拉一直保持着成功的势头；而共益企业兼福利企业罗瑞特教育则成功在纳斯达克交易所上市；许多大型跨国企业也在积极收购共益企业。也许随着股票市场接受度的不断提高，沃比·帕克的管理层和投资人会相信，重新获得共益企业认证并采纳福利企业治理结构将有助于公司抵御令全食超市深受其害的短视主义的压力，以及给爱特西造成伤害的股东利益最大化压力。

这些公司失败的具体原因可能各不相同，但爱特西、奥涅斯特和沃比·帕克的经历已经说明，共益企业运动并非坦途，它包括许多实现影响力所要经历的选择和替代方式。即使公司的使命和价值观与共益实验室创始人的初衷明显一致，但这也不能说明它们能够一以贯之地对共益品牌做出承诺。不过这并不意味着它们不能从共益企业运动中获得积极的成果，也不能说明它们不支持共益企业运动。卡其·里德很快向我指出："我们真的非常支持他们的事业。我们只是想确保大家能很好地了解其中的原因，以及在某个时刻重新考虑自己的决定。"

尽管失去爱特西、奥涅斯特和沃比·帕克令人痛心，但这也凸显了一个事实，即共益实验室模式下的两个要素（问责制和法律结构）应当分离，并分别得到改进，这样才能让更多公司加入该运动。世界上大约有1.25亿家企业，它们都能够发挥作用。只要它们中有一家企业选择像共益企业一样平衡自己的商业利益和社会利益，像对待利润一样严格管理自己的影响力，那么无论它最终是否打算获得共益企业认证或进行重组，它都是在参与变革。正如安德鲁·卡索伊强调的那样："共益企业运动并不是什么投资俱乐部，它是一种变革理论，针对的是经济中日益壮大的那个部分。"正如杰伊·库恩·吉尔伯特所言："如果我们希望扩大规模，如果我们的目标是重新定义商业成功，那么我们不会仅仅通过认证更多企业来实现这样的目标。"

波士顿的舞鹿烘焙公司（Dancing Deer Baking Company）给了我们希望。2010年，我发表了有关共益实验室的案例研究，当第一次在哈佛商学院的课堂上教授这方面的内容时，我邀请了共益实验室的负责人、几家共益企业的负责人、准共益企业的负责人来到课堂。其中的代表之一就是特里西·卡特尔（Trish Karter），她是舞鹿烘焙公司的联合创始人、董事长、前任首席执行官。当时她试图说服董事会参与共益企业认证，但没有成功。这家公司最终克服了自己的担忧，舞鹿烘焙公司不仅成为经认证的共益企业，而且在2012年福利企业立法通过后，它成为马萨诸塞州首批注册福利企业的公司。

就像安德鲁·卡索伊强调的那样，共益实验室"拓宽通道"和让更多企业参与运动的关键方式就是广泛分享促进影响力管理的工具。哪怕是共益企业社群外围的公司，也能从推翻股东至上主义的努力中获益良多。目前有许多举措扩大了共益实验室在问责方面的内容，并鼓励所有企业举向善之力，朝着创造共益经济的方向努力。这些举措包括推广针对社会和环境要素的评估方式，以及与联合国建立重要合作关系，从而使联合国的可持续发展目标在企业层面变得更具可衡量性和可追溯性。构成共益经济的不同组成部分——共益企业、福利企业、共益企业影响力管理工具、共益分析平台以及与共益实验室的各种合作关系，都在共同努力颠覆股东至上主义的地位，为企业和社会带来更大的影响力。

将影响力散播到共益企业之外

巴特·霍拉汉指出："世界上的每一家公司都可以参与这项运动，以一定的方式成为共益经济的一部分。"当不以获得共益企业认证为目标的公司使用BIA评审时，BIA评审便成了一种学习工具。这些企业可以看到自己可以做些什么，而且在没有获得认证的压力下，它们也更容易采纳某些措施。

这样的公司最后可能会成为共益企业。索尔伯格制造（Solberg Manufacturing）就是这样一个例子，它是一家总部位于芝加哥的过滤、分离和消音产品制造商。巴特·霍拉汉告诉我，起初这个家族企业的领导者并不确定自己的公司是否能够成为一家共益企业。它的一家竞争对手那时已经获得了认证。索尔伯格制造的领导者虽然对这项运动有信心，但还是担心没法达到认证标准。公司的领导者索性开始用BIA评审来提升管理水平，他们认为自己正在创造一个更好的企业，而这些工具可以帮助他们系统性地实现目标。2011年，该公司获得共益企业认证，他们使用BIA评审工具的方式也是共益实验室团队所期望的。

共益实验室在2014年发起了名为"衡量重要因素"（Measure What Matters）的活动，希望各个行业不同规模的公司都能接受BIA评审。该活动涉及投资者、供应商经理以及城市和市政当局等合作伙伴，其使命是利用共益分析平台强大的数据分析能力来让影响力管理成为常态。[17]该活动的一位团队成员告诉我，让公司有机会了解自己相较行业内其他公司的表现情况以及改进方案，是共益分析平台最有用的地方。这对公司和投资者来说，都是如此。投资者可能会要求企业进行BIA评审，以便了解企业在哪方面表现突出，如果投资组合中的所有公司都超越某个特定水平，那么这对营销是有益的。例如，一家投资公司可能会表示其投资的所有公司的职位数都以每年5%的速度增长，高于业内平均水平。

共益分析平台的另一个有用之处在于它能够衡量和跟踪影响力趋势。有人告诉我："我们在此收集了大量投入和产出信息，那是人们想要实现的结果。"换句话说，共益分析平台将公司的注意力吸引到它们可能从未想过的事情上。投资组合经理认为他们可能会因为一家公司而失去机会，但也可以利用投资组合中其他公司优异的业绩。共益实验室认为这是一个既可以用来监督，也可以实现学习和提升的工具。

共益分析平台的团队一直在考虑让人们与平台可编译的信息进行交互的不同方式。最初，他们构建了一个人人都可以使用的通用面板。以此面板为基础，公司和投资人可以锁定他们重点关注的有影响力的领域，同时用过滤器进行筛选。如果你是一名投资人，首先，你有权查看某家经认证的共益企业的数据、它的BIA评分以及它在各种维度上的表现。其次，你会看到它所在领域同行的聚合数据，以及该公司与其同行的BIA评审结果的对比情况。入门版本是每个人都能看到的标准版本，定制版本为每个用户专门设计，具体形式取决于用户想要查看的内容。截至2018年，BIA用户已逾70 000家。共益实验室还与50多家公司、供应链经理以及政府部门合作，推荐其使用影响力评估工具。[18]

在2015年的达沃斯论坛上，纳图拉的联合创始人兼共益实验室团队的领导者吉赫姆·利尔（Guilherme Leal）宣布，维珍集团创始人理查德·布兰森爵士将与共益实验室合作，为世界开发更具可持续性的经济模式。会上介绍了两个用来扩大共益实验室工具应用范围的重要项目：通过供应链提升影响力以及面向所有公司的"最佳共益企业"挑战。[19]

通过供应链提升影响力

许多没有参与共益企业运动的公司也开始重新审视它们的供应链。以耐克为例，该公司制定了使用童工、强迫劳动和赔偿方面的行为准则，并且要求其供应商也必须遵守这些准则。该公司致力于不断评估和改善其供应链管理系统，通过开展审核工作来保证合规性。通过这种方式，耐克正在向外推广社会责任，毫不夸张地说，这让它创造了全球性的影响力。[20]

这就是共益实验室所希望的，所有公司（无论它是否是共益企业）都可以创造这样的影响力。共益实验室希望更多公司能鼓起勇气完成BIA评审，或要求其供应商至少完成精简版的BIA评审。七世代是这方面的领先企业，它设定了一个目标——从2020年开始只在经认证的共益企业那里进行采购。亚瑟王面粉和库克等共益企业也致力于实现类似的目标。这些共益企业正在共同努力，通过分享最佳实践方式来解决问题。同时它们也在尝试重塑典型的供应链合规机制，使之成为一个更高回报的项目。这会鼓励它们的供应商也加入进来，使其成为向善的力量。[21]

巴马要求其供应商进行可持续发展调查，此外，该公司还努力让其排名前25位的供应商完成精简版的BIA评审。该公司与共益实验室举办了多场研讨会，向供应商介绍相关流程。正如巴马社群关系总监金·欧文斯（Kim Owens）解释的那样："我们非常希望将这些渗透到我们的供应基地。"卡伯特奶油设立了一个与合作社农户密切合作的员工团队来改进农户的做法（因为卡伯特奶油是一个供应商所有的合作制企业，所以其供应商也是其所有者），并为农户开发了一款可持续发展工具。[22]

自从成为共益企业，意大利橄榄油公司弗拉泰利·卡利（Fratelli Carli）为其供应商制定了一套准则，以确保公司的产品是可持续的。此外，该公司还定期对供应商进行质保检查。除了更好地保护环境、生态系统、农户、公司员工，这些措施还缩短了生产链，提高了生产效率。将共益理念引入供应链让许多供应商提高了自身标准并扩大了影响力，而且其中一些企业也成了经认证的共益企业。[23]

纳图拉以共益企业的价值观为基础，为其供应商建立了一套电子竞标系统。该系统根据供应商的能力、业绩以及最近的信誉进行筛选。纳图拉要求供应商提供有关非财务业绩及社会和生态足迹方面的信息，以确保它们的价值观与纳图拉是一致的。此外，纳图拉每两年对供应商的忠诚度进行一次评审，以此衡量它们的满意度以及向别人推荐纳图拉的意愿。[24]

关注供应链可以极大地扩大企业在社会和环境方面的影响力。莫伊咖啡（Moyee Coffee）自2014年起成为经认证的共益企业，它在这方面为我们提供了一个很好的例子。它的咖啡豆大多来自被称为"咖啡带"的南美洲和非洲国家，这些国家都不太发达，非常依赖美国等国家的援助。它们却生产并出口这样一种发达国家的民众储存在橱柜里的商品。大型咖啡公司会从这些国家进口咖啡豆，然后在发达国家进行烘焙，这最终会导致哥伦比亚、埃塞俄比亚以及其他主要咖啡生产国的就业机会和利润减少。

荷兰企业家兼投资人圭多·范·斯塔弗伦·范·迪克（Guido van Staveren van Dijk）创立莫伊咖啡的目的很明确，那就是在埃塞俄比亚采购和烘焙咖啡豆。这种新型供应链流程名为公平链（Fair-Chain），这是莫伊咖啡的座右铭。公平链可以确保企业将更多的工作机会和利润留在咖啡原产国。这种在"咖啡带"进行咖啡烘焙处理的做法让莫伊咖啡改善了员工的工作条件，提高了他们的工资水平，同时也给当地社群带来了积极的作用。[25]

为最佳共益企业喝彩

为社群成员的向善事业庆贺一直是共益实验室的一项重要工作。2013年，该团队推出了首个"世界最佳"（Best for the World）名单。它根据共益企业在多个类别（整体、社群、环境、员工、治理和客户等）上的BIA评分，列出排名前10%的企业。2018年，有203家共益企业获得该项荣誉。

2014年，共益实验室与纽约市经济发展公司（New York City Economic Development Corporation）合作，为两万家小型企业提供支持，帮助它们竞争成为该城市劳动者和市民心目中的最佳企业。在这个多年计划的头三个月里，大约有两万家企业参与进来。它们的影响力是通过一份20分钟的问卷调查进行评估的，该问卷改编自BIA。纽约市经济发展公司的凯尔·金博尔（Kyle Kimball）表示："'纽约最佳'活动给当地企业带来了挑战，促使它们为这个城市做出回报，创造机会，做一些最有益于城市的事情。"[26]2017年，该项目拓展到了科罗拉多州，这里是认证共益企业的首个热门地区。非营利机构联盟中心（Alliance Center）是"科罗拉多最佳"挑战赛的组织方，它举办联谊活动和研讨会，提供一对一的指导机会，目的是鼓励当地企业改进它们的做法。[27]

自"纽约最佳"活动开展以来，全球有30多个城市都表示有兴趣开展类似的活动。这些活动为共益实验室提供了扩张机会。安德鲁·卡索伊说："走出去，试着一个一个地说服上百家企业使用BIA工具并不是一个好方法。"相反，他们可以借助某个城市或某个州现有的共益企业或合作伙伴来"创造网络效应"。

在苏格兰，"城市最佳"活动推动了英国共益实验室和可度（CAN DO）的合作，后者是一家专注于在苏格兰培养创新和创业精神的组织。苏格兰共益组织（Scotland CAN B）为企业提供多种支持，包括有关影响力管理的在线与面授课程、工作坊、论坛、团队指导和一对一指导等，所有活动的目标都是让企业使用BIA评审并以此提高它们的影响力。[28]"Rio+B"是共益组织在里约热内卢市开展的一个项目。项目合作方包括里约热内卢市政府、艾伦·麦克阿瑟基金会（Ellen MacArthur Foundation）等。在评估并理解了自己的影响力之后，企业可以与"Rio+B"合作，以加深它们在社会和环境议题上的参与程度。[29]

融入联合国可持续发展目标

就在共益企业运动加速发展之际，联合国发布了可持续发展目标。首批可持续发展目标于2016年开始实施，并计划在2030年前全部实现，主要包括：

- 目标1：在世界各地消除一切形式的贫困。
- 目标2：消除饥饿，实现粮食安全，改善营养状况和促进可持续农业发展。
- 目标3：确保健康的生活方式，促进各年龄段人群的福祉。
- 目标4：确保包容和公平的优质教育，让全民享有终身学习机会。
- 目标5：实现性别平等，为所有妇女、女童赋权。
- 目标6：人人享有清洁饮水及用水是我们所希望生活的世界的一个重要组成部分。
- 目标7：确保人人获得可负担、可靠和可持续的现代能源。
- 目标8：促进持久、包容、可持续的经济增长，实现充分和生产性就业，确保人人有体面工作。
- 目标9：建设有风险抵御能力的基础设施，促进包容的可持续工业，并推动创新。
- 目标10：减少国家内部和国家之间的不平等。
- 目标11：建设包容、安全、有风险抵御能力和可持续的城市及人类居住区。
- 目标12：确保可持续的消费和生产模式。
- 目标13：采取紧急行动应对气候变化及其影响。
- 目标14：保护和可持续利用海洋及海洋资源，以促进可持续发展。
- 目标15：保护、恢复和可持续利用陆地生态系统，可持续森林管理，防治荒漠化，制止和扭转土地退化现象，遏制生物多样性的丧失。

- 目标16：创造有利于可持续发展的和平和包容的社会，为所有人提供诉诸司法的机会，在各层级建立有效、负责和包容的机构。
- 目标17：加强执行手段，重振可持续发展全球伙伴关系。[30]

共益实验室团队发现，可持续发展目标可以让共益企业运动快速扩大规模。为此，他们开始将联合国的这一系列目标融入BIA评审，鼓励经认证的共益企业和福利企业接受它们。为了在BIA评审中反映可持续发展目标，团队将现有的BIA指标与每个相关的可持续发展目标联系在一起，继而添加额外的指标来填补现有差距，这样的合作可谓真正的双赢。与可持续发展目标保持一致使得共益实验室在推翻股东至上主义的运动中获得了更大的影响力。与此同时，可量化的指标（共益实验室创造的评估工具）以及相互依存的公司、非营利组织、政府机构、个人组成的庞大群体，可以让可持续发展目标扩大规模，从而创造真正的、可持续的变革。正如财富管理公司共同利益（Common Interests）的首席投资官马克斯·明茨（Max Mintz）所说："这个平台使得我们和其他人能够迈出新的一步，它给了我们一个可以将自己的使命和可持续发展目标结合起来并向利益相关者汇报的工具。我们无须自己开发这类工具，它可以由共益实验室提供。"[31]

2019年，共益实验室和联合国全球契约组织（United Nations Global Compact，2000年启动，旨在指导企业的商业决策，使企业经营符合人权、劳工、环境和反腐败等全球契约十项原则）联合开发了一个在线平台，让公司评估其在可持续发展目标方面的影响力。该平台名叫SDG行动管理（SDG Action Manager），于2020年年初上线，是一款免费的网络影响力管理工具。[32]

达能全球代言人洛娜·戴维斯（Lorna Davis）认为，这个世界最终会意识到大家必须共同努力，而这也是联合国可持续发展目标获得这么多支持的原因。特别是企业，它们似乎已经意识到政府不会为它们解决问题，而它们需要帮助。然而，她也指出可持续发展目标的操作性并不强，而这也是共益企业运动和共益实验室介入的原因。将可持续发展目标的泛化目标和共益实验室对企业问责的关注相结合，就可以有效地扩大这项运动的规模，同时也能够帮助全世界实现可持续发展目标。[33]

许多经认证的共益企业一直致力于实现可持续发展目标。桥梁基金管理公司已经做出明确承诺，表示将把可持续发展目标当作投资指南。桥梁基金管理公司对这些目标的认知得到了其他共益企业的响应。这不是某个公司实现某个目标的事情，这是所有公司在可持续发展目标的大旗下联合起来实现其所有目标的运动。[34]总部位于芝加哥的数字营销机构强力字节（Mightybytes）通过提供最低生活保障工资和员工最优福利的方式来实现可持续发展目标中的目标1、目标2和目标8。作为一家性少数群体所有的公司，它还设置了一个由女性和多元文化背景人士组成的咨询委员会，以此来支持可持续发展目标中的目标5和目标10。[35]同样，约翰的疯狂袜子（John's Crazy Socks）通过为未充分就业人口提供就业机会的方式来支持可持续发展目标中的目标8和目标10。[36]

2017年11月，共益企业第一届"黑客马拉松"（Hackathon）在伦敦举办，其重点是开发利用可持续发展目标中目标12的创新方式，从而确保可持续的消费和生产模式。有机卫生棉条配送服务公司DAME致力于减少一次性月经用品每年造成的900万条塑料导管的浪费，该公司在此次"黑客马拉松"活动中得到了支持。埃尔维斯与克雷瑟（Elvis and Kresse）是一家利用回收材料制造时尚配饰的公司，克雷瑟·怀司琳（Kresse Wresling）表示，在创办自己的企业时，她并没有想到可持续发展目标中的目标12，但人类废弃物的消解是一个有待解决的问题。最近，她的企业与博柏利（Burberry）就处理皮革行业每年产生的80万吨废弃物达成了合作。

2018年秋季，达能的伊曼纽尔·费伯和安德鲁·卡索伊在阿姆斯特丹主持了一场有关共益企业运动如何实现可持续发展目标的对话。在场的许多听众都提出了这样一个问题，即个人如何才能帮助社会开展如此广泛的变革。伊曼纽尔·费伯回答道："我们不知道事情进展得会有多快，但我们如果不去尝试，就无法成功。"他强调，尽管要做的事情令人生畏，但最重要的是接受这种恐惧并向前推进。[39]

此外，我们的目标不仅是要招募更多的共益企业，而且是要改变整个经济，使其摆脱传统股东至上的资本主义陷阱，朝着创造长久影响力的方向发展。共益实验室的工具和资源可以帮助每家企业聚集向善的力量。现在，有了与联合国的合作，这项运动已经具备了加速发展的潜力。

第十章

大公司不一定是坏公司

2018年4月12日，达能北美公司在曼哈顿举办了一场活动，庆祝近期取得的诸多成绩。这场活动由该公司首席执行官马里亚诺·洛扎诺（Mariano Lozano）主持，全球的达能人都可以通过实时连线或录像观看，现场的气氛十分活跃。这是该公司的第一个生日——该公司1年前由达能在北美的奶制品业务与白浪食品（White Wave Foods）合并而成，后者是地平线有机（Horizon Organic）、西尔克（Silk）和大地农场（Earthbound Farm）等强调健康的知名品牌的制造商。这一天也是该公司成为福利企业的一周年纪念日。此外，马里亚诺·洛扎诺宣布，该公司已获得共益企业认证，这比原计划提早了两年。这使得销售额高达60亿美元的达能北美公司成为全世界规模最大的经认证的共益企业，它的规模是原有规模最大的共益企业的两倍。在参与该公司共益企业认证工作的150名工作人员中，大约有20位前往纽约参加了此次活动。[1]

认证小组成员深入介绍了大型企业进行共益企业认证的过程。达能母公司首席执行官伊曼纽尔·费伯强调了该团队在完成这一认证过程中的重要性，并详细说明了他和公司其他人为何要将这么多的时间和资源花费在成为共益企业上。"金融应该服务于经济，经济应该服务于社会。"伊曼纽尔·费伯说道。他坚持认为公司应该做出自己的选择：它们可以维持原样，利用自身的力量、规模和市场份额来支持传统经济模式；它们也可以接受变革，为已经发生的革命做出贡献。伊曼纽尔·费伯随后宣布，达能设定了其全球组织在2030年之前完成共益企业认证的目标。

对于这样一家收入超过300亿美元、拥有数十个不同业务部门的财富500强企业来说，这是一个前所未有的挑战。达能北美公司也曾经历艰难的阶段。虽然标准版的BIA只包括约250个问题，但因为达能北美公司有五个独立的业务部门，而这五个部门是达能北美公司法律架构下相互独立的分支，因此它必须回答超过1 200个问题。可想而知，达能的全球认证之路道阻且长。

达能的努力给共益实验室带来了一个严峻的问题：如何改进和完善共益实验室原本为大多数中小型企业设置的认证系统，从而方便规模更大的企业加入共益企业运动？如何才能最好地吸收达能认证过程中的经验教训？评估一家大公司的复杂流程是阻碍共益企业运动广泛发展的最大障碍之一。正如达能的经验显示的那样，一个结构复杂的跨国公司想要获得认证，就需要花费大量的时间和精力。不过，当大公司都像达能那样有动力时，这可能就用不了那么多时间了。我们可能处在这一运动的转折点上，让跨国公司和股票投资人参与进来也十分重要。为了实现这一目标，BIA评审流程必须得到调整以适应不同公司的规模，同时确保标准没有被稀释。

大公司和共益实验室必须克服一个相关障碍，那就是此举对共益实验室体系中的中小公司产生的影响，那些大公司正在全盘吞并它们。当共益实验室对一家为社区服务的书店进行认证时，共益企业的名号有助于它生存下来……直到共益实验室也对亚马逊进行了认证。很多共益实验室的支持者担心这会对共益实验室所坚守的信念产生更大的影响。例如，共益实验室会成功改变沃尔玛，还是沃尔玛会改变共益企业运动？

消费者对大公司的警惕是有道理的。它们的意图经常受到质疑，它们的错误判断也会迅速传播。它们在社会或环境方面的倡议经常受到质疑，而这是理所当然的。但是，如果共益实验室想要变革全球经济，想要摒弃股东至上主义，想要实现它的总体使命——"有一天，世界上的所有公司都会为了成为对世界最有益的企业而竞争"，它就必须招募大型的、上市的跨国公司。共益企业运动不能只局限于小型社会企业。

接下来的问题是，共益实验室团队如何才能设计出一个适用于大公司的系统。它要经受住公众的审查，保持团队的标准，并达成公司规模和共益企业运动有效性的平衡。共益实验室的跨国公司和公开市场咨询委员会（Multinationals and Public Markets Advisory Committee）正在与达能、联合利华和纳图拉等多家跨国公司合作解决这一问题。大公司不一定都是坏公司：世界上规模最大的一些公司还是有可能获得共益企业认证的。

先锋达能

伊曼纽尔·费伯和达能对替代性公司治理模式的兴趣由来已久。2006年，该公司与小额信贷先驱格莱珉银行（Grameen Bank）合作创立格莱珉达能食品（Grameen Danone Foods）。这是一家专注于为孟加拉国贫困人口提供日常所需营养的企业，于2018年获得共益企业认证，紧跟英国社区利益公司和美国低利润有限责任公司的发展。欧洲共益实验室联合创始人马塞洛·帕拉齐想起他在2015年收到的一封来自伊曼纽尔·费伯的电子邮件，其中写道："嘿，什么是共益企业？我对最近看到和读到的概念很感兴趣，这很棒。我们见一面吧。"几天后，伊曼纽尔·费伯去了巴黎，两个人共度了一个下午。马塞洛·帕拉齐记得伊曼纽尔·费伯告诉他："我们一直在寻找自己的阵营。达能始终相信大公司可以推动大变革。以我们的规模，我们有能力与其他共益企业联合起来，激励其他非共益企业以及我们庞大的供应商和合作伙伴加入这一集体，从而让商业成为一股向善的力量。"[2]

2015年12月，达能与共益实验室签订协议，该协议提出了两个主要要求。首先，达能将在包括其北美分公司在内的部分分公司试点进行BIA评审。其次，达能将帮助共益实验室调整适用于大公司的BIA评审标准，在有了评审方案之后，对自身进行测试，并帮助共益实验室将新方案推荐给其他公司。这种合作关系促成了达能北美公司的共益企业认证，并让达能设定了其全球组织在2030年之前完成共益企业认证的目标，这对欧洲共益实验室的发展至关重要，现在这也是整个共益企业运动的重要跳板。

达能北美公司在那次共益企业认证过程中面临的最大挑战在于，其参与认证的工作人员人数众多，为150个人制定一个清晰的流程并非易事。甚至像登录账号这样的小事也必须重新考虑：用于评审的账户数量有限，但负责这项工作的人数实际更多。这限制了达能北美公司追踪谁输入了哪些信息的能力。巴特·霍拉汉指出："共益实验室当时是一个非常去中心化的组织，如果没有一个固定的触点，我们就很难与其合作。我们的组织结构让我们没有能力去应对大规模组织的要求，但我们已经做了改变。"现在，共益实验室任命了一名账户经理，他不仅要负责增加新的公司，还要管理其参与过程。

共益企业认证包括一个对评分没有影响的披露问卷，但它会考量一些可能比BIA评审的正面影响还要重要的负面影响，包括敏感行为、公司及其合作伙伴受到的罚款制裁等。共益实验室通常会在认证的结尾，也就是在公司的BIA评分达到80分之后进行披露问卷调查。但正如巴特·霍拉汉所言："对达能这样的大公司来说，这份问卷实在是太长了，留到最后去做会让每个人都十分焦虑。为此我们决定把它放到整个过程的前端去做。"共益实验室的成员还发现，他们需要与大型跨国公司确定评估的范围，包括需要完成多少项评估以及什么时候完成法律部分的内容等。正如巴特·霍拉汉解释的那样："这些方面汇聚在一起，形成了对共益实验室的一大考验。这意味着我们要提出一个预先界定好范围的流程。我们提供披露问卷和背景调查，这样我们至少可以缓解和控制那些不确定因素。"

对达能北美公司来说，细枝末节的工作令人疲惫，九个月的时间又十分紧张。共益实验室团队首先确定了哪些实体包含在达能认证范围之内，以及适用于每个实体的最佳方式是什么。对部分公司来说，不同的实体和分支机构可以合并在一起报告。共益实验室的克里斯蒂娜·福伍德解释说，这分为以下几类问题：它们是否有同样的董事会，或者这些分支机构是否有自己的董事会。她还表示："我们考察它们的管理、政策，观察这是由同一个管理团队制定的，还是由不同管理团队制定的。此外，我们会考虑它们的地理位置。最后我们还会看看它们所在的行业，因为影响力评审中有几个行业是需要单独评审的。"由于分支机构的法律结构变化往往比它们的运营结构变化更频繁，因此这类评估通常只会在同一个评估项目下聚合各个运营实体。

总的来说，达能北美公司必须完成其核心的达能奶制品业务、大地农场、阿波罗（Alpro，欧洲业务）和两个小型实体的评估。为了提供尽可能多的支持，共益实验室团队设定了定期接触的规则以及详细的项目管理结构。这些都将随着它与各家大型跨国公司的合作而得到持续改进。

为大公司开发认证路径

在大公司对共益企业认证表现出兴趣的情况下，共益实验室开始着手根据企业的规模和复杂性开发新的认证路径。2019年4月，共益实验室的跨国公司和公开市场咨询委员会公布了针对收入超过50万美元的公司的全新评审和认证流程。公司的地理位置和复杂程度对此没有任何影响——共益实验室的跨国公司和公开市场咨询委员会仅根据公司的规模制定额外的要求和评审内容。[3]

共益实验室的跨国公司和公开市场咨询委员会对用于大型跨国公司的标准的严格程度和范围提出了质疑，因为他们要考虑过去对共益企业在法律结构上的要求是否应该包括在评审内容中。很快，团队成员一致认为，如果要与大公司对社会和环境所产生的影响相匹配，那么针对它们的标准必须更加严格。此外，考虑到上市公司在短期收益方面的压力最大，他们还特别强调了这样一个事实，即上市公司必须像其他共益企业一样满足法律上的要求。

对大公司来说，共益企业认证还有一个重要的步骤，那就是进行额外的筛选，以验证该公司是否已经满足一些基本要求。首先，公司必须进行重要性评估，开发一个利益相关者参与的项目，该项目必须是透明的，而且至少每两年开展一次；其次，公司必须提供包括具体业绩目标在内的管理战略，这些目标需得到董事会评估，并向所有利益相关者公开；再次，董事会必须准备一份有关公司处理政府事务和针对税收理念的披露声明，以及一项有关公司遵守特定人权协议或明确了某些与业务相关问题的人权政策；最后，公司还必须准备一份使用了第三方标准的年度影响力报告，并向公众公开。

在界定范围的过程中，共益实验室还要求公司概述自己的结构和管理流程，这有助于其确定完成全部认证所需的BIA评审量。共益实验室的业务开发总监卡拉·佩克（Kara Peck）告诉我："有时候说起来容易，但做起来难。在很多情况下，和只是说说'这儿有一大块业务，让我们围着它画一个圈，这样我们就知道它是什么了'相比，事情本身要复杂得多。例如，某家公司可能在美国有一个品牌，但其国际业务却被整合到了母公司之中。因此，同一个品牌可能有不同的员工、不同的制造商、不同的经营方式。现实情况就是，大型企业的运作方式让它们难以被清晰地划分。"为了保证公司的方方面面都能遵循共益企业社群的精神，同时确保公司的BIA评分能够反映其各个业务部门的情况，界定范围的重要性怎么夸大都不为过。

接下来的步骤是评估和验证，它们是最费事的。这时公司要完成多项BIA评审，努力达到80分的水平。在完成各个子公司的BIA评审之前，总公司必须完成"全球公司"版本的BIA评审，该版本侧重于治理的最佳实践。最后，这些评分会被汇总起来，由工作人员计算出最终的BIA得分。

对大公司来说，认证过程要困难得多，也严格得多，但这样能够保证它们得到细致的评估。大公司要想获得认证，就至少要有95%的业务通过BIA评审。如果公司整体评分达到80分，但因某些原因其子公司没有达到标准，那么该公司也可以获得认证，但其子公司在使用共益企业标识进行品牌宣传和营销时会受到限制。这些子公司必须提高它们的评分，否则整个公司的认证资格将受到威胁。在达到80分之后，公司可以有两年时间来修订其公司治理方式，从法律上考虑所有利益相关者，否则它将失去认证资格。

迄今为止，对子公司进行认证是大公司参与共益企业运动的主要方式。共益实验室网站列举了许多拥有多家获得共益企业认证子公司的大型公司，它们涵盖多个行业。其中有不少公司的名字我们耳熟能详：联合利华（本和杰瑞、七世代）、达能（快乐之家、达能北美）以及宝洁等。共益实验室的跨国公司和公开市场咨询委员会建议共益实验室为BIA评审创建可以分开和合并使用的"全球公司"和"子公司"的独立版本，以便整个机构得到全面而有效的评估。[4]

达能是第一个获得共益实验室认证的"品牌之家"。尽管该公司希望在其所有产品上使用共益企业标识，但共益实验室团队认为有必要对其使用场合和使用方式进行限定。为此，共益实验室为达能的每个品牌设定了最低要求：每个品牌必须在BIA评审中达到80分或更高才能使用共益企业标识。正如巴特·霍拉汉所言："想象一下，达能有一项很棒的酸奶业务，同时也做煤炭生意。它有体量巨大的煤炭业务，并且想在每块煤上都印上共益企业标识。如果是这样，那么我们会担心此举所传递出的信息。"例如，达能的咖啡奶油品牌国际乐（International Delight）在2018年年底已经获得非转基因认证，但它只有在BIA评分超过80分之后，才可以使用共益企业标识。

罗瑞特教育：首家上市的福利企业

罗瑞特教育成立于1999年，其目标是为草根阶层提供易得且负担得起的高等教育。截至2018年，该公司在全球28个国家的88个教育机构总共接收了100多万名学员。大多数教育机构都位于新兴市场，其业务收入占公司总收入的80%。最近，罗瑞特教育宣布未来会把业务的重点放在智利、秘鲁和巴西等地，但会在澳大利亚和新西兰继续经营。[5]一些规模更小的机构可能会脱离这个网络，但罗瑞特教育希望此举可以让公司业务聚焦在最需要帮助的地区。罗瑞特教育的高级财务副总裁兼全球财务主管亚当·莫尔斯（Adam Morse）解释说："这么做更符合罗瑞特教育的核心使命——在主要新兴市场的供求质量不平衡地区提供高质量的高等教育。"

罗瑞特教育一直致力于消除营利性教育机构的坏名声。2015年,该公司获得共益企业认证,并在特拉华州注册成为福利企业。2017年,该公司完成了首次公开募股,成为第一家上市的福利企业。在部分国家,教育机构实际归罗瑞特教育所有。但在另一些国家,由于立法和政府方面的规定,罗瑞特教育只能与当地机构合作办学。为了获得认证,该公司只需要使其子公司的BIA评分加权总和超过80分,但它却让所有分支机构都达到了这一标准。

罗瑞特教育于2017年获得的最新认证突显了其业务的一些关键方面。罗瑞特教育近半数的学生来自草根阶层,该公司所有的分支机构都设有企业公民(Corporate Citizenship)项目,专注于志愿服务、社区发展、公益工作等。此外,罗瑞特教育近70%的分支机构设有环境管理系统。在新任首席执行官的领导下,罗瑞特教育进行了一些变革,但这些变革并没有影响到该公司创造持久影响力的决心。

解决认证过程复杂的难题

在最初认证时,罗瑞特教育的80多个分支机构隶属于50多个子公司,这使得认证过程变得十分复杂。在创始人道格·贝克尔的领导下,时任战略主管和办公室主任的艾玛尔·达斯特(Emal Dusst)解释说,尽管很多人认为认证工作可以与公司的日常运营同步进行,但罗瑞特教育基本上放下了一切事情来完成认证。整个认证过程是自上而下展开的:艾玛尔·达斯特先向每个地区的首席执行官做了简要介绍,然后让每个地区的首席执行官与每个机构的首席执行官合作。相关材料、资源以及指导方针等将通过这条管理链进行传达。艾玛尔·达斯特说:"接下来我们只是要求他们每两周和总部通一次电话,从而确保认证正常进行。"每个分支机构负责收集评估所需的相关数据和文件。时任该公司全球公共事务高级经理兼共益企业项目经理的托德·韦格纳参与了评估工作，并帮助协调各个分支机构的评估，而共益实验室选择了5家分支机构进行实地考察。正如托德·韦格纳所说："这一过程十分严格。"

在某些情况下，分支机构会遇到一些困难，因为此前它们对BIA评审所要求的部分材料并没有记录。艾玛尔·达斯特说："于是我们做出努力。现在，我们有了一个追踪系统。"有时，一些必须处理的情况是反直觉的。例如，艾玛尔·达斯特认为，理论上，当在一栋全新的建筑里设置一个全新的机构时，它会因为"绿色环保"而加分，可是该机构反而失了分，因为BIA评审倾向于使用现有建筑。正如这个例子表明的那样，BIA评审在一定程度上要求企业理解标准是如何建立的。

亚当·莫尔斯指出："我们的优势在于，在认证过程中被问到的很多事情都是我们正在做的，共益企业思维方式已经在我们的组织中根深蒂固。也许我们必须改变我们的管理和记录方式，但这并不意味着要从零开始。"托德·韦格纳回顾了他在整个认证过程中所学到的东西："我们确实花了很多时间去剖析所有数据，以一种实际且对我们企业有意义的方式来了解我们还可以在哪些方面改进，同时给我们的利益相关者带来积极的影响。"

通过认证之后，罗瑞特教育做出的改变之一是修改其全球道德准则。为了起到强化和巩固的作用，它借用了BIA评审的文字。对于罗瑞特教育来说，评估的重点可能会因分支机构所在国家的不同而有所不同，但始终不变的是其对教育质量的关注。因此，对特定机构进行重要的改进比单纯全盘修改政策要有效得多。正如托德·韦格纳所言："对于一家全球性公司来说，制定足够灵活、适用于所有国家的政策很重要，但同时这些政策必须足够具体，以满足BIA评审中的一些标准。"

在进行BIA评审之前，罗瑞特教育从未有过这样一个集中式的数据库，它可以让其全球范围内的分支机构实现可视化。这个数据库从多个方面改变了他们的业务，现在在他们可以更好地理解自己的客户，并能坚定地表示："我们正在这样做，这就是我们想要接触的群体。"罗瑞特教育也很关注环境方面，比如它很清楚在建设过程中需要考虑哪些因素。获得认证和加入共益企业运动的影响是巨大的，该公司在行动、外部性和影响力方面变得更加一致。这一认证也影响了数百万人的生活，包括该公司的学生、员工、教工等。

邀请投资人加入

在首次公开募股之前，罗瑞特教育成功获得了其董事会和KKR等主流私募投资人的支持。但它的领导人担心，其他主流投资人在参与股票发行时会变得犹豫不决。亚当·莫尔斯回忆了公司领导问过的问题："当投资人对营利性教育机构持有一种天然的偏见时，你怎么才能向他们解释清楚，并告诉他们营利性教育机构也是向善的、有需求的，而且真的对世界有好处？"共益企业运动带来了答案。罗瑞特教育可以告诉他们，许多非常成功且赚钱的公司都已经加入了这项运动。

道格·贝克尔回忆说："当公司高管参与路演，向投资人介绍自己的公司时，投资人会问什么是上市福利企业？人们对这个概念的第一反应往往是：这一定是某种税收规划策略。但接下来，我们会用五分钟的陈述时间来解释共益企业运动，也会提醒投资人，罗瑞特教育的口号是'为善而来'（Here for Good）。这有两重含义：罗瑞特教育是一家为社会做贡献的公司，也是一家打算持续经营下去的公司。"

宣讲人没有强调通过股东至上主义实现的传统短期回报，而是强调了长期规划和长期回报的重要性。亚当·莫尔斯反思道："我们的口号'为善而来'既是使命，也是不变的坚持。我们发现，我们不能只看着下个季度的短期目标就做出决策，特别是在这种决策可能不利于两年后发生的事情的情况下。"该公司前任首席福利官兼国际公共关系高级副总裁埃丝特·本杰明（Esther Benjamin）强调了罗瑞特教育为吸引投资人所做的努力，她告诉杰伊·库恩·吉尔伯特，为了提高投资人对福利企业和共益企业认证的认知，他们几乎花了两年时间。[6]

在罗瑞特教育向美国证券交易委员会（SEC）提交的文件中，有一封道格·贝克尔写给其潜在投资人的信，他写道："平衡客户的需求是我们成功和长久发展的关键，这可以让我们在经济困难时期保持增长。在很长一段时间里，我们都没有找到一种简单的方式来解释一家营利性公司致力于造福社会的这种理念。"这就是为什么共益企业运动会引起他的注意，他解释说："当这个概念席卷全国时，我们审慎地考察了它……这是一种新型公司形态，它专注于高标准的公司使命、责任和透明度。"[7]在上市之前，罗瑞特教育决定在特拉华州重新注册，那里有最先进的福利企业立法。

2015年10月，罗瑞特教育成为第一家向美国证券交易委员会提交S-1（招股书）文件的福利企业。亚当·莫尔斯回忆道："我遇到的一个最常见的问题是，这是否意味着如果某件事情只有利于股东，你们就不会做？"对此，他这样解释："这意味着我们在做决定时只需要考虑我们声称的公共利益。"资本投资项目就是这方面的一个典型例证。亚当·莫尔斯解释说："作为提案的一部分，如果有人说他希望把钱用在新校区上，或希望在此类项目上做这样的投资，那么被审核的提案必须包含一份报告，以此说明该项目是怎样与我们制定的共益企业要求列表保持一致的。"他告诉投资人，公司在做出决策时不能只盯着一个方面，而是要考虑不同的组成部分，从而做出更复杂、更有益的决策。最终，罗瑞特教育并没有遭遇太多来自投资人的阻碍，因为他们已经意识到了该公司对社会使命的投入及其核心价值观。

与纳图拉、达能一同追求持续改进

2014年12月，巴西顶级化妆品与个人卫生产品制造商纳图拉宣布，承诺在2020年前采用新的可持续发展指导方案。此举促使该公司开始追求共益企业认证。纳图拉在一年后实现了这一目标，成为首家在全国性股票交易所上市且在当时规模最大的共益企业。[8]纳图拉拥有近7 000名员工，业务遍及欧洲和拉丁美洲（来自英国的化妆品先锋品牌美体小铺也是该公司的客户）。2019年，纳图拉年销售额超过30亿美元，获得了2015年、2016年和2017年年度共益企业最佳环境奖（B lab's Best for Environment Award）。2019年5月，纳图拉宣布同意以20亿美元的价格收购雅芳，此举使其成为世界上排名第四的化妆品公司。这件事情的意义重大，因为它让美国第一次有了这样的公司，其董事会通过投票决定采用以所有利益相关者为重点的公司结构。[9]

和雅芳一样，纳图拉也实行直销模式。它拥有一个160万人的网络，其中大部分人是女性，她们在多个国家销售该公司的产品。纳图拉还支持了3 100家家族企业，让它们成为自己的供应商。该公司的销售人员会接受培训，大约3/4的员工加入了该公司的利润分享计划。[10]纳图拉的核心使命是通过"对透明度、可持续性和福祉的承诺"，构建一个更加美好的世界。纳图拉的可持续发展行动遵循了其

"好好生活"（Well Being Well）的口号，包括通过建立对原材料的最新需求来保护亚马孙雨林，比如该公司在此处发现了可以加入产品生产流程的油类和水果。[11]

2013年，纳图拉成为世界上最早发布综合性年度报告的公司之一。该报告不仅洞察了公司财务方面的业绩和战略，同时还考察了其在社会和环境方面的表现，内容涵盖金融资本、制造资本、人力资本、社会资本、自然资本和智力资本等方面。这使得该公司可以更好地定义自身的价值，同时也揭示了需要改进的地方。[12]

达能北美公司亦是如此。在设定BIA评审基准之后，公司领导者做出了从内部和外部持续改进，为下一次评审做好准备的承诺。德布·埃施迈耶（Deb Eschmeyer）曾在米歇尔·奥巴马（Michelle Obama）的"动起来"（Let's Move）行动中担任执行总监，并在美国白宫担任营养政策高级顾问。后来她加入了达能北美公司，担任传播与社区事务部副总裁。她回忆了公司获得认证的那一天："我们花了差不多两个小时来庆祝。然后我们想，好吧，我们刚得到一个不错的分数——85分，但我们知道自己可以做得更好，这值得畅想。"

达能北美公司公共利益和可持续发展高级主管迪安娜·布拉特尔（Deanna Bratter）指出，公司的第一步是通过一个彩色编码系统列出BIA评审的相应过程。绿色是他们认为自己做得很好的地方，而且他们有相应的信息来支持这一判断；黄色是他们认为自己已经掌握相关信息且做得尚且不错的地方；红色是他们缺少信息或认为自己可能薄弱的地方；黑色则是他们明白自己没有相关信息，而且无法回答的地方。公司的第二步是考察属于黄色类别的评估内容，他们知道自己在这个领域已经有所作为，但可能没有系统或数据来跟踪或证明它。这是该公司关注的重点，也是其路线图推进的方向。然而，她强调公司应始终将重点放在"践行共益企业理念"上，而非最终得到的BIA评分本身。

达能的目标是在2030年之前其全球组织完成共益企业认证。达能共益社群总监布兰丁·斯蒂芬妮（Blandine Stefani）表示："达能实际上已经收到了来自各个分公司的大量请求，它们都希望通过共益企业认证。"达能的领导层目前正在与共益实验室合作，以确定达能的各个分公司是否都具备认证资格。一旦确定，达能就必须创建一个全球性系统来处理包括全球性品牌、全球化采购和国际化运营等方面的问题。达能还计划对专为跨国企业设置的全新版本的BIA评审进行测试。随着时间的推移，当BIA评审被整合到达能内部报告系统后，评审工作将变得更加便利。

开创一项欢迎大型上市公司的运动

共益实验室正处在快速且有效地提高大型企业意识的早期阶段。自从达能北美公司于2018年获得认证以来，至少有七家大型跨国公司向达能了解认证过程。迪安娜·布拉特尔表示："公司规模越大，共益企业认证的临界点到来的机会也就越大。大型企业和大型跨国公司在运营方面会首先考量社会、环境和人权因素，从而真正地改变整个系统，在消除部分短期风险的同时创造长期价值。"

共益实验室团队还提出了一些更深层次的问题：仅仅做一些企业社会责任实践、在嘴上说说企业使命是不行的，要让企业真正围绕这些理念来运营，而这对大型跨国公司来说意味着什么呢？对此有兴趣的公司告诉他们："我们的愿景是成为那种为利益相关者、员工和我们所在的社群创造价值的公司。我们明白这是我们应该前进的方向，但在如何实现这一目标方面我们需要帮助。"卡拉·佩克告诉我，共益实验室过去对此的反应是："这不是我们的责任，我们的责任是在你们够资格的时候提供认证。BIA评审是你们了解如何采取最佳实践的工具。"

共益实验室现在认识到，大公司的认证之路有三大障碍。第一大障碍是它们需要路线图。它们应该从哪里开始？它们如何才能向着共益企业的方向发展？仅仅使用BIA评审或共益实验室跨国公司和公开市场咨询委员会的流程是没有用的，公司需要的是一个框架。第二大障碍与第一大障碍有关，那就是它们需要与同伴建立联系。跨国公司总是会问："还有谁在这么做？可以让我们认识一下吗？"第三大障碍无疑是最具挑战性的，也可能是最为重要的，那就是如何让股东参与进来，从而实现公司在法律结构上转变为福利企业的想法。

为了解决这些问题，共益实验室必须重新审视其核心原则并回答这样一个问题："什么才是共益企业运动？"这项运动当然一直包含着共益企业认证，但在更深入地思考推翻股东至上主义的目标之后，共益实验室的领导者发现，他们应该创建一个更广泛的社区。因此，他们提出了"共益运动建设者"（B Movement Builders）计划，该计划明确了六条原则。如果一家大公司承诺遵循这些原则，并采取切实的措施来证明它严格地做到了这些，且符合共益企业社群的精神，那么它就是在为共益企业运动提供帮助。

共益实验室打算在第一年招募十家公司参与该计划。这项计划的六条原则看起来并不陌生。第一个原则是这些公司必须签署《相互依存宣言》，对这项计划做出有力的承诺。第二个原则就是评估和验证工作。共益企业运动的建设者必须立即着手评估公司的部分业务，明确需要提高的关键领域，然后根据这些信息采取行动。这些项目可能会随着时间的推移而展开：先评估单个业务单元，然后逐年扩大评估范围。改进是成为共益企业社群成员的一个关键步骤，对"共益运动建设者"计划来说也是如此。第三个原则是致力于实现联合国可持续发展目标。

接下来的两个原则指出了影响力和透明度的重要性。"共益运动建设者"计划致力于与同伴和规模更大的共益企业社群合作，创造更广泛的影响力。透明度则是共益实验室和共益企业运动的基础，因此所有共益企业运动的建设者必须公开分享他们的年度影响力报告。

最后一个原则对一些企业来说是很重要的，那就是利益相关者治理原则。共益企业运动的建设者要签署并发布一封公开信，要求对企业领导层、资本市场以及政策进行必要的改革，从而创造一种治理结构，使公司聚焦所有利益相关者，而不仅仅是股东。

为什么有的公司还没有做好成为共益企业、加入"共益运动建设者"计划的准备呢？我已经强调和概括了各种要点，本书在很多方面也已经给出了全部理由。公司可能有兴趣提高员工的敬业度和留存率，吸引媒体关注，当然还包括在公众中建立信任和品牌价值。共益企业收获了这些好处，共益企业运动的建设者也不例外。许多公司都希望投资人能认同其长期价值，克服资本市场的短视行为。"共益运动建设者"计划可以帮助它们做到这一点。

达能公司首席执行官的高级顾问洛娜·戴维斯是共益实验室的全球大使。她和我分享了她的理念，她认为二十年后，人们会对非共益企业说，你们居然没有参加认证，这真的有点荒谬，你们就是这么做生意的吗？从广义上说，这就是为什么企业应该并且将会加入"共益运动建设者"计划。作为全球大使，洛娜·戴维斯正在扩大这项运动。她向我描述了她在外联方面的努力："我们之所以选择这项认证，是因为三个关键因素。首先，它有法律框架，而面向法律框架的转变相当重要，大型企业需要在此发挥一定作用。其次，认证并不简单，其中的竞争十分激烈，但从战略和成就的角度来看，它的确有一定好处。最后，这是一项运动，它十分年轻，也很时髦。"接着，她补充道："我认为将有一小波勇敢的精英先行者出现。随着时间的推移，其他企业也会加入进来。"这样的先行者已经出现了不少，达能和联合利华就是最好的例子。而现在，有了"共益运动建设者"计划，更多的企业也将加入进来。

第十一章

让消费者关注起来

随着共益企业运动的发展，一个大的挑战持续存在（特别是对消费品公司来说），那就是消费者并不了解共益实验室或共益企业。2017年，共益实验室的一项内部研究显示，美国普通消费者对共益企业的认知率仅有7%。有些人可能会说，考虑到共益实验室从来没有就共益企业品牌做过面向消费者的营销，也不要求共益企业使用其标识，因此7%的认知率实际上已经是个令人惊讶的数字了。尽管如此，普通消费者还是不了解共益企业，不知道它代表着什么，也不了解共益企业运动实现了什么。很多人虽然都在购买各个共益企业的产品，但是并不知道将它们联系在一起的这个认证。推动这一运动需要消费者的理解，他们的选择可以为可持续资本主义新模式的发展提供支持，这种模式能够创造高质量的就业机会，改善人们的生活质量，同时保护我们的自然环境。在公众缺乏对共益品牌认知的前提下，我采访过的许多共益企业领导者都表示，他们担心这项运动最终会停滞。

事实上，这个问题一直备受关注。2010年，杰伊·库恩·吉尔伯特告诉我，当他试图说服一些公司加入该运动时，大多数公司都问到了有关品牌资产的问题。在该运动早期，共益实验室无法保证共益企业或福利企业的名头能给企业带来产品销量的提升。但共益实验室的创始人有理由对此寄予厚望。在最初的市场调查中，他们发现超过95%的人对共益企业的概念持积极态度，2/3的人表示他们在下次购物时会寻找共益企业的产品。

说服消费者去关心共益企业运动是一项重要的挑战，但这对于实现共益企业运动的目标来说至关重要，共益实验室目前正在努力解决这一问题。千禧一代和他们的下一代是高度关注公平和可持续的消费者。当他们开始承担更大的责任，且提升购买力时，他们将会带来很大的影响。但在所有消费者都了解共益企业运动之前，这项运动是不会有所突破的。

人们对共益品牌认知率不高的部分原因在于一些参与者的不作为，另一部分原因在于该品牌的复杂性，它难以得到恰当的表达。

挑战消费者意识

我采访过的许多公司告诉我，它们在提高人们对共益品牌的认知方面面临一些固有的挑战。尽管企业可以通过明确消费者关心的特定问题来提高它的市场价值，但共益企业认证涵盖了广泛的社会和环境指标，因此很难让消费者看到其相关性。例如，户外用品公司巴塔哥尼亚关注的重点是环境，因此它在品牌宣传和营销的各个方面都向客户表明了这一点。走进巴塔哥尼亚的门店，你会看到美丽的山景图片。有很长一段时间，巴塔哥尼亚产品目录里的户外照片比它的产品还要多。共益企业运动则更加全面，但共益企业标识并不能告诉消费者一家公司是否在环境、员工治理或其他具体项目方面做得更好。巴马的首席执行官葆拉·马歇尔认为："有必要解释清楚这项运动适用的范围。问题在于，我应该在哪里提出这个概念？我应该称之为可持续性还是共益企业可持续性？我是否可以把正在做的事情从'企业可持续发展'改为其他名字？"

我采访过的一些公司也认为，帮助客户区分福利企业和共益企业也是一件有难度的事情。两者对透明度的要求相似，它们的名称也很接近，而这正是最容易让人产生困惑的地方。其实福利企业和共益企业在业绩呈现方式上有很大的不同。前者需要企业自主报告进展，而后者要求企业必须获得一个能够通过认证的最低BIA评分，且相关进展必须得到记录。此外，二者在可行性（目前美国的35个州以及意大利、哥伦比亚、厄瓜多尔、加拿大不列颠哥伦比亚省等地设有福利企业，而共益企业则遍布世界各地）和成本（参加共益企业认证的费用远远高于成为福利企业的费用）方面也有所不同。针对这些疑惑，我采访过的一名共益实验室员工将这种情况和有机产品做了对比："有机产品的模式有很多，而我们想告诉市场，共益企业是那个最好的版本。"要想弄清这种困惑给消费者带来了多大的影响并不容易。然而，随着消费者认知的提高，这种困惑可能会变得更加普遍。

更有挑战的地方在于，具有社会使命的营利性公司是一个相对较新的概念。《消费者研究杂志》（*Journal of Consumer Research*）在2017年的一项调查发现，只有1/4的消费者知道营利性社会企业（FPSV）[1]的存在。调查还发现，企业的营利导向会抑制消费者的支持，这意味着营利性社会企业必须明确阐明自己的营利导向，否则就会面临消费者强烈反对的风险。共益企业和其他使命驱动型企业诞生于一个充斥着空洞的企业社会责任倡议和"漂绿"式可持续发展目标的环境之中，因此消费者对"虚假负责"的企业心存警惕是可以理解的。但在另一方面，新冠肺炎疫情所暴露出的系统性问题、日益加剧的收入不平等以及环境问题都表明，现在是时候开展类似的业务了。

所有这些挑战都指向一个巨大的机遇。"漂绿"式和空洞式企业承诺已经成为消费者在意的主要问题，几乎每天都有大公司的谎言被戳穿。消费者对企业的可持续发展和公平声明保持着谨慎的态度。共益企业运动，特别是其认证过程直接回应了这一问题。BIA 评审是一项严格而全面的工作，消费者一旦认识到 BIA 评审在评估公司影响力方面的实力，就会开始信任这家公司。在这个方面，最近的一些研究展示了一些有希望的结果。实验人员向参与者展示了本和杰瑞冰激凌盒子上的图片，这些图片有的印有共益企业标识，有的没有。重要的是，有标识的图片上还有含义说明。在这些条件下，共益企业认证对消费者的购买意愿、溢价支付意愿以及品牌信任度都产生了积极影响。[2]

我们知道，消费者希望以负责任和有意识的方式购买产品，并且愿意为此支付更多的钱。共益企业标识正是这些消费者正在寻找的目标，这些消费者要做的只是了解这个标识的含义。

为什么消费者应该有所关心

《公司》（*Inc.*）杂志刊登的一篇名为《像巴塔哥尼亚、沃比·帕克和汤姆鞋一样营销——你的社会价值可以为你的品牌和收益带来福音》（Market Like Patagonia，Warby Parker and Tom's Shoes——Your Social Values Can Be a Boon to Your Brand and Your Revenue）的文章鼓励公司优先考虑它们的使命和价值观。它强调了巴塔哥尼亚对生态问题的重视：2010 年，该公司将这一问题写入自己的供应商标准。截至 2011 年，它的销售收入增长了 30%，而且不得不新开几十家店铺来满足市场需求。[3]

这件事说明，共益实验室可以用很多方式来培养消费者的基础意识。2016 年，为了弄清如何提高消费者对共益品牌的认知度，来自卡伯特奶油、A to Z红酒（A to Z Wines）、普拉姆有机（Plum Organics）等多个共益企业的营销负责人成立了一个委员会。他们得出的结论之一是，重要的是要让消费者认识到"共益"不仅仅代表可持续性和环境，还包括许多其他对美国普通消费者来说非常重要的事情，例如公平薪水和就业机会以及多元化等。它意味着福利、社区和个人发展、安全的工作环境，更不用说良好的工作条件和生活质量了。卡伯特奶油的艾米·莱文（Amy Levine）表示："要想让更多公众与共益企业建立联系，我们还需要一个更大、更广泛、更长期的策略。"她还表示，卡伯特奶油希望消费者问问自己（无论是以金钱形式，还是以选择合作或工作企业的形式），会把选票投给那些遵循这些价值观的企业吗？提高消费者认识的工作必须从人们关心的事物出发。

许多趋势表明，消费者正朝着正确的方向前进，有意识的消费主义有上升的趋势。2017年的一项调查显示，消费者认为在有社会责任感的企业那里购买产品是很重要的。然而，40%的受访者表示，他们不知道在哪里可以找到这样的产品，也不知道如何判断一家公司是否具有社会责任感。[4]

说服消费者关心共益企业运动与联合国可持续发展目标紧密相关，后者着眼于确保可持续的消费和生产模式。[5]正如这一目标所强调的那样，我们必须重新规划我们的消费和生产模式，因为就当前情况来看，到2050年，我们的星球将无法维持我们的生活。如果地球上的人口按预期增长，而我们又坚持同样的消费和生产模式，那么我们需要四个地球的资源才能维持人类的生存。[6]在是非对错之外，我们的改变才是真正事关存亡的重要问题。

人口统计数据在预示未来人们消费意识不断增强的趋势中发挥了重要作用。例如，全球有73%的千禧一代愿意为他们认可的可持续产品和向善企业的产品支付额外费用。他们希望影响世界，在这种意愿的驱使下，他们正在积极寻找能够让他们这么做的产品。千禧一代是最大的零售消费群体，其购买力每年高达2 000亿美元。年龄在20岁以下的受访者对可持续发展同样感兴趣。[7]2010年，一项针对千禧一代购买决策的研究显示，他们和X世代（1965—1980年出生的人）有很大的差异，千禧一代更看重和关注企业的行为与使命。[8]千禧一代是推动共益企业运动的重要力量，他们也推动企业向着负责任的方向发展。

2015年的一项研究显示，千禧一代有强烈的意愿去购买生态友好且具有积极健康效应的产品。尼尔森（Nielsen）负责公共发展和可持续发展的高级副总裁格雷斯·法拉吉（Grace Farraj）预测："在今天的年轻消费者群体中赢得社会责任和环境友好名声的品牌，不仅有机会扩大市场份额，而且能在未来消费能力强的千禧一代中建立忠诚度。"[9]

千禧一代还鼓励企业以不同方式朝着提高意识和改进内部管理的方向前进。年轻人支持共益企业群体的竞争，这可以促使每家企业都变得更主动。很多年轻的员工正在认识这场运动，并鼓励自己的公司寻求认证。

从2010年起，我每年都会向我的学生介绍共益企业，并在校园举办活动，邀请共益实验室创始人前来与他们讨论自己的工作。当我在2010年的首场活动上邀请共益实验室三人组时，只有一小部分学生参加活动，但自2016年起，这类活动场场座无虚席。

我的经验并非特例。近期，波洛克的创始人约翰·佩珀在与千禧一代互动时也注意到了他们意识上的转变。在波士顿爱默生大学的一场演讲中，他提到了共益企业，以为没有人知道它是什么。一个学生却突然插话说："等等，波洛克是共益企业吗？"这位学生和教室里的其他几位学生开始向在场的同龄人描述共益企业运动。约翰·佩珀表示："突然之间，这里就迸发出了火花。"那一天，在那间教室，学生们开始因波洛克而争论起来。

位于博尔德市的铸造集团的项目经理米卡·马多尔（Micha Mador）表示，在铸造集团进行认证的过程中，科罗拉多大学的一位MBA专业的学生在听说这项运动之后找到该公司，了解有关BIA评审的内容，接着帮助该公司完成了认证。每年，博尔德市都会举办"创业周"（Start Up Week）活动。米卡·马多尔记得，在2016年，共益企业分会场吸引了50人参加，而人们对该运动的兴趣和认知度在如此短的时间内得到了提升。这着实令人震惊，也显然说明这个世界对变革和改善企业的渴望。

有关改变标识的争论

这是一个进退两难的问题：如果产品包装上没有共益企业标识，人们就不会提高对这项运动的认识。然而，很多共益企业并不愿意在它们的产品包装上为共益企业标识预留空间，因为它们认为消费者不知道这代表了什么。产品包装上的空间可谓寸土寸金，很多公司都觉得没地方放置共益企业标识及其含义。大多数共益企业生产的产品都得到了其他认证，比如公平贸易认证、有机或节能认证等，而且每个认证都有自己的标识。正如圣洁蓬蒿（一种茶叶）和有机草本供应商有机印度（Organic India）的首席执行官凯尔·加纳（Kyle Garner）所说："我们获得了有机认证和非转基因认证，每个人都知道它们是什么意思。"艾琳·费希尔的丽贝卡·马吉（Rebecca Magee）解释说，她的公司正尝试在店铺里向消费者传递其他几种认证信息，如果再传递共益企业的信息，这就会让本就复杂的内容产生"感官超负荷"效应。

在这项运动的早期，很多公司把共益企业标识印在产品包装上，以此作为这一领域的先锋。在2006年获得认证后，亚瑟王面粉立即将该标识印在了产品包装上。当我向该公司联合首席执行官拉尔夫·卡尔顿询问为什么共益企业标识和共益实验室的介绍占据了该公司面粉袋的整个版面时，他告诉我说："这是应该做的。"卡伯特奶油也将共益企业标识印在了自己的包装上，并以此作为"诚意的标识"。无独有偶，马斯科马银行也在其大部分营销材料上印上了共益企业标识。就像该公司首席执行官克莱顿·亚当斯（Clayton Adams）告诉我的那样："人们对共益企业的认识不多，因此我们必须帮助人们提高对它的认识，所有共益企业都有义务这么做。"

为了让自己的消费者了解共益企业认证，盖璞旗下的运动服装品牌阿什利塔、达能北美公司等最近获得共益企业认证且规模较大的公司，已经采取了一系列重要措施。阿什利塔的领导团队讨论了如何向员工或顾客宣传自己经认证的共益企业身份这一问题。"我们决定双管齐下，"该公司战略经理埃米莉·奥尔布里顿（Emily Allbritten）如是说，"而这么做的回报也的确超出了我们的预期。"阿什利塔在其店面醒目地展示了共益企业标识，并贴上了有关共益企业运动的海报。阿什利塔团队甚至将该标识印在了产品吊牌上。

达能也在提高消费者认知度方面发挥了重要作用——在获得认证后，它也将共益企业标识印在了产品包装上。正如迪安娜·布拉特尔指出的那样，达能触及的范围很大，它的产品有九亿消费者，这是规模相当大的一个群体。截至2018年年底，共益企业标识已经出现在维嘉（Vega）、西尔克和好美味（So Delicious）等品牌的产品上。达能北美公司希望在2019年将其印在其他产品上，德布·埃施迈耶表示："我们希望确保消费者不仅认识共益企业标识，而且能彻底理解它的含义。达能北美公司在这方面做了许多事情，并将这些事当作真正提高共益企业知名度的好机会。"[10]

近年来获得共益企业认证的大型企业所做出的公开承诺必将扭转

这 一局面。在共益实验室负责企业拓展的安德鲁·法伊夫（Andrew Fyfe）表示："无论是获得业务发展机会，还是搭上品牌知名度的便车，规模越大的公司对此投入得越多，给小公司带来的好处也就越大。"有机印度的凯尔·加纳表示，他的公司已经改变了不使用共益企业标识的决定。当我在2018年夏天见到他时，他说："现在全球大约已经有2 500家共益企业，而且这项运动还在吸引更多企业。我有信心它会朝着这个方向发展下去。"2018年9月，有机印度将共益企业标识印在了其所有产品的背面，并且在三种产品的正面也印了该标识。七世代的使命宣传和外联主管阿什莉·奥根（Ashley Orgain）也看到了这一转变，她说："我认为消费者对公司的要求越来越多，无论是在透明度方面，还是在包装的成分方面。"为此，七世代认为"企业需要以全新的方式打破局面……我们的方法正在成为主流"。

新比利时啤酒最近也在其产品包装上添加了共益企业标识。你可以在其单车啤酒（Fat Tire）的瓶身和其他产品的外包装上找到这个标识。该公司也开始在店内组织其他有关共益企业的促销活动。例如，你如果购买了多种共益企业的产品，就可以获得折扣。

但还是有一些重要的公司没有在其产品上印共益企业标识。早期知名的共益企业本和杰瑞与巴塔哥尼亚还是不愿意在其产品上印共益企业标识。本和杰瑞的罗布·迈克拉克表示，公司正在寻找其他方式来向消费者介绍共益企业，比如网站、社交媒体和广告等。巴塔哥尼亚常常在营销中强调它获得的各种环保认证，但共益企业标识还没有进入其所传递的信息之中。一件令人鼓舞的事情是，本和杰瑞最近在其新发布的一款名为脆皮（Slices）的产品上印上了共益企业标识。罗布·迈克拉克解释说："我们已经开始尝试使用共益企业标识，也许我们可以在这方面多做一点，因为人们就是这样认识共益企业运动的。"

尽管我们可能还没有在这一问题上达到转折点，但我们正接近将这场运动推向下一阶段的边缘。与上面提到的研究结果相一致的是，当我们将共益企业标识展示给大家并加上解释时，人们的购买意愿增强了，我们正处在消费者开始愿意理解这一标识重要性的阶段。但若想让这一运动继续发展下去，巴塔哥尼亚、本和杰瑞等领先的共益企业必须赶上阿什利塔和达能的步伐，开始利用自己广泛的影响力来帮助消费者建立共益意识。作为先行者，它们可能会落入某种思维，即认为在包装上印共益企业标识不过是一种先锋行为，而并没有意识到共益企业标识已经开始带来回报。

问责和真实性的力量

可信度是共益企业认证给企业带来的一个很重要的好处。这种认证表明该公司在认真做事，而不是在"漂绿"。这显然是阿什利塔和达能北美公司从共益企业标识中看到的一种价值，这种认证可以将它们与其他竞争对手区分开来。杰伊·库恩·吉尔伯特分享了他经常在共益企业领导者和共益实验室团队成员那里听到的观点："人们希望获得可以让他们更容易做出正确决策的工具，他们比任何人都相信自己。你可以给他们一个工具，让他们深入了解事情的透明度，然后他们会说'好的，现在我知道为什么这家公司更好了'，而这是一项规模宏大的公共服务。"共益企业标识能够帮助消费者识别真正优良的产品。

其他类型的认证也在发展之中，它们强调了消费者对问责标准的意愿和要求。有关公平贸易认证的研究显示，75%的千禧一代在购物时会考虑该认证，他们也愿意为拥有该认证的产品多花20%的钱。千禧一代还表示，当一家公司宣称其肩负环境或社会使命时，他们会寻找证据，而不会轻易相信该公司的说法。[11]

对客户的影响：声誉和忠诚度

客户忠诚度是一个重要的考量因素。当本和杰瑞为了更好地了解消费者的共鸣和忠诚度而对此进行研究时，该公司发现，它的消费者对其品牌的忠诚度是其他品牌冰激凌消费者对那个品牌忠诚度的2.5倍。这项研究说明，其消费者忠诚度之所以这么高，是因为消费者相信这家公司真的代表了某些东西，而且在认真做事。

在普利塞伍（Preserve），埃里克·赫德森（Eric Hudson）指出，共益企业标识会让客户这么想："这是普利塞伍与众不同的另一个原因，因为它属于那种挑战极限的公司。"普利塞伍认为，要让现有客户认识共益企业标识，并最终让大众市场消费者也认识到这一点，这是一种"服务共益企业运动"的方式。绿山能源也有同样的感觉，正如阿曼达·伯拉尔迪（Amanda Beraldi）解释的那样："我们的客户希望我们做好共益实验室想要我们做好的各个方面。例如，佛蒙特州设定了在2050年之前实现90%可再生能源供应的目标，而绿山能源的目标则是超越这一目标。我们已经宣布，公司将在2025年之前实现100%无碳能源供应，并在2030年之前实现100%可再生能源供应。"当共益企业强调它们身为共益企业的使命和更广泛的承诺时，消费者，特别是年轻消费者更有可能忠诚于这些品牌。

正如本和杰瑞了解到的那样，一家公司的社会使命和负责任的商业行为会引起消费者的共鸣，从而提高他们的忠诚度。尼尔森在2015年进行了一项研究，调查了公司的可持续发展承诺对消费者的影响，受影响最大的因素是品牌信任度。全球近2/3的消费者表示，他们对品牌名称和声誉的信任会影响他们的购买选择。信任和忠诚度密不可分，而它们只有处在共益企业标识下，才真正有意义。[12]

社会使命可以改善公司的形象和声誉，而这意味着客户会向自己的朋友推荐这家公司。尼尔森的研究显示，66%的受访者表示他们会为可持续商品支付更多的钱。十年前，可持续和负责任的企业在很大程度上都是富人的选择；今天，各种收入水平的人群对可持续发展的支持是一致的。实际上，收入较低的人更愿意为那些注重社会和环境影响的公司的产品支付更多的钱。[13]

社会使命、消费者意识和企业价值之间有很强的相关性。最近的一篇期刊文章显示，当以社会和社区为基础的贡献融入企业基因时，消费者购买其产品的意愿也会有所增强。[14]这表明，当消费者认识到共益企业标识所代表的含义时，他们最终会有意识地、更多地购买这些公司的产品。

寻找和激励社区分子

公平贸易认证、美国农业部有机食品认证（USDA Organic）、美国制造认证（Made in USA）以及雨林联盟认证（Rainforest Alliance）等都会影响消费者的看法和购物偏好。共益企业认证影响了谁呢？哪些消费者最关心共益企业的产品，并能推广它们？很显然，千禧一代对此十分关心。共益实验室针对消费者的研究表明，被贴上"社区分子"［Community Jo（e）s］标签的消费者可能也会被共益企业所传递的信息吸引。

社区分子是指那些自然而然参与社会事业的人。他们寻找经认证的产品，研究、谈论它们，在这个由社交媒体驱动的世界，他们草根式的、口耳相传的推荐可能比你认为的更有价值。了解消费者关心的事情，并通过共益企业营销策略反映出来的做法可能会非常有效。[15]社区分子通常通过当地企业的"周六小生意"（Small Business Saturday）这样的促销活动聚集在一起。他们强烈认同以下几点：

- 我尽量购买本地独立企业的产品。
- 我会在坚持公平雇用或支付最低生活保障工资的商店购物。
- 我愿意为致力于可持续发展的品牌支付更多的钱。
- 只要有可能，我会购买环境友好型产品。
- 我愿意为向善品牌支付更多的钱。

研究表明，这样的人占美国主要食品购物者的1/3。他们的受教育程度高，收入高于平均水平，且大多数人（约2/3）是女性。他们家里有孩子的可能性更高，而且他们更可能是千禧一代。社区分子为种族平等、受教育机会和公平工资而投资，全球变暖和清洁水源等议题对他们而言也十分重要。他们是政治活跃分子，同时为慈善事业捐款，参加募捐活动。当社区分子信赖某种产品时，他们会强烈支持它——他们中有41%的人会花时间购买经认证的产品，44%的人会推荐该产品。[16]

寻找和接触社区分子可以帮助企业创造一个市场。马塞洛·帕拉齐解释说："公司可以创造自己的市场，市场并不是静止不变的。它基本上是这样一种关系——你和客户、潜在客户的交互，以及他们对你的回应。因此，公司有强大的力量来宣称自己代表某些价值观和原则，而且保证言行一致。这会吸引不同类型的消费者。"马塞洛·帕拉齐称之为一种自我选择系统，并认为这是帮助消费者认识共益企业运动的最佳方式。

媒体推广

最近，共益实验室在推行一项策略——利用社交媒体的力量来接触社区分子，提高他们对这项运动的认识。杰伊·库恩·吉尔伯特认为，这必须保持持续的节奏。只有持之以恒地在社交媒体上营销，才能成功打造品牌。

作为许多重要趋势的交汇点，共益实验室也获得了传统媒体的关注。该团队经常会接到电话，对方会询问他们对某些事件的看法，比如对由女性经营的减轻贫困的绿色股权激励型企业的看法，或对其他能够在共益企业社群得到完美反映的事情的看法。商业作家与共益实验室团队建立了联系，以撰写有关共益企业运动的文章。正如巴特·霍拉汉所言："一个跨越不同地域、行业和影响力区域的集体的形成，加之福利企业的兴起，以及共益企业愿意为这种新的经营方式担负责任的事实，让共益企业得到了媒体的广泛报道。"

用购买的方式投票

2018年11月12日，美国中期选举之后的第二天，共益实验室发起了一场为期两年，名为"日日投票"（Vote Every Day）的重要营销活动。[17] 此举旨在增加人们与共益企业品牌的接触，鼓励参与者从共益企业那里购买产品，与共益企业做生意，或在共益企业工作。从本质上说，这是在鼓励人们投票支持共益企业运动。共益实验室的首席营销官安西斯·凯尔西克（Anthes Kelsick）表示："我们的运动与美国很大一部分人的价值观一致。话虽如此，但人们对此的认知并不强。"[18]

近年来，"用钱投票"的概念渐渐受到了有意识的消费者的欢迎。"日日投票"活动让消费者认识到商业如何影响他们在这个世界上想要改变的各个方面，鼓励他们参与进来，购买那些致力于创造这种改变的企业的产品。

共益实验室建立了一个全面的网站来配合这项活动，邀请参与者进行一个一分钟的小测试以调研他们的日常习惯。网站会给他们发送一封电子邮件，告诉他们如何为创造改变而投票。例如，如果有人表示他每天都要通过喝茶或喝咖啡的方式开启新的一天，那么系统生成的回复会建议这个人购买经认证的共益企业的咖啡或茶类产品。[19]这么做可以让消费者更容易看到自己的价值观和购买行为之间的关系。正如安西斯·凯尔西克解释的那样："从哪里购买、在哪里工作、和谁做生意，这些都是你在日常生活中为自己的价值观投票的机会。"[20]消费者往往没有意识到他们的购买力到底有多强大。从年度或一生的角度来看，就连换掉自己常喝的咖啡品牌这样的小事都会产生重大影响。

这项活动当然也有助于提高消费者认识。正如安西斯·凯尔西克所说："许多人都认同我们的信念和价值观。如果他们知道共益企业，同时明白参与该运动就是表达这些价值观的方式，那么这可以让我们的活动实现指数级发展。"她补充道："征途才刚刚开始，我们需要更多尚未听说过共益企业的人加入我们的行列。我们打算继续为共益企业发声，为我们的全球运动打造基础。"[21]

共益实验室最近的研究表明，这个趋势终于出现了转变，对本和杰瑞等企业来说，将共益企业标识印在冰激凌盒子上的这类做法将会带来很大改变。除了有更多领先的共益企业开始将共益企业标识印在其产品上，共益实验室也应该在共益品牌建设、营销和提升消费者整体认识方面加倍努力。要想加深人们对共益理念的理解，唯一的方式就是提高人们对共益企业的认知，以及提高共益企业的可见度。

在今后几年，年轻一代将成为劳动和消费的主力军，他们对世界和企业有更多期望。当他们开始理解外部性的概念及其原因时，如果我们想要建立一个更可持续、更有弹性的经济体，那么我们必须将他们视为相互依存的一部分。他们会改变自己的购买习惯，支持与自己有相同看法的企业，比如共益企业。

结　语

　　1995年，埃里克·霍布斯鲍姆（Eric Hobsbawm）出版了内容涵盖18世纪、19世纪、20世纪的系列作品的最后一本书。他的著作被誉为对现代世界的开创性研究，而埃里克·霍布斯鲍姆则被誉为"在世的最伟大的历史学家"。[1]《极端年代：短暂的20世纪，1914—1991》(*Age of Extremes:The Short Twentieth Century*, *1914-1991*) 是一部非常悲观的作品。埃里克·霍布斯鲍姆在书中驳斥了一种流行的观点，即自由市场资本主义会让发展中国家受益并得到改善，原因在于这会让其实现工业化，增加国际贸易量。相反，他预测了我们现在所面临的诸多危机，从经济极端不平等到自然环境的破坏，从不公平的工作条件到种族仇恨和民族主义的抬头以及消费利己主义等。在苏联解体时，他也坚持认为资本主义表面上的胜利不过是海市蜃楼，他认为这个体系是靠不住的。资本主义将继续受到经济萧条和繁荣的周期性影响，最终彻底失败。[2]

　　在这本书的最后，埃里克·霍布斯鲍姆回顾了过去20余年

（1973—1999年）发生的事件，他认为这个世界出现了"多数事物"的崩溃。展望未来，他描述了这样一个世界：科学不断取得胜利；政客越来越自满，越来越逃避现实；跨国企业日益壮大，并且越发贪婪。在这本书的结尾，埃里克·霍布斯鲍姆强调了他预测到的人道主义问题。他认为南半球人口的大规模增长以及政治和环境灾难将导致财富分配不公、广泛的贫困和大规模移民。今天看来，他非常有先见之明。不仅如此，他还诊断出了症结所在，即资本主义只关注利益最大化。

这本书也描绘了我们当下所在的时代，探讨了我们能在未来实现的事情。我们生活的世界是危险的、充满变数的，但我们的时代（以及这本书）给了我们希望。埃里克·霍布斯鲍姆对资本主义的偏见得到了千禧一代及其后一代的响应。2006年，当三位美国商人觉得受够了的时候，一场革命开始了。共益实验室正在改变传统商业和资本主义本身的流程和标准。20世纪后期，股东至上主义和对利益的追逐开始兴起，这些做法让我们来到了今天这样的转折点，而新冠肺炎疫情对经济的影响又加剧了这一转折。共益实验室正在努力改变这一系统，以使我们的全球经济可以朝着一个不同的、更好的方向发展。共益企业运动要求企业为自己做出的那些对消费者、员工、当地社区和地球有影响的决策负责。只有当我们认识到商业、社会和环境之间的相互依存关系时，社会才能真正繁荣发展。

在共益企业运动开始之前，已经有人发出了对更有意识的资本主义的呼吁，人们也就企业社会责任做出了种种努力。但倡议或承诺还不够，从根本上说，这是一种有缺陷的办法，它无法带来持久的、系统性的改变。因为这要求领导者在一个惩罚英雄主义的体系中展现出英雄气质。这些人过于相信领导力和企业文化，却不太相信企业行为的实质性变化以及企业在平衡使命与利益上的法律责任。有太多公司"只说不做"，除了"漂绿"，它们根本没有做出实质性的改变。正如阿南德·格里哈拉德斯在他的《赢家通吃：改变世界的精英游戏》一书中指出的那样，企业通常只是随波逐流，却没有实际行动，它们这么做只是为了取悦自己的客户。我们不能向企业要答案，因为它们在本质上已经被收买了。尽管我认同他的观点并认为政策需要调整，但我还是觉得他忽略了一个关键点，那就是企业能够也必须在资本主义改革中发挥重要作用。要想做到这一点，企业必须在透明度、问责制和以利益相关者为中心的企业治理方面打造强大且真实的基础。

共益实验室所实施的流程和系统已经引起了一场运动，并且每天都在带来真正的改变。正如我们从经认证的共益企业分享的故事中看到的那样，BIA评审不仅严格，而且考察面广，在某些情况下，它能够使那些接受评审的企业做出改进。我采访过的每一家共益企业都告诉我，它们的目标是在下一次评审中提高BIA评分。而要想获得更高的评分，它们就需要改变自己的社会和环境政策。包括共益分析在内的其他工具的出现使得世界各地的公司都有了共益企业思维，即使它们本身并不是共益企业。这也许才是最重要的地方，说明共益企业运动不只关乎共益企业。它的目标不是证明每家企业都是共益企业，而是鼓励各个公司都能像共益企业一样运作，这样才能推翻股东至上主义。

共益实验室创造了一种新的公司形式——福利企业，它将社会和环境福利融入了企业的基因。这种创新的、改变世界的倡议得到了美国政府和世界各国政治人士的支持。

共益企业运动几经起落，但也取得了一些进步。将我们的世界联系在一起的相互依存关系，也就是将人、利润以及地球最基本的方面联系在一起的关系，是我们必须重视的，也是我们必须寻求改善的。然而，最重要的是在这场运动中的基层实践。共益实验室的创始人并不知道事情会以怎样的方式展开，他们低估了世界对改变的需要。回顾过去十年，我们可以看到许多相互依存的网络，它们造就了共益企业运动，这些运动只需要最小的投入——来自共益实验室的最大支持，就能够有机地出现。共益企业和福利企业之间的联系与合作让越来越多的人开始参与这项运动。所有行业都在改变它们的运作方式，以适应可持续发展的要求，投资界也在快速朝着影响力投资的方向改变，共益企业运动也给社区和环境带来了显而易见的影响。

放眼未来，共益实验室面临的最大挑战在于继续扩大运动规模。共益实验室的创始人都是美国人，但这项运动却是全球化的。三位创始人必须做好准备，以适应新的市场和行业以及不同国家的习俗，同时，也必须将注意力从自身蓬勃发展的网络转向上市公司和跨国企业，以提高消费者认知度。这要求他们不仅要改变股东至上主义在法律和市场上的地位，而且要颠覆它在人们心中的位置。

我相信，我们正处在一个向着更好的未来发展的转折点。无论你是雇主、雇员、消费者、学生、企业领导者，还是兼具上述多种身份的人，我都希望本书中的内容能够说服你们联合起来支持共益企业运动，帮助它跨过转折点，进入全球化阶段。

致　谢

　　我对共益企业运动的研究已经持续十多年，为此我要感谢在这个过程中给予我帮助和支持的人。首先，感谢共益实验室，特别是它的三位创始人——杰伊·库恩·吉尔伯特、巴特·霍拉汉和安德鲁·卡索伊。从2009年夏天我第一次与杰伊·库恩·吉尔伯特通话以来，他们非常慷慨地分享了自己的见解。让我尤其感激的是，他们多次来到我在哈佛大学和康奈尔大学的课堂，直接向学生们分享他们的经验。在我对这一运动上下求索的过程中，他们一直愿意参与其中，总是毫不犹豫地为我打开大门，讲述他们的故事。这不仅为本书，也为我之前在哈佛商学院和哈佛肯尼迪学院发表的案例研究提供了帮助。与那些不仅具有创新和奉献精神，而且为了改进而积极寻求反馈的人一同合作，让我有种耳目一新的感觉。我还想特别感谢杰伊·库恩·吉尔伯特，他通过其尚未发表的名为《敲响警钟：将我的全部投入工作及共益企业运动的开端》（Ring the Bell：Bringing My Whole Self to Work and the Origin Story of the B Corp Movement）一文向我分享了他的个人思考，并且允许我在本书中引用。

我要感谢多年来我在共益实验室认识的其他工作人员，包括里克·亚历山大、霍利·恩赛因–巴斯托、克里斯蒂娜·福伍德、安迪·法伊夫、丹·奥萨斯基和埃玛·施内德（Emma Schned），他们在分享各自的工作经验时始终十分慷慨。此外我还要特别感谢劳拉·维勒斯·维拉（Laura Velez Villa），她现在在共益实验室负责联合国可持续发展目标方面的工作。她在大学毕业后的第一份工作是担任我的研究助理，她对沃比·帕克的热情促成了我与她合撰的第一个案例研究的发表，这对我在共益企业运动方面的研究产生了影响。最后，在共益实验室的全球合作伙伴中，我非常感谢马塞洛·帕拉齐在欧洲共益实验室和英国共益实验室工作时为我提供的帮助。

我在研究中认识到，企业家是改变世界的强大引擎。虽然共益实验室和我这样的学者会提出新的想法，但如果没有企业家来落实这些想法，创造属于他们的创新，那么我们仍将原地踏步。我很感激我遇到和采访过的许多企业家，他们中有不少人的公司已经成了共益企业，或者正在考虑成为共益企业。能向他们请教是我的荣幸，我很感激他们愿意花时间来谈论自己的工作。我还要特别感谢来自六家不同共益企业的个人，这六家企业是我在此前发表的哈佛案例研究中的重点考察对象，包括沃比·帕克（尼尔·布卢门撒尔和卡其·里德）、新资源银行（文斯·西西利亚诺）、Sweetriot［萨拉·恩德林（Sarah Endline）］、VeeV［一家医疗信息服务公司，考特尼（Courtney）和卡特·雷姆（Carter Reum）］、第一反应（高敏）和达能北美公司［迈克尔·纽沃思（Michael Neuwirth）、洛娜·戴维斯和迪安娜·布拉特尔）］。为了撰写本书，我还采访了来自世界各地的各类共益企业的60多位领导者。虽然我没有用单独的篇幅来感谢他们，但我希望读者能通过他们在本书中的贡献来了解他们。我非常感谢他们花时间与我分享自己的观点。

我对社会影响力领域的研究受到其他许多学者和机构的影响。我能接触商业在这一领域的力量还要感谢我的论文答辩主席杰里·戴维斯（Jerry Davis），我永远感谢他对我的教诲。我在哈佛大学的职业生涯——在哈佛商学院工作了十年，在哈佛肯尼迪学院工作了一年半，对我的研究产生了重要影响。达彻·伦纳德（Dutch Leonard）和卡什·朗安（Kash Rangan）对我在这一领域的早期教学工作给予了支持，让我得以开展后续的案例研究，加深了对共益企业的认识，并接触了许多优秀的学生、企业家和组织。我还要感谢在这条路上与我同行的其他同事，我十分珍惜他们的见解以及我们的友谊，他们是朱莉·巴蒂拉娜（Julie Battilana）、阿尔诺·易普拉欣（Alnoor Ebrahim）、约翰娜·梅尔（Johanna Mair）和克里斯琴·西洛斯（Cristian Seelos）。我还要感谢与我合著共益实验室或共益企业案例研究的作者，他们是约翰·奥尔曼德斯（John Almandoz）、唐纳·哈利夫特（Donna Khalife）、安德鲁·克拉波尔（Andrew Klaber）、马修·李（Matthew Lee）、约书亚·马戈利斯（Joshua Margolis）和鲍比·托马森（Bobbi Thomason）。除了与同辈和学生建立的关系，我在哈佛大学最大的收获在于撰写了一本有价值的书，以及让公众参与到我们这些学者有时并不愿意透露的想法中来。

自2015年来到康奈尔大学之后，我一直被康奈尔大学的学术氛围深深吸引。这里的学生对社会和环境问题尤其关注，这是我特别看重的一点。可持续发展全球企业中心（the Center for Sustainable Global Enterprise）为真正有志投身其中的人提供了一个独特的学术研究汇聚点，我深受它的激励。我还要感谢康奈尔大学的老师格伦·道尔（Glen Dowell）和马克·米尔斯坦（Mark Milstein）的支持。此外，我也非常感谢我在康奈尔大学合作过的优秀研究生，特别是乔坤元和李琦，他们在研究上给予了我无价的帮助。

与撰写学术论文和案例研究相比，写书是一种非常不同的体验，为此我要感谢许多帮助我接受这个挑战的人。安德拉斯·蒂尔克斯（Andras Tilcsik）是我以前的一位学生，也是引人入胜的《崩溃》（Meltdown）一书的合著者，他提供了宝贵的建议，并且很有风度地阅读了本书的前几章。我也非常感谢吉姆·莱文（Jim Levine）及其出版商给予我的支持和指导，我还要感谢亚当·格兰特（Adam Grant）介绍我认识吉姆·莱文。我也要感谢耶鲁大学出版社，特别是塞思·迪奇克（Seth Ditchik），感谢他让本书成功问世。我还要特别感谢埃菲·沙普里迪斯（Effie Sapuridis）在合撰哈佛肯尼迪学院的案例研究《达能北美：世界最大的共益企业》（Danone NA：The World's Largest B Corporation）时的出色协助和清晰文笔。感谢吴坦迪（Tandy Wu）和卢芳梅（Fangmei Lu）在研究上的协助。琼·弗里德曼（Joan Friedman）帮助我很好地理解了写书的流程，并且帮助我调整了一些笨拙的学术表述。我还要感谢阿瑟·金斯瓦格（Arthur Goldswag）的深刻评论与编辑。最后，我还要感谢巴克媒体（Bark Media）团队，特别是詹姆斯·达福特（James Duft）和珍妮弗·孔斯（Jennifer Kongs），他们在如何更好地传达本书内容等方面为我提供了许多想法、帮助和支持。

在个人生活方面，我对许多人也心怀感激。我的父母玛吉（Maggie）和查克·塞特勒（Chuck Setler）对我十分慷慨，他们让我住在他们在宾夕法尼亚塞威克利的家里。有时我一待就是几个星期，我的两个孩子亚历克斯（Alex）和阿娃（Ava）也和我待在一起，他们是我创造更美好的未来的灵感之源。我要感谢塞威克利星巴克（Starbucks）店铺的员工，他们容忍我在店里长时间逗留。虽然星巴克不是共益企业，但它也有许多令人钦佩的行动。该公司一直为兼职员工提供福利，是可持续发展的倡导者，其店铺致力于为所在社区做出贡献。该公司也是抵制股东至上主义的范例，应该有更多的公司向它学习。

注　释

序　言

1. Peggie Pelosi，"Millennials Want Workplaces with Social Purpose. How Does Your Company Measure Up?" *Talent Economy*，February 20，2018，https://www. chieflearningofficer.com/2018/02/20/ millennials-want-workplaces-social-purpose-company-measure/.

2. Cinantyan Prapatti，"Chateau Maris，a Winery That Saves the Planet." *Impakter*，October 16，2017，https://impakter.com/chateau-maris-winery-save-planet/.

前　言

1. Simon Leadbetter，"We Are Stealing the Future，Selling It in the Present，and Calling It GDP，" *Blue & Green Tomorrow*，October 10，2013，https://blueandgreen tomorrow.com/category/energy/.

2. Trucost Plc, *Natural Capital at Risk: The Top* 100 *Externalities of Business*, April 2013, https://www.trucost.com/wp-content/uploads/2016/04/TEEB-Final-Reportweb-SPv2.pdf.

3. Olivia Solon, "Uber Fires More Than 20 Employees after Sexual Harassment Investigation," *Guardian*, June 7, 2017, https://www.theguardian.com/technology/2017/jun/06/uber-fires-employees-sexual-harassment-investigation; Mythili Sampathkumar, "New York's Lawsuit against Harvey Weinstein's Company Reveals Details of Sexual Harassment Scandal," *Independent*, February 12, 2018, https://www.independent.co.uk/news/world/americas/new-york-harvey-weinstein-company-sexual-harassment-employees-details-attorney-general-a8206976.html.

4. Sarah Butler, "HSBC Pay Gap Reveals Men Being Paid Twice as Much as Women," *Guardian*, March 15, 2018, https://www.theguardian.com/business/2018/mar/15/hsbc-pay-gap-reveals-men-being-paid-twice-as-much-as-women.

5. The Economy of Francesco website, accessed December 30, 2019, https://francescoeconomy.org.

6. B Lab UK, "Over 500 B Corps around the World Commit to Net Zero at COP25," *Medium*, December 12, 2019, https://medium.com/reinventing-business/over-500-b-corps-around-the-world-commit-to-net-zero-at-cop25–375e74b0fb83.

7. Barbara Spector, "Cascading Force for Good," *Family Business*, January/February 2018, https://www.familybusinessmagazine.com/cascading-force-good.

8. 同上。

9. Terry Macalister and Eleanor Cross, "BP Rebrands on a Global

Scale," *Guardian*, July 25, 2000, https://www.theguardian.com/business/2000/jul/25/bp.

10. Rosemary Westwood, "Mutated Fish Still Haunt Louisiana's Fishermen after the BP Oil Spill," *VICE*, February 10, 2017, https://www.vice.com/en_us/article/z4gbb4/bp-oil-spill-louisiana-fishermen-deepwater-horizon; Jackie Tiffany, "Health Effects from British Petroleum Oil Spill," *Teach the Earth*, last modified March 7, 2018, https://serc.carleton.edu/68785.

11. Adam Vaughan, "Lightweight PR and Greenwash—BP's Low-Carbon Plan Dismissed," *Guardian*, April 16, 2018, https://www.theguardian.com/business/2018/apr/16/lightweight-pr-greenwash-bp-low-carbon-plan-dismissed-environmentalists.

12. Jessica Assaf, "The Ugly Truth about Lush," *Beauty Lies Truth*, May 25, 2015, http://www.beautyliestruth.com/blog/2015/5/the-ugly-truth-about-lush.

13. Lush website, accessed September 19, 2019, https://www.lush.com/.

14. Arash Massoudi, James Fontanella-Khan, and Bryce Elder, "Unilever Rejects $143bn Kraft Heinz Takeover Bid," *Financial Times*, February 18, 2017, https://www.ft.com/content/e4afc504-f47e-11e6-8758-6876151821a6.

15. Andrew Edgecliffe-Johnson, "Unilever Chief Admits Kraft Heinz Bid Forced Compromises," *Financial Times*, February 28, 2018, https://www.ft.com/content/ea0218ce-1be0-11e8-aaca-4574d7dabfb6.

16. Allana Akhtar, "Warren Buffett Says He Eats McDonald's 3 Times a Week and Pounds Cokes because He's Not 'Bothered' by Death," *Entrepreneur Asia Pacific*, April 26, 2019, https://www.entrepreneur.com/article/332881.

17. Jo Confino, "Unilever's Paul Polman: Challenging the Corporate Status Quo," *Guardian*, April 24, 2012, https://www.theguardian.com/sustainable-business/paul-polman-unilever-sustainable-living-plan.

18. Unilever, "Unilever's Sustainable Living Plan Continues to Fuel Growth," October 5, 2018, https://www.unilever.com/news/press-releases/2018/unilevers-sustainable-living-plan-continues-to-fuel-growth.html.

19. Eillie Anzilotti, "Young People Are Really over Capitalism," *Fast Company*, December 8, 2017, https://www.fastcompany.com/40505017/young-people-are-really-over-capitalism.

20. Justin Worland, "Global CO_2 Concentration Passes Threshold of 400 PPM—and That's Bad for the Climate," *Time*, October 24, 2016, https://time.com/4542889/carbon-dioxide-400-ppm-global-warming/.

21. Eddie Lou, "Why Millennials Want More Than Just Work: The Importance of Your 'Double Bottom Line,'" *Forbes*, June 9, 2017, https://www.forbes.com/sites/theyec/2017/06/09/why-millennials-want-more-than-just-work-the-importance-of-your-double-bottom-line/; "The Deloitte Global Millennial Survey 2019," Deloitte, accessed December 31, 2019, https://www2.deloitte.com/global/en/pages/aboutdeloitte/articles/millennialsurvey.html.

22. Alex Buerkle, Max Storto, and Kylee Chang, *Just Good Business: An Investor's Guide to B Corps*, Yale Center for Business and the Environment, Patagonia, Inc., and Caprock, accessed September 17, 2019, https://cbey.yale.edu/sites/default/files/Just%20Good%20Business_An%20Investor%27s%20Guide%20to%20B%20Corps_March%202018.pdf.

23. Christie Smith and Stephanie Turner, "The Millennial Majority Is Transforming Your Culture," Deloitte, accessed December 31, 2019, https://www2.deloitte. com/content/dam/Deloitte/us/Documents/about-deloitte/us-millennial-majority-will-transform-your-culture.pdf.

24. "Survey of Young Americans' Attitudes toward Politics and Public Service, 29th Edition: March 18–April 3, 2016," Harvard University Institute of Politics, accessed December 31, 2019, https://iop.harvard.edu/sites/default/files/content/160423_Harvard%20IOP_Spring%202016_TOPLINE_u.pdf.

25. Morley Winograd and Michael Hais, "How Millennials Could Upend Wall Street and Corporate America," *Governance Studies at Brookings*, May 2014, https://www.brookings.edu/wp-content/uploads/2016/06/Brookings_Winogradfinal.pdf.

26. "Larry Fink's 2019 Letter to CEOs Purpose & Profit," BlackRock, accessed December 31, 2019, https://www.blackrock.com/corporate/investor-relations/larry-fink-ceo-letter.

27. "Political Typology Reveals Deep Fissures on the Right and Left," Pew Research Center, October 24, 2017, https://www.people-press.org/2017/10/24/political-typology-reveals-deep-fissures-on-the-right-and-left/.

28. Megan Brenan, "More Still Disapprove Than Approve of 2017 Tax Cuts," Gallup, October 10, 2018, https://news.gallup.com/poll/243611/disapprove-approve-2017-tax-cuts.aspx.

29. Michelle Goldberg, "No Wonder Millennials Hate Capitalism," *New York Times*, December 4, 2017, https://www.nytimes.com/2017/12/04/opinion/millennials-hate-capitalism.html.

30. Julie Creswell, "Indra Nooyi, PepsiCo C.E.O. Who Pushed for Healthier Products, to Step Down," *New York Times*, August 6, 2018, https://www.nytimes.com/2018/08/06/business/indra-nooyi-pepsi.html.

31. David Rutz, "Deval Patrick Supports Democrats Impeaching Trump if They Take House," *Washington Free Beacon*, August 5, 2018, https://freebeacon.com/politics/deval-patrick-supports-democrats-impeaching-trump/; "Deval Patrick and Richelieu Dennis Have Proven You Don't Have to Trade Return for Impact," ICIC, accessed December 31, 2019, http://icic.org/blog/deval-patrick-richelieu-dennis-proven-dont-trade-return-impact/.

32. Elizabeth Warren, "Companies Shouldn't Be Accountable Only to Shareholders," *Wall Street Journal*, August 14, 2018, https://www.wsj.com/articles/companies-shouldnt-be-accountable-only-to-shareholders-1534287687.

33. Marco Rubio, "American Investment in the 21st Century," Office of Senator Marco Rubio, May 15, 2019, 3–4, https://www.rubio.senate.gov/public/_cache/files/9f25139a-6039–465a-9cf1-feb5567a ebb7/4526E9620A9A7DB74267ABEA5881022F.5.15.2019.-final-project-report-american-investment.pdf.

34. George Bradt, "How the New Perspective on the Purpose of a Corporation Impacts You," *Forbes*, August 22, 2019, https://www.forbes.com/sites/georgebradt/2019/08/22/how-the-new-perspective-on-the-purpose-of-a-corporation-impacts-you/#331f303c94f1.

第一章 关注相互依存，而非外部性

1. Ryan Honeyman，"How Did the B Corp Movement Start?" *LIFT Economy*, April 28, 2019, https://www.lifteconomy.com/blog/2019/4/28/how-did-the-b-corp-movement-start.

2. Christopher Marquis, Andrew Klaber, and Bobbi Thomason, "B Lab: Building a New Sector of the Economy," Harvard Business School Case 411047, revised September 28, 2011, 4, https://www.sistemab.org/wp-content/uploads/2016/01/BLab-Case-Study.pdf.

3. Milton Friedman, "The Social Responsibility of Business Is to Increase Its Profits," *New York Times Magazine*, September 13, 1970, https://www.nytimes.com/1970/09/13/archives/a-friedman-doctrine-the-social-responsibility-of-businessis-to.html.

4. William G. Roy, *Socializing Capital: The Rise of the Large Industrial Corporation in America* (Princeton: Princeton University Press, 1999).

5. Adolf A. Berle and Gardiner C. Means, *The Modern Corporation and Private Property* (New Brunswick, NJ: Transaction, 1932).

6. Andrew Baskin, "Jay Coen Gilbert: How B Corps Help Fix the Source Code Error in the DNA of Business," *B the Change*, June 19, 2018, https://bthechange.com/jay-coen-gilbert-how-b-corps-help-fix-the-source-code-error-in-the-dna-of-business-c66e001fce5e.

7. Lynn A. Stout, "The Shareholder Value Myth," Cornell Law Faculty Publications Paper 771, April 19, 2013, 1–10; Lynn A. Stout, *The Shareholder Value Myth: How Putting Shareholders First Harms Investors, Corporations, and the Public* (Oakland, CA: Berrett-Koehler, 2012), https://scholarship.law.cornell.edu/cgi/viewcontent.cgi?article=2311&context=facpub.

8. B Lab, "Shareholder Primacy Myths and Truths," accessed December 31, 2019, https://docs.google.com/presentation/d/1MTqxQRnWeZ3hNkX3SqHOErAKnC8-e43Eg9-xJosafmk/edit#slide=id.g1cc9265712_0_0.

9. Jay Coen Gilbert, "Why a Delaware Corporate Lawyer Went from Businesswith-Purpose Skeptic to Full-Time Legal Advocate," *Forbes*, October 16, 2017, https://www.forbes.com/sites/jaycoengilbert/2017/10/16/why-a-delaware-corporate-lawyer-went-from-business-with-purpose-skeptic-to-full-time-legal-advocate/#425b8ff840b1.

10. Trucost Plc, *Natural Capital at Risk: The Top* 100 *Externalities of Business*, April 2013, https://www.trucost.com/wp-content/uploads/2016/04/TEEB-Final-Reportweb-SPv2.pdf.

11. Garrett Camp, "Uber's Path Forward," *Medium*, June 21, 2017, https://medium.com/@gc/ubers-path-forward-b59ec9bd4ef6; Aditya Gupta, "Gig Economy & the Future of Work," *Medium*, July 2, 2019, https://medium.com/swlh/gigeconomy-the-future-of-work-885354c39ad0; Paul Davidson, "The Job Juggle Is Real. Many Americans Are Balancing Two, Even Three Gigs," *USA Today*, October 17, 2016, https://www.usatoday.com/story/money/2016/10/17/job-juggle-real-manyamericans-balancing-two-even-three-gigs/92072068/.

12. Elizabeth Bauer, "SEC Commissioner Warns: A Retirement Crisis 'Tsunami' Is Approaching," *Forbes*, October 18, 2018, https://www.forbes.com/sites/ebauer/2018/10/18/sec-commissioner-warns-a-retirement-crisis-tsunami-is-approaching/#4176f4501ac7.

13. Chris Isidore, "What's Killing Sears? Its Own Retirees, the CEO

Says," *Cable News Network*, September 14, 2018, https://money. cnn.com/2018/09/14/news/companies/sears-pension-retirees/index. html; Steven R. Strahler, "Will Sears Retirees See Their Pensions?" *Crain's Chicago Business*, October 11, 2018, https://www.chicago business.com/retail/will-sears-retirees-see-their-pensions.

14. Catherine Clifford, "Whole Foods Turns 38: How a College Dropout Turned His Grocery Store into a Business Amazon Bought for $13.7 Billion," *CNBC Make It*, September 20, 2018, https://www.cnbc. com/2018/09/20/how-john-mackey-started-whole-foods-which-amazon-bought-for-billions.html.

15. Conscious Capitalism, "Welcome to Conscious Capitalism," accessed December 31, 2019, https://www.consciouscapitalism.org; John Mackey and Rajendra Sisodia, *Conscious Capitalism: Liberating the Heroic Spirit of Business* (Cambridge, MA: Harvard Business Review Press, 2013).

16. Alex Morrell, "The Hedge Fund That Turned Whole Foods into a Takeover Target for Amazon Is Walking Away with $300 Million," *Business Insider*, July 20, 2017, https://www.businessinsider. com/jana-partners-makes-300-million-return-amazon-whole-foods-deal-2017–7; John Mackey, *B Inspired Talk* 2017, interview by Jay Coen Gilbert, B Inspired Toronto, YouTube, October 26, 2018, https://www.youtube.com/watch?v=q8U-6McdL5k.

17. Jay Coen Gilbert, "Panera Bread CEO and Cofounder Ron Shaich Resigns to Join the Conscious Capitalism Movement," *Forbes*, December 13, 2017, https://www.forbes.com/sites/jaycoengilbert/2017/12/13/boy-oh-boy-oh-boy-another-conscious-capitalist-joins-the-fight-against-short-termism/#4f08b4a773cd.

18. Mackey, *B Inspired Talk* 2017.

19. Leo E. Strine Jr., "The Dangers of Denial: The Need for a Clear-Eyed Understanding of the Power and Accountability Structure Established by the Delaware General Corporation Law," *Wake Forest Law Review* 50 (2015): 9, https://papers.ssrn. com/sol3/papers.cfm?abstract_id=2576389##.

20. Ken Bertsch, "Council of Institutional Investors Responds to Business Roundtable Statement on Corporate Purpose," Council of Institutional Investors, August 19, 2019, https://www.cii.org/aug19_brt_response.

21. Strine, "The Dangers of Denial," 9.

22. Ryan Bradley, "The Woman Driving Patagonia to Be（Even More）Radical," *Fortune*, September 14, 2015, https://fortune. com/2015/09/14/rose-marcario-patagonia/.

23. Jeff Beer, "Exclusive: 'Patagonia Is in Business to Save Our Home Planet,'" *Fast Company*, December 13, 2018, https:// www.fastcompany.com/90280950/exclusive-patagonia-is-in-business-to-save-our-home-planet; Sandra Stewart, "Thinkshift Joins Patagonia and Other Sustainability Leaders in Becoming California's First Benefit Corporations," *Thinkshift*, January 3, 2012, https://thinkshiftcom.com/thinkshift-joins-patagonia-and-other-sustainability-leaders-in-becoming-californias-first-benefit-corporations/.

24. Bradley, "Woman Driving Patagonia."

25. Patagonia, "B Lab," accessed December 31, 2019, https://www. patagonia.com/b-lab.html.

26. Patagonia, 2017 Annual Benefit Corporation Report, accessed December 31, 2019, https://www.patagonia.com/static/on/

demandware.static/-/Library-Sites-PatagoniaShared/default/
dw824fac0f/PDF-US/2017-BCORP-pages_022218.pdf.

27. Karim Abouelnaga, "3 Reasons to Consider Converting a Nonprofit to a For-Profit," *Entrepreneur Asia Pacific*, July 5, 2017, https://www. entrepreneur.com/article/295533.

28. Deborah Dsouza, "The Green New Deal Explained," *Investopedia*, October 28, 2019, https://www.investopedia.com/the-green-new-deal-explained-4588463.

29. Jessica Glenza, "Tobacco Companies Interfere with Health Regulations, WHO Reports," *Guardian*, July 19, 2017, https://www.theguardian. com/world/2017/jul/19/tobacco-industry-government-policy-interference-regulations; Aditya Kalra, Paritosh Bansal, Duff Wilson, and Tom Lasseter, "Inside Philip Morris' Campaign to Subvert the Global Anti-smoking Treaty," Reuters, July 13, 2017, https://www. reuters. com/investigates/special-report/pmi-who-fctc/.

30. Anand Giridharadas, *Winners Take All: The Elite Charade of Changing the World* (New York: Vintage, 2019); Jay Coen Gilbert, "Can Stakeholder Capitalism Spur Talk into Action?" *B the Change*, September 5, 2018, https://bthechange.com/can-stakeholder-capitalism-spur-talk-into-action-97fc6ee10489; " 'B Corps' —For-Benefit Corporations (Rather Than Only For-Profit)—Are Proving Their Worth," The Alternative UK, February 1, 2019, https://www. thealternative.org.uk/dailyalternative/2019/2/2/b-corps-for-benefit.

31. Coen Gilbert, "Can Stakeholder Capitalism Spur Talk into Action?"

32. Just Capital website, accessed September 19, 2019, https://justcapital. com/rankings/.

33. Just Capital, "2018 Overall Rankings," accessed December 31,

2019, https://justcapital.com/past-rankings/2018-rankings/.

34. Ian Lecklitner, "What's in This? Mountain Dew," *MEL Magazine*, accessed September 19, 2019, https://melmagazine.com/en-us/story/whats-in-this-mountaindew; Michael Moss, "The Extraordinary Science of Addictive Junk Food," *New York Times Magazine*, February 20, 2013, https://www.nytimes.com/2013/02/24/magazine/the-extraordinary-science-of-junk-food.html.

35. Cam Simpson, "American Chipmakers Had a Toxic Problem. Then They Outsourced It," *Bloomberg*, June 15, 2017, https://www.bloomberg.com/news/features/2017–06–15/american-chipmakers-had-a-toxic-problem-so-they-outsourced-it.

36. Just Capital, "2018 Overall Rankings"; "Just Capital, 2019 Overall Rankings," accessed December 31, 2019, https://justcapital.com/past-rankings/2019-rankings/; Glassdoor, "Texas Instruments Reviews," accessed September 18, 2019, https://www.glassdoor.com/Reviews/Texas-Instruments-profit-sharing-Reviews-EI_IE651.0,17_KH18,32_IP5.htm.

37. Douglas Rushkoff, "Just Capitalism: Can Billionaires Gamify Social Good?" *Medium*, September 19, 2018, https://medium.com/team-human/just-capitalism-billionaires-social-good-1099efad5008.

38. Rushkoff, "Just Capitalism."

39. "Larry Fink's Annual Letter to CEOs: A Sense of Purpose," BlackRock, accessed December 31, 2019, https://www.blackrock.com/hk/en/insights/larry-finkceo-letter.

40. "Larry Fink's 2019 Letter to CEOs: Purpose & Profit," BlackRock, accessed December 31, 2019, https://www.blackrock.com/corporate/investor-relations/larry-fink-ceo-letter.

41. Greyston Bakery, "Center for Open Hiring," accessed September 19, 2019, https://greyston.org/the-center-for-open-hiring-at-greyston-sight-visit/.

42. Lucius Couloute and Daniel Kopf, "Out of Prison & out of Work: Unemployment among Formerly Incarcerated People," *Prison Policy Initiative*, July 2018, https://www.prisonpolicy.org/reports/outofwork.html.

43. Sentencing Project, "Criminal Justice Facts," accessed December 31, 2019, https://www.sentencingproject.org/criminal-justice-facts/.

44. Lillian M. Ortiz, "Using Business as a Force for Good," *Shelterforce*, October 20, 2016, https://shelterforce.org/2016/10/20/using-business-as-a-force-for-good-2/.

45. Greyston Bakery, "About Greyston," accessed December 31, 2019, https://greystonbakery.com/pages/about-greyston.

46. Boloco website, accessed December 31, 2019, http://www.boloco.com.

47. Allison Engel, "Inside Patagonia's Operation to Keep Clothing out of Landfills," *Washington Post*, September 1, 2018, https://www.washingtonpost.com/business/inside-patagonias-operation-to-keep-you-from-buying-new-gear/2018/08/31/d3d1fab4-ac8c-11e8-b1da-ff7faa680710_story.html.

48. Josh Hunter, "Last Chair: Yvon Chouinard," *SKI*, updated December 13, 2016, https://www.skimag.com/ski-resort-life/last-chair-yvon-chouinard.

49. Ryan Grenoble, "Patagonia Takes a Stand against Companies That Aren't Working to Better the Environment," *HuffPost*, April 3, 2019, https://www.huffpost. com/entry/patagonia-co-brand-vest-

program_n_5ca4c058e4b07982402592ae?gucco unter=1&guce_re
ferrer=aHR0cHM6Ly93d3cuZ29vZ2xlLmNvbS8&guce_referrer_
sig=AQAAABaMUk6T50RtSxwnpf-S-M4sxRw4oGvyxysUSjL1LB-
oggBtCJGZhwDmX3WjT7dJdvLwV_cisN16qVsiTMIugp1_lmf2u-
XOfmvPfRSE8xX3-jwm3OQzXGW1qycbMW4s7sfAfQ5T0Pede5L5
gkr4pt5TxVyrXICPErnVsAeJ9S3X.

50. Allbirds website, accessed September 19, 2019, https://www.allbirds.
com/pages/our-materials-sugar.

51. Jay Coen Gilbert, "The Best Way to Fight Climate Change Is to
Treat It Like a Business," *Quartz*, May 29, 2019, https://qz.com/
work/1626563/b-corps-should-declare-a-climate-change-emergency/.

52. Jay Coen Gilbert, "Allbirds' Reported Billion-Dollar Valuation:
What Makes These Strange Birds Fly," *Forbes*, January 9, 2019,
https://www.forbes.com/sites/jaycoengilbert/2019/01/09/allbirds-
reported-billion-dollar-valuation-what-makes-these-strange-birds-
fly/#3fb469237d38.

53. Cassie Werber, "The Extraordinary Story of the Only B Corp in
Afghanistan," *Quartz at Work*, December 12, 2019, https://
qz.com/work/1765329/roshan-the-extraordinary-story-of-the-only-b-
corp-in-afghanistan/; Roshan, "Roshan Honored as a 'Best for the
World' Company by B Corp for Creating Most Overall Social and
Community Impact," accessed December 31, 2019, https://www.
roshan.af/en/personal/about/media/roshan-honored-as-a-best-for-
the-world-company-by-b-corpfor-creating-most-overall-social-and-
community-impact/.

第二章 相互依存日

1. Deanna Wylie Mayer, "How to B Good," *Pacific Standard*, updated June 14, 2017, https://psmag.com/economics/how-to-b-good-4166.

2. Rob Wherry, "Hip, Hop, Hot," *Forbes*, December 27, 1999, https://www.forbes.com/forbes/1999/1227/6415060a.html#3bcc15bdd1af; Alexander Wolff, "The Other Basketball," *Sports Illustrated*, June 13, 2005, https://www.si.com/vault/2005/06/13/8263082/the-other-basketball.

3. Larry Hamermesh et al., "A Conversation with B Lab," *Seattle University Law Review* 40, no. 2 (April 2017): 323, https://digitalcommons.law.seattleu.edu/cgi/viewcontent.cgi?article=2392&context=sulr.

4. Jay Coen Gilbert, "Ring the Bell: Bringing My Whole Self to Work and the Origin Story of the B Corp Movement" (unpublished manuscript, July 5, 2017), 84.

5. Ralph Warner, Angel Diaz, and Jose Martinez, "The Oral History of the AND1 Mixtape Tour," *Complex*, September 3, 2013, https://www.complex.com/sports/2013/09/AND1-mixtape-tour-oral-history/the-hype.

6. Coen Gilbert, "Ring the Bell," 23.

7. Coen Gilbert, "Ring the Bell," 24.

8. Hamermesh et al., "A Conversation with B Lab," 324.

9. Coen Gilbert, "Ring the Bell," 55.

10. Coen Gilbert, "Ring the Bell," 55–56.

11. Coen Gilbert, "Ring the Bell," 48.

12. Andrew Kassoy, "Reconciling Profit and Purpose: A Declaration of Interdependence" (Wealth & Giving Forum Seminar, New York,

March，2007）．

13. Coen Gilbert，"Ring the Bell，" 56.

14. Coen Gilbert，"Ring the Bell，" 56–57.

15. Coen Gilbert，"Ring the Bell，" 57.

16. Coen Gilbert，"Ring the Bell，" 46–48.

17. Coen Gilbert，"Ring the Bell，" 89.

18. Coen Gilbert，"Ring the Bell，" 88.

19. Coen Gilbert，"Ring the Bell，" 59.

20. Coen Gilbert，"Ring the Bell，" 88.

21. Coen Gilbert，"Ring the Bell，" 88.

22. Coen Gilbert，"Ring the Bell，" 89.

第三章　聚焦相互依存

1. Jay Coen Gilbert，"Ring the Bell：Bringing My Whole Self to Work and the Origin Story of the B Corp Movement"（unpublished manuscript，July 5，2017），95.

2. Russell Hotten，"Volkswagen：The Scandal Explained，" *BBC News*，December 10，2015，https://www.bbc.com/news/business-34324772.

3. Arwa Lodhi，"Brands You Think Are Eco Friendly . . . but Really Aren't，" *Eluxe Magazine*，November 15，2019，https://eluxemagazine.com/magazine/5-brands-you-think-are-eco-but-really-arent/.

4. Coen Gilbert，"Ring the Bell，" 93.

5. Coen Gilbert，"Ring the Bell，" 94.

6. B. Cohen and M. Warwick，*Values-Driven Business：How to Change the World，Make Money，and Have Fun*（Oakland，CA：Berrett-Koehler，2006）．

7. Larry Hamermesh et al., "A Conversation with B Lab," *Seattle University Law Review* 40, no. 2 (April 2017): 338, https://digitalcommons.law. seattleu.edu/cgi/viewcontent.cgi?article=2392&context=sulr.

8. Hamermesh et al., "A Conversation with B Lab," 334.

9. B Lab, "Measure What Matters," *Medium*, April 10, 2015, https:// medium. com/@bthechange/measure-what-matters-c2bf7e8f5560.

10. Coen Gilbert, "Ring the Bell," 96.

11. Hamermesh et al., "A Conversation with B Lab," 335, 344.

12. Dan Osusky, "Measuring Impact versus Measuring Practices: How the B Impact Assessment's Dual Objectives Require a Balance," *B the Change*, November 15, 2018, https://bthechange.com/measuring-impact-versus-measuring-practices-how-the-b-impact-assessments-dual-objectives-require-9e44821e9c6b.

13. Jeffrey Hollender, *What Matters Most: How a Small Group of Pioneers Is Teaching Social Responsibility to Big Business, and Why Big Business Is Listening* (New York: Basic Books, 2006) .

14. Christopher Marquis, Andrew Klaber, and Bobbi Thomason, "B Lab: Building a New Sector of the Economy," Harvard Business School Case 411047, revised September 28, 2011, 5, https://www. sistemab.org/wp-content/uploads/2016/01/BLab-Case-Study.pdf.

15. Issie Lapowsky, "What to Do When You're Fired from the Company You Started," *Inc. Magazine*, July/August 2011, https://www. inc.com/magazine/201107/how-i-did-it-jeffrey-hollender-seventh-generation.html.

16. Coen Gilbert, "Ring the Bell," 99.

17. Coen Gilbert, "Ring the Bell," 99.

18. Coen Gilbert, "Ring the Bell," 100.

19. Coen Gilbert, "Ring the Bell," 102.

20. Coen Gilbert, "Ring the Bell," 103.

21. Marquis, Klaber, and Thomason, "B Lab," 5.

22. Coen Gilbert, "Ring the Bell," 103.

第四章　让法律站在利益相关者这边

1. Jay Coen Gilbert, "Sen. Elizabeth Warren, Republicans, CEOs & BlackRock's Fink Unite around 'Accountable Capitalism,'" *Forbes*, August 15, 2018, https://www.forbes.com/sites/jaycoengilbert/2018/08/15/sen-elizabeth-warren-republicans-ceos-blackrocks-fink-unite-around-accountable-capitalism/#4270b98e51d9.

2. "Dodge v. Ford Motor Co," *Casebriefs*, accessed December 31, 2019, https://www.casebriefs.com/blog/law/corporations/corporations-keyed-to-klein/the-nature-of-the-corporation/dodge-v-ford-motor-co/.

3. Chancellor Chandler, "eBay Domestic Holdings Inc v. Craigslist, Inc., Nominal Defendant," *FindLaw*, accessed December 31, 2019, https://caselaw.findlaw.com/de-supreme-court/1558886.html.

4. Christopher Marquis, Andrew Klaber, and Bobbi Thomason, "B Lab: Building a New Sector of the Economy," Harvard Business School Case 411047, revised September 28, 2011, 10, https://www.sistemab.org/wp-content/uploads/2016/01/B-Lab-Case-Study.pdf.

5. Jay Coen Gilbert, "Ring the Bell: Bringing My Whole Self to Work and the Origin Story of the B Corp Movement" (unpublished manuscript, July 5, 2017), 106.

6. Marquis, Klaber, and Thomason, "B Lab," 10.

7. Alison Klein, "An Epic Tale: The Birth of the Benefit Corporation,"

RoundPeg, May 25, 2016, https://www.roundpegcomm.com/epic-tale-birth-benefit-corporation/.

8. Benefit Corporation, "What Is a Benefit Corporation?" accessed January 1, 2020, https://benefitcorp.net/what-is-a-benefit-corporation.

9. Lynn A. Stout, "The Shareholder Value Myth," Cornell Law Faculty Publications Paper 771, April 19, 2013, 4, https://scholarship.law.cornell.edu/cgi/view content.cgi?article=2311&context=facpub; Lynn A. Stout, *The Shareholder Value Myth: How Putting Shareholders First Harms Investors, Corporations, and the Public* (Oakland, CA: Berrett-Koehler, 2012).

10. Lynn A. Stout, "The Shareholder Value Myth," *European Financial Review*, April 30, 2013, https://www.europeanfinancialreview.com/the-shareholder-valuemyth/.

11. Marc Gunther, "B Corps: Sustainability Will Be Shaped by the Market, Not Corporate Law," *Guardian*, August 12, 2013, https://www.theguardian.com/sustainable-business/b-corps-markets-corporate-law.

12. Leo E. Strine Jr., "The Dangers of Denial: The Need for a Clear-Eyed Understanding of the Power and Accountability Structure Established by the Delaware General Corporation Law," *Wake Forest Law Review* 50 (2015): 8, https://papers.ssrn.com/sol3/papers.cfm?abstract_id=2576389##.

13. Marquis, Klaber, and Thomason, "B Lab," 11.

14. Larry Hamermesh et al., "A Conversation with B Lab," *Seattle University Law Review* 40, no. 2 (April 2017): 327, https://digitalcommons.law.seattleu.edu/cgi/viewcontent.cgi?article=2392&context=sulr.

15. Jay Coen Gilbert, "Why a Delaware Corporate Lawyer Went from Business-with-Purpose Skeptic to Full-Time Legal Advocate," *Forbes*, October 16, 2017, https://www.forbes.com/sites/jaycoengilbert/2017/10/16/why-a-delaware-corporate-lawyer-went-from-business-with-purpose-skeptic-to-full-time-legal-advocate/#4540253040b1.

16. Hamermesh et al., "A Conversation with B Lab," 332.

17. Kendall Cox Park, "B the Change: Social Companies, B Corps, and Benefit Corporations" (PhD diss., Princeton University, 2018), 24–25.

18. J. Haskell Murray, "Understanding and Improving Benefit Corporation Reporting," American Bar Association, July 20, 2016, https://www.americanbar.org/groups/business_law/publications/blt/2016/07/04_murray/.

19. J. Haskell Murray, "Elizabeth Warren's Accountable Capitalism Act and Benefit Corporations," *Law Professor Blogs*, August 16, 2018, https://lawprofessors.typepad.com/business_law/2018/08/elizabeth-warrens-accountable-capitalism-act-and-benefit-corporations.html.

20. Murray, "Understanding and Improving Benefit Corporation Reporting."

21. Social Impact Investment Taskforce Mission Alignment Working Group, *Profit-with-Purpose Businesses*, September 2014, https://www.scrt.scot/wp-content/uploads/2019/03/G8-Social-Impact-Taskforce-Mission-Alignment-Report.pdf.

22. Julia Sherbakov, "Italy Became a 'Lamp Shining a Light' for Other Countries to Pursue Better Business," *B the Change*, May 31, 2017, https://bthechange.com/italy-became-a-lamp-shining-a-light-for-

other-countries-to-pursue-better-business-e35141a7ce43.

第五章　为影响力投资

1. Marjorie Kelly, *The Divine Right of Capital：Dethroning the Corporate Aristocracy*（Oakland, CA：Berrett-Koehler, 2001）; Marjorie Kelly, *Owning Our Future：The Emerging Ownership Revolution*（Oakland, CA：Berrett-Koehler, 2012）.

2. William Donovan, "The Origins of Socially Responsible Investing," *Balance*, updated October 24, 2019, https://www.thebalance.com/a-short-history-of-socially-responsible-investing-3025578.

3. Saadia Madsbjerg, "Bringing Scale to the Impact Investing Industry," Rockefeller Foundation, August 15, 2018, https://www.rockefellerfoundation.org/blog/bringing-scale-impact-investing-industry/.

4. B Lab, "Funders & Finances," accessed January 3, 2020, https://bcorporation. net/about-b-lab/funders-and-fi nances.

5. Global Impact Investing Network, "About the GIIN," accessed January 3, 2020, https://thegiin.org/about/.

6. B Analytics, "Overall Impact Business Model and Overall Operations Ratings," accessed January 3, 2020, https://b-analytics.net/content/giirs-fund-rating-methodology.

7. "Profile：Sir Ronald Cohen：Midas with a Mission—to Make Gordon King," *Sunday Times*, January 23, 2005, https://archive.is/20110604030107/http:/www.timesonline.co.uk/article/0, 2088–1452226, 00.html.

8. "The Compassionate Capitalist," *Economist*, August 4, 2005, https://

www.economist.com/business/2005/08/04/the-compassionate-capitalist.

9. Sorenson Impact, "From Refugee to Venture Capitalist to Social Impact Pioneer," *Forbes*, July 30, 2018, https://www.forbes.com/sites/sorensonimpact/2018/07/30/from-refugee-to-venture-capitalist-to-social-impact-pioneer/#69b683176886.

10. Bridges Ventures, "To B or Not to B: An Investor's Guide to B Corps," September 2015, https://www.bridgesfundmanagement.com/wp-content/uploads/2017/08/Bridges-To-B-or-Not-To-B-screen.pdf.

11. 同上。

12. Laura Colby, "J. B. Hunt Majority Backs LGBT Protection, Activist Investor Says," *Bloomberg*, April 22, 2016, https://www.bloomberg.com/news/articles/2016–04–21/j-b-hunt-majority-backs-lgbt-protection-activist-investor-says.

13. Jon Herskovitz, "Global Investors Warn Texas to Withdraw Transgender Restroom Legislation," Reuters, February 22, 2017, https://www.reuters.com/article/ustexas-lgbt-idUSKBN16025P.

14. jimmy-guterman, "A Venture Capital Firm Goes B Corp," *Newco Shift*, May 24, 2016, https://shift.newco.co/2016/05/24/a-venture-capital-firm-goes-b-corp/.

15. Shelley Alpern, "When B Corp Met Wall Street," *Clean Yield*, March 18, 2015, https://www.cleanyield.com/when-b-corp-met-wall-street/.

16. John Cassidy, "Trump University: It's Worse Than You Think," *New Yorker*, June 2, 2016, https://www.newyorker.com/news/john-cassidy/trump-university-its-worse-than-you-think.

17. Brad Edmondson, "The First Benefit Corporation IPO Is Coming, and That's a Big Deal," *TriplePundit*, February 4, 2016, https://www.triplepundit.com/story/2016/first-benefit-corporation-ipo-coming-and-

thats-big-deal/28586.

18. Jay Coen Gilbert, "Allbirds Quickly Soars to Success as It Aims to 'Make Better Things in a Better Way,'" *B the Change*, January 14, 2019, https://bthechange.com/allbirds-quickly-soars-to-success-as-it-aims-to-make-better-things-in-a-better-way-dffae809b14e.

19. Susan Price, "This Entrepreneur Takes Her Company's Commitment to Transparency to a New Level with Its Latest Product," *Forbes*, March 1, 2016, https://www.forbes.com/sites/susanprice/2016/03/01/this-entrepreneur-takes-her-companys-commitment-to-transparency-to-a-new-level-with-its-latest-product/#31db7452471c.

20. "Happy Family's Shazi Visram and Danone's Lorna Davis on How Going Big Doesn't Have to Mean Selling Out," *B the Change*, December 8, 2016, https://bthechange.com/happy-familys-shazi-visram-and-danone-s-lorna-davis-on-how-going-big-doesn-t-have-to-mean-selling-132f5fdc409e.

21. Danone, "Our Vision," accessed January 3, 2020, https://www.danone.com/about-danone/sustainable-value-creation/our-vision.html.

22. Keith Nunes, "Danone's Social, Environmental Journey Continues," *Baking Business*, April 12, 2018, https://www.bakingbusiness.com/articles/45925-danone-ssocial-environmental-journey-continues.

23. David Gelles, "How the Social Mission of Ben & Jerry's Survived Being Gobbled Up," *New York Times*, August 21, 2015, https://www.nytimes.com/2015/08/23/business/how-ben-jerrys-social-mission-survived-being-gobbled-up.html.

24. Kathleen Masterson, "The Giant Corporation That Bought Ben & Jerry's Acquired Another Quirky Company from Vermont—Here's What It Was Like in the Room When It Happened," *Business Insider*,

December 28, 2016, https://www.businessinsider.com/unilever-is-buying-seventh-generation-but-its-ceo-is-excited-2016–12.

25. Unilever, "Unilever to Acquire Seventh Generation, Inc," September 19, 2016, https://www.unilever.com/news/press-releases/2016/Unilever-to-acquire-Seventh-Generation-Inc.html.

26. Maddie Maynard, "Alan Jope: Who Is Unilever's New Chief Executive?" *William Reed*, November 29, 2018, https://www.thegrocer.co.uk/movers/alan-jope-whois-unilevers-new-chief-executive/574319.article.

27. Kathleen Kim, "Green Merger: Method Bought by Ecover," *Inc.*, September 4, 2012, https://www.inc.com/kathleen-kim/method-and-ecover-join-hands-in-eco-friendly-partnership.html.

28. S. C. Johnson & Son, "SC Johnson Signs Agreement to Acquire Method and Ecover," September 14, 2017, https://www.scjohnson.com/en/press-releases/2017/september/sc-johnson-signs-agreement-to-acquire-method-and-ecover.

29. Amy Cortese, "Crowdfunded B Corps Find Success with Follow-on Funding," *B the Change*, December 13, 2018, https://bthechange.com/crowdfunded-b-corps-find-success-with-follow-on-funding-4a3c4a8ebc4b.

30. Lisa Anne Hamilton, "ESG Guidance from the Department of Labor Clarifies Fiduciary Duty," Center for International Environmental Law, May 8, 2018, https://www.ciel.org/esg-guidance-department-labor-fiduciary-duty/.

第六章　员工是公司重心

1. Evelyn Hartz, "How to Impact the Way Business Is Done," *Medium*, November 20, 2017, https://medium.com/@EvelynHartz/how-to-impact-the-way-business-is-done-and-the-story-behind-the-invention-of-cookie-dough-ice-481e7bc40709.

2. Laura Willard, "Rhino Foods Makes the Cookie Dough in Your Ice Cream. They Also Treat Their Employees Like Family," *Upworthy*, May 1, 2015, https://www.upworthy.com/rhino-foods-makes-the-cookie-dough-in-your-ice-cream-they-alsotreat-their-employees-like-family.

3. Rhino Foods, "Life at Rhino," accessed January 3, 2020, https://www.rhinofoods.com/about-rhino-foods.

4. "Trusting Diversity to Make a Difference: Lessons from a Company Employing Immigrants for More Than 25 Years," *B the Change*, December 7, 2016, https://bthechange.com/sponsored-rhino-foods-trusting-diversity-to-make-a-difference-e7765d53fcd1.

5. Christiane Bode, Jasjit Singh, and Michelle Rogan, "Corporate Social Initiatives and Employee Retention," *Organization Science* 26, no. 6 (October 2015): 1702–20, https://doi.org/10.1287/orsc.2015.1006; David A. Jones, Chelsea R. Willness, and Sarah Madey, "Why Are Job Seekers Attracted by Corporate Social Performance? Experimental and Field Tests of Three Signal-Based Mechanisms," *Academy of Management Journal* 57, no. 2 (2014): 383–404, http://dx.doi.org/10.5465/amj.2011.0848; David B. Montgomery and Catherine A. Ramus, "Calibrating MBA Job Preferences for the 21st Century," *Academy of Management Learning & Education* 10,

no. 1 (2011): 9–26, https://doi.org/10.5465/amle.10.1.zqr9; Donald F. Vitaliano, "Corporate Social Responsibility and Labor Turnover," *Corporate Governance* 10, no. 5 (2010): 563–73, https://doi. org/10.1108/14720701011085544; Seth Carnahan, David Kryscynski, and Daniel Olson, "When Does Corporate Social Responsibility Reduce Employee Turnover? Evidence from Attorneys before and after 9/11," *Academy of Management Journal* 60, no. 5 (2017): 1932–62, https://doi.org/10.5465/amj.2015.0032.

6. Richard Yerema and Kristina Leung, "Nature's Path Foods, Inc., Recognized as One of BC's Top Employers (2019)," Canada's Top 100 Employers, February 21, 2019, https://content.eluta.ca/top-employer-natures-path-foods.

7. Bode, Singh, and Rogan, "Corporate Social Initiatives and Employee Retention," 1702–20.

8. "Rhino Foods," *Talent Rewire*, accessed January 3, 2020, https://talentrewire. org/innovation-story/rhino-foods/.

9. W. S. Badger Company, "Badger's History & Legend," accessed January 3, 2020, https://www.badgerbalm.com/s-14-history-legend. aspx.

10. W. S. Badger Company, "Family Friendly Workplace," accessed January 3, 2020, https://www.badgerbalm.com/s-98-family-friendly-workplace.aspx.

11. New Hampshire Breastfeeding Task Force, "Breastfeeding Friendly Employer Award," accessed January 3, 2020, http://www. nhbreastfeedingtaskforce.org/employerawards.php; W. S. Badger Company, "Babies at Work Policy," accessed January 3, 2020, https://www.badgerbalm.com/s-19-babies-at-work.aspx.

12. W. S. Badger Company, "Calendula Garden Children's Center," accessed January 3, 2020, https://www.badgerbalm.com/s-89-calendula-garden-child-care.aspx.

13. Katarzyna Klimkiewicz and Victor Oltra, "Does CSR Enhance Employer Attractiveness? The Role of Millennial Job Seekers' Attitudes," *Corporate Social Respon-sibility and Environmental Management* 24, no. 5 (February 2017): 449–63, https://doi.org/10.1002/csr.1419; Victor M. Catano and Heather Morrow Hines, "The Influence of Corporate Social Responsibility, Psychologically Healthy Workplaces, and Individual Values in Attracting Millennial Job Applicants," *Canadian Journal of Behavioural Science / Revue canadienne des sciences du comportement* 48, no. 2 (2016): 142–54, https://doi.org/10.1037/cbs0000036.

14. Annelize Botha, Mark Bussin, and Lukas De Swardt, "An Employer Brand Predictive Model for Talent Attraction and Retention: Original Research," *SA Journal of Human Resource Management* 9, no. 1 (January 2011): 1–12, https://hdl.handle.net/10520/EJC95927.

15. Helle Kryger Aggerholm, Sophie Esmann Andersen, and Christa Thomsen, "Conceptualising Employer Branding in Sustainable Organisations," *Corporate Communications: An International Journal* 16, no. 2 (May 2011): 105–23, https://doi.org/10.1108/13563281111141642.

16. James Manyika et al., *Independent Work: Choice, Necessity, and the Gig Economy*, McKinsey Global Institute, October 2016, https://www.mckinsey.com/featuredinsights/employment-and-growth/independent-work-choice-necessity-and-the-gig-economy.

17. Paul Davidson, "The Job Juggle Is Real. Many Americans Are Balancing Two, Even Three Gigs," *USA Today*, October 17, 2016,

https://www.usatoday.com/story/money/2016/10/17/job-juggle-real-many-americans-balancing-two-even-three-gigs/92072068/.

18. King Arthur Flour, "Our History," accessed January 3, 2020, https://www.kingarthurflour.com/about/history.

19. Claire Martin, "At King Arthur Flour, Savoring the Perks of Employee Ownership," *New York Times*, June 25, 2016, https://www.nytimes.com/2016/06/26/business/at-king-arthur-flour-savoring-the-perks-of-employee-ownership.html.

20. Jon L. Pierce, Stephen A. Rubenfeld, and Susan Morgan, "Employee Ownership: A Conceptual Model of Process and Effects," *Academy of Management Review* 16, no. 1 (January 1991): 121–44, https://doi.org/10.5465/amr.1991.4279000.

21. Marjorie Kelly and Sarah Stranahan, "Next Generation Employee Ownership Design," *Fifty by Fifty*, November 1, 2018, https://www.fiftybyfifty.org/2018/11/nextgeneration-employee-ownership-design/.

22. Sarah Stranahan, "Eileen Fisher: Designing for Change," *Fifty by Fifty*, August 15, 2018, https://www.fiftybyfifty.org/2018/08/eileen-fisher-designing-forchange/.

23. Kelly and Stranahan, "Next Generation Employee Ownership Design."

24. Amy Cortese, "The Many Faces of Employee Ownership," *B the Change*, April 1, 2017, https://bthechange.com/the-many-faces-of-employee-ownership-aa048ba262af.

25. Madeline Buxton, "Uber Is Facing a New Discrimination-Based Lawsuit," *Refinery* 29, October 27, 2017, https://www.refinery29.com/en-us/2017/10/178457/uberlawsuit-women-unequal-pay.

26. Salvador Rodriguez, "Uber versus Women: A Timeline," *Inc.*, March

28, 2017, https://www.inc.com/salvador-rodriguez/uber-women-timeline.html.

27. "Yonkers, New York Population 2019," World Population Review, accessed January 3, 2020, http://worldpopulationreview.com/us-cities/yonkers-ny-population/.

28. Aaron Bence, "My Greyston Experience," Greyston Bakery, accessed September 22, 2019, https://www.greyston.org/my-greyston-experience-by-aaron-bence-unilever/; Greyston Bakery, "The Center for Open Hiring," accessed September 22, 2019, https://www.greyston.org/about/the-center-for-open-hiring/.

29. Deborah Hicks-Clarke and Paul Iles, "Climate for Diversity and Its Effects on Career and Organisational Attitudes and Perceptions," *Personnel Review* 29, no. 3 (2000): 324–45, https://doi.org/10.1108/00483480010324689; Derek R. Avery et al., "Examining the Draw of Diversity: How Diversity Climate Perceptions Affect Job-Pursuit Intentions," *Human Resource Management* 52, no. 2 (March/April 2013): 175–93, https://doi.org/10.1002/hrm.21524; Eden B. King et al., "A Multilevel Study of the Relationships between Diversity Training, Ethnic Discrimination and Satisfaction in Organizations," *Journal of Organizational Behavior* 33, no. 1 (January 2012): 5–20, https://doi.org/10.1002/job.728; Frances J. Milliken and Luis L. Martins, "Searching for Common Threads: Understanding the Multiple Effects of Diversity in Organizational Groups," *Academy of Management Review* 21, no. 2 (1996): 402–33, https://doi.org/10.5465/amr.1996.9605060217; Goce Andrevski et al., "Racial Diversity and Firm Performance: The Mediating Role of Competitive Intensity," *Journal of Management* 40, no. 3 (March

2014): 820–44, https://doi.org/10.1177/0149206311424318; Lisa H. Nishii, "The Benefits of Climate for Inclusion for Gender-Diverse Groups," *Academy of Management Journal* 56, no. 6 (2013): 1754–74, https://doi.org/10.5465/amj.2009.0823; Lynn A. Shore et al., "Inclusion and Diversity in Work Groups: A Review and Model for Future Research," *Journal of Management* 37, no. 4 (July 2011): 1262–89, https://doi.org/10.1177/0149206310385943;Suzanne T. Bell et al., "Getting Specific about Demographic Diversity Variable and Team Performance Relationships: A Meta-analysis," *Journal of Management* 37, no. 3 (May 2011): 709–43, https://doi.org/10.1177/0149206310365001.

30. David M. Kaplan, Jack W. Wiley, and Carl P. Maertz Jr., "The Role of Calculative Attachment in the Relationship between Diversity Climate and Retention," *Human Resource Management* 50, no. 2 (March/April 2011): 271–87, https://doi.org/10.1002/hrm.20413; Eden B. King et al., "Why Organizational and Community Diversity Matter: Representativeness and the Emergence of Incivility and Organizational Performance," *Academy of Management Journal* 54, no. 6 (2011): 1103–18, https://doi.org/10.5465/amj.2010.0016; Frances Bowen and Kate Blackmon, "Spirals of Silence: The Dynamic Effects of Diversity on Organizational Voice," *Journal of Management Studies* 40, no. 6 (2003): 1393–417, https://doi.org/10.1111/1467-6486.00385; Orlando Curtae' Richard et al., "The Impact of Store-Unit–Community Racial Diversity Congruence on Store-Unit Sales Performance," *Journal of Management* 43, no. 7 (September 2017): 2386–403, https://doi.org/10.1177/0149206315579511; Patrick F. McKay et al., "Does Diversity Climate Lead to Customer Satisfaction?

It Depends on the Service Climate and Business Unit Demography, " *Organization Science* 22, no. 3 (May/June 2011): 788–803, https:// doi.org/10.1287/orsc.1100.0550; Yang Yang and Alison M. Konrad, "Understanding Diversity Management Practices: Implications of Institutional Theory and Resource-Based Theory, " *Group & Organization Management* 36, no. 1 (February 2011): 6–38, https:// doi.org/10.1177/1059601110390997.

31. Jay Coen Gilbert, "The Elections, the Politics of Division, and the Business of Inclusion, " *Forbes*, October 30, 2018, https://www. forbes.com/sites/jaycoengilbert/2018/10/30/the-elections-the-politics- of-division-and-the-business-of-inclusion/#2370f8c31add.

32. Certified B Corporation, "Inclusive Economy Challenge 2019, " accessed September 22, 2019, https://bcorporation.net/for-b-corps/ inclusive-economy-challenge.

33. Mise à jour le, "TriCiclos (Chile): Encouraging Sustainable Consumption through Innovative Recycling, " *BipiZ*, May 23, 2016, https://www.bipiz.org/en/csr-best-practices/triciclos-chile- encouraging-sustainable-consumption-through-innovative-recycling-. html?tmpl=component&print=1.

34. Natura, "About Us, " accessed September 22, 2019, https://www. naturabrasil. fr/en-us/about-us/cosmetics-leader-in-brazil.

35. "Living Paycheck to Paycheck Is a Way of Life for Majority of U.S. Workers, According to New CareerBuilder Survey, " *CareerBuilder*, August 24, 2017, http://press.careerbuilder.com/2017–08–24- Living-Paycheck-to-Paycheck-is-a-Way-of-Life-for-Majority-of-U-S- Workers-According-to-New-CareerBuilder-Survey.

36. Rhino Foods, "Rhino Foods' Income Advance Program, " accessed

September 22, 2019, https://www.rhinofoods.com/rhino-foods-income-advance-program.

37. Income Advance website, accessed September 22, 2019, https://www.incomeadvance.org.

38. Jay Coen Gilbert, "Distracting Trade Wars: How to Really Help American Workers," *Forbes*, September 27, 2018, https://www.forbes.com/sites/jaycoengilbert/2018/09/27/distracting-trade-wars-how-to-really-help-american-workers/#380bb29f3a8f.

第七章　寻找志同道合的人：共益企业社群

1. "Beyond Certification, B Corp Is about Community," *MaRS*, October 8, 2013, https://marsdd.ca/news/beyond-certification-b-corp-is-about-community/.

2. "Sharing the Power: Solar Energy, Employee Ownership, and the B Corp Community," *B the Change*, February 6, 2018, https://bthechange.com/sharing-the-power-solar-energy-employee-ownership-and-the-b-corp-community-ceea7dcc629a.

3. RSF Social Finance, "About Us—Mission," accessed September 23, 2019, https://rsfsocialfinance.org/our-story/mission-values/.

4. RSF Social Finance, "RSF Helps Launch the New Resource Bank," *CSRwire*, December 5, 2006, https://www.csrwire.com/press_releases/17152-RSF-Helps-Launch-The-New-Resource-Bank.

5. Jillian McCoy, "RSF Capital Management Is a B Corp!" RSF Social Finance, September 16, 2009, https://rsfsocialfinance.org/2009/09/16/rsf-cmi-b-corp/.

6. Jillian McCoy, "B Lab Seeds a Movement toward a New Kind of

Corporation," RSF Social Finance, September 14, 2012, https://rsfsocialfinance.org/2012/09/14/blab-movement/.

7. Triodos Bank UK Ltd., "About Us," accessed January 3, 2020, https://www.triodos.co.uk/about-us.

8. "B Lab Partners with CESR," Leeds School of Business, September 24, 2014, https://www.colorado.edu/business/CESR/cesr-blog/b-lab-partners-cesr.

9. "Sustainability Marketplace," Leeds School of Business, January 29, 2016, https://www.colorado.edu/business/2016/01/29/sustainability-marketplace.

10. "The GrowHaus: B of Service Volunteering," Wordbank, accessed January 3, 2020, https://www.wordbank.com/us/blog/b-corp/the-growhaus-volunteering/.

11. "Los Angeles B Corporations Join Together to Form B Local LA," Falcon Water Technologies, January 1, 2016, https://falconwatertech.com/los-angeles-b-corporations-join-together-to-form-b-local-la/.

12. Kerry Vineberg, "6 Lessons from B Corp Leadership Development: Bay Area," Certified B Corporation, accessed January 3, 2020, https://bcorporation.net/news/6-lessons-b-corp-leadership-development-bay-area-0.

13. Ryan Honeyman and Tiffany Jana, *The B Corp Handbook: How You Can Use Business as a Force for Good*, 2nd ed. (Oakland, CA: Berrett-Koehler, 2019), https://bcorporation.net/news/b-corp-handbook.

14. Berrett-Koehler Publishers website, accessed January 3, 2020, https://www.bkconnection.com.

15. Numi Organic Tea, "Our Story," accessed January 3, 2020, https://

numitea.com/our-story/.

16. Kristin Carlson, "GMP Becomes First Utility in the World to Receive B Corp Certification," Green Mountain Power, December 1, 2014, https://greenmountainpower.com/news/gmp-becomes-first-utility-world-receive-b-corp-certification/.

17. Andrea Kramar, "How a 25-Year-Old Turned His 'Passion Project' into a Global Business with $30 Million in Sales," *CNBC Make It*, July 3, 2018, https://www.cnbc.com/2018/07/02/how-the-founders-of-lukes-lobster-built-a-global-food-business.html.

18. "Luke's Lobster Grows Impact and Revenue by Working with Fellow B Corps," *B the Change*, August 23, 2018, https://bthechange.com/lukes-lobster-grows-impact-and-revenue-by-working-with-fellow-b-corps-893f308855e2.

19. 同上。

20. Greyston Bakery, "Partners," accessed January 3, 2020, https://www.greyston.org/partners/.

21. Greyston Bakery, "About Greyston," accessed January 3, 2020, https://greystonbakery.com/pages/about-greyston.

22. Will Haraway, "Rubicon Global, World Centric Join Forces to Promote Shared Sustainability Vision," GlobeNewswire, September 27, 2016, https://www.globenewswire.com/news-release/2016/09/27/874918/0/en/Rubicon-Global-World-Centric-Join-Forces-to-Promote-Shared-Sustainability-Vision.html.

23. Corey Simpson, "Patagonia Leads All B Corp Group in $35 Million Dollar Residential Solar Investment," *Patagonia Works*, March 10, 2016, http://www.patagoniaworks.com/press/2016/3/10/clbwie1mk5rnw6jn5iygmi81sn7r46.

24. Adam Fetcher, "Patagonia & Kina, ole Invest \$27 Million in Solar for Hawai, i," *Patagonia Works*, October 15, 2014, http://www.patagoniaworks.com/press/2014/10/14/patagonia-kinaole-invest-27-million-in-solar-for-hawaii.

25. Rana DiOrio, "It's the Why That Matters," *AdvisoryCloud*, November 25, 2015, https://www.advisorycloud.com/board-of-directors-articles/its-the-why-that-matters.

26. "Little Pickle Press," tapbookauthor, accessed January 3, 2020, http://www.tapbookauthor.com/customers-view/customers-3/.

27. The Judge Family, "Sewn to Restore: Elegantees," *Elleanor + Indigo*, August 9, 2017, https://www.elleanorandindigo.com/ontheblog/2017/7/22/sewn-to-restore-elegantees.

28. The Community of Certified B Corporations, *Welcome to the B Hive*, February 4, 2015, YouTube, https://www.youtube.com/watch?v=tsxxM6Rakmw.

29. Kendall Cox Park, "B the Change: Social Companies, B Corps, and Benefit Corporations" (PhD diss., Princeton University, 2018), 111.

30. Alex Buerkle, Max Storto, and Kylee Chang, *Just Good Business: An Investor's Guide to B Corps*, Yale Center for Business and the Environment, Patagonia, Inc., and Caprock, accessed September 17, 2019, https://cbey.yale.edu/sites/default/files/Just%20Good%20Business_An%20Investor%27s%20Guide%20to%20B%20Corps_March%202018.pdf.

第八章　走向世界

1. RP Siegel, "B Corporations to Expand 'Business for Good' Initiative

Globally," *TriplePundit*, October 3, 2012, https://www.triplepundit.
com/story/2012/bcorporations-expand-business-good-initiative-
globally/61891.

2. Grupo Bancolombia, "Our Purpose," accessed January 3, 2020,
https://www.grupobancolombia.com/wps/portal/about-us/corporate-
information/financial-group.

3. Andres Felipe Perilla Rodriguez, "Bancolombia Sustainability
Project," *B Analytics*, accessed January 3, 2020, https://b-analytics.
net/customers/case-studies/bancolombia-sustainability-project.

4. Rodriguez, "Bancolombia Sustainability Project."

5. Academia B, *Case Studies in Innovation Purpose-Driven Companies
and Sistema B in Latin America*, Inter-American Development Bank,
2017, https://sistemab.org/wp-content/uploads/2017/11/fomin_
ingles_28_11_2017.pdf; Ryan Honeyman and Tiffany Jana, *The B Corp
Handbook: How You Can Use Business as a Force for Good*, 2nd ed.
(Oakland, CA: Berrett-Koehler, 2019), 51, https://bcorporation.net/
news/b-corp-handbook.

6. "Triple Bottom Line," *Economist*, November 17, 2009, https://www.
economist.com/news/2009/11/17/triple-bottom-line.

7. "ISSP Sustainability Hall of Fame," International Society of
Sustainability Professionals, accessed January 3, 2020, https://www.
sustainabilityprofessionals.org/issp-sustainability-hall-fame; "John
Elkington," WWF-UK, accessed January 3, 2020, https://www.wwf.
org.uk/council-of-ambassadors/john-elkington.

8. Ceri Witchard, "CIC Incorporations: The New Online Process," *GOV.
UK blog*, March 13, 2019, https://communityinterestcompanies.blog.
gov.uk/2019/03/13/cic-incorporations-the-new-online-process/.

9. B Lab, "Global Partners and Community," accessed January 3, 2020, https://bcorporation.net/about-b-lab/global-partners.

10. Alyssa Harriman, "The Making of a Movement: The Rise of the B Corp on the Global Stage" (MSc thesis, Copenhagen Business School, 2015), 90, http://academiab.org/wp-content/uploads/2015/10/Thesis-FINAL.pdf.

11. B Lab Europe, "B Corp movement in BeNeLux," accessed January 3, 2020, https://bcorporation.eu/about-b-lab/country-partner/benelux.

12. Emmanuel Faber, "To B or Not to B Corp: That Is No Longer a Question," Linkedin, April 13, 2018, https://www.linkedin.com/pulse/b-corp-longer-question-emmanuel-faber-1/.

13. "Making an Impact with B Lab Australia & New Zealand," Hub Australia, accessed January 3, 2020, https://www.hubaustralia.com/making-an-impact-with-blab-australia-new-zealand/.

14. Wenlei Ma, "B Corps and Social Enterprise Movement to Hit Australia," *News.com.au*, August 28, 2014, https://www.news.com.au/finance/business/b-corps-and-social-enterprise-movement-to-hit-australia/news-story/7777cbe89da7be011802ab8f11cf36b3.

15. Harriman, "The Making of a Movement," 81.

16. Sara Parrott, "Social Impact Investing Discussion Paper," *Treasury*, March 20, 2017, https://static.treasury.gov.au/uploads/sites/1/2017/08/c2017–183167-Suncorp.pdf.

17. Jim Antonopoulos, "Profit and Responsibility," *Medium*, September 13, 2018, https://medium.com/meaningful-work/profit-and-responsibility-88f807b02757.

18. Gayertree Subramania, "The Low Down: B Corp Champions Retreat Alice Springs," Linkedin, May 17, 2017, https://www.linkedin.com/

pulse/b-corp-championsretreat-alice-springs-gayertree-subramaniam/.

19. B Lab Taiwan, *His Excellency Ma Ying-jeou—B Corp Asia Forum 2016 Keynote*, YouTube, July 12, 2017, https://www.youtube.com/watch?v=ahrAbKjoOaw.

20. Certified B Corporation, "B Impact Report Education for Good CIC Ltd.," accessed January 3, 2020, https://bcorporation.net/directory/education-goodcic-ltd.

21. "Donghsu (Jaff) ShenGlobal," Philanthropy Forum, accessed January 3, 2020, https://philanthropyforum.org/people/donghsu-jaff-shen/.

22. Larry Hamermesh et al., "A Conversation with B Lab," *Seattle University Law Review* 40, no. 2 (April 2017): 365, https://digitalcommons.law.seattleu.edu/cgi/viewcontent.cgi?article=2392&context=sulr.

23. B Lab, "Global Partners and Community."

第九章　拓宽通道

1. Ruth Reader, "A Brief History of Etsy, from 2005 Brooklyn Launch to 2015 IPO," *VentureBeat*, March 5, 2015, https://venturebeat.com/2015/03/05/a-briefhistory-of-etsy-from-2005-brooklyn-launch-to-2015-ipo/.

2. Brady Dale, "Over Etsy's B Corp Status, Who Will Bend: B Lab or Etsy?" *Technical.ly Brooklyn*, March 16, 2015, https://technical.ly/brooklyn/2015/03/16/etsyipo-b-corp-status/.

3. Chad Dickerson, "Etsy's Next Chapter: Reimagining Commerce as a Public Company," *Etsy*, April 16, 2015, https://blog.etsy.com/news/2015/etsys-next-chapterreimagining-commerce-as-a-public-company/.

4. David Gelles, "Inside the Revolution at Etsy," *New York Times*, November 25, 2017, https://www.nytimes.com/2017/11/25/business/etsy-josh-silverman.html.

5. Max Chafkin and Jing Cao, "The Barbarians Are at Etsy's Hand-Hewn, Responsibly Sourced Gates," *Bloomberg*, May 18, 2017, https://www.bloomberg.com/news/features/2017–05–18/the-barbarians-are-at-etsy-s-hand-hewn-responsibly-sourced-gates.

6. black-and-white Capital LP, Letter to the Board of Directors of Etsy, Inc., March 13, 2017, https://www.bw-etsy.com/assets/BW-Letter-to-ETSY-Board_FINAL-3.13.17.pdf, accessed January 4, 2020.

7. "black-and-white Capital Calls for Change at Etsy," *Business Wire*, May 2, 2017, https://www.businesswire.com/news/home/20170502005999/en/black-and-white-Capital-Calls-Change-Etsy.

8. Catherine Shu, "Etsy Will Cut 15 Percent of Its Workforce in a New Round of Layoffs," TechCrunch, June 22, 2017, https://techcrunch.com/2017/06/21/etsy-willcut-15-percent-of-its-workforce-in-a-new-round-of-layoffs/.

9. Ina Steiner, "Etsy Gives Up B Corp Status to Maintain Corporate Structure," EcommerceBytes, November 30, 2017, https://www.ecommercebytes.com/2017/11/30/etsy-gives-b-corp-status-maintain-corporate-structure/.

10. Jay Coen Gilbert, "B Lab Responds to Etsy," Westaway, December 1, 2017, https://westaway.co/b-lab-responds-etsy/.

11. "Jessica Alba Talks Honest Beauty and Why She Loves Target," A Bullseye View, March 22, 2017, https://corporate.target.com/article/2017/03/honest-beauty; Madeline Stone, "Go Inside the Gorgeous Offices of Jessica Alba's Diaper Company, Which

Reportedly Just Raised $100 Million at a $1.7 Billion Valuation,"
Business Insider, August 14, 2015, https://www.businessinsider.
com/inside-the-offices-of-jessica-albas-honest-company-2015–08.

12. Dan Schawbel, "Jessica Alba on Becoming an Entrepreneur,"
Forbes, August 27, 2012, https://www.forbes.com/sites/
danschawbel/2012/08/27/exclusive-jessica-alba-on-becoming-an-
entrepreneur/#709cfceb2700.

13. Jason Del, "Jessica Alba's Honest Company Is Replacing Its CEO
after a Sale to Unilever Fell Through," *Vox*, March 16, 2017,
https://www.vox.com/2017/3/16/14951098/new-honest-company-ceo-
change-nick-vlahos.

14. Julie Gunlock, "The 'Toxic' Lies behind Jessica Alba's Booming
Baby Business," *New York Post*, June 17, 2015, https://nypost.
com/2015/06/17/the-toxic-liesbehind-jessica-albas-booming-baby-
business/.

15. Shwanika Narayan, "Honest Company Receives $200 Million
Investment," *Los Angeles Business Journal*, June 6, 2018, https://
labusinessjournal.com/news/2018/jun/06/honest-co-receives-200-
million-investment/.

16. James Surowiecki, "Companies with Benefits," *New Yorker*, July 28,
2014, https://www.newyorker.com/magazine/2014/08/04/companies-
benefits.

17. B Analytics, "Measure What Matters Initiative Launches," accessed
January 4, 2020, https://b-analytics.net/articles/measure-what-
matters-initiative-launches.

18. Dan Osusky, "The B Impact Assessment's Commitment to Continuous
Improvement: Public Comment of New Version Happening Now," *B*

the *Change*, October 23, 2018, https://bthechange.com/the-b-impact-assessments-commitment-to-continuous-improvement-public-comment-of-new-version-a25b651caa4e.

19. Jo Confino, "Will Unilever Become the World's Largest Publicly Traded B Corp?" *Guardian*, January 23, 2015, https://www.theguardian.com/sustainablebusiness/2015/jan/23/benefit-corporations-bcorps-business-social-responsibility.

20. Abhijeet Pratap, "Nike Supply Chain Management," notesmatic, last updated September 26, 2019, https://notesmatic.com/2018/02/nike-supply-chain-management/.

21. B Analytics, "Measure What Matters Initiative Launches."

22. Francesca Rheannon, "Practicing Deep Sustainability: Cabot Creamery & Context Based Sustainability Metrics," *CSRwire*, August 30, 2012, https://www.csrwire.com/blog/posts/522-practicing-deep-sustainability-cabot-creamery-context-based-sustainability-metrics.

23. Marco Scuri, "Certified B Corps in Italy: Organization, Motivations and Change after the Certification" (master's thesis, Università Commerciale Luigi Bocconi, 2016/17), 57.

24. Natura, 2016 Annual Report, accessed January 4, 2020, https://natu.infoinvest.com.br/enu/6049/natura_annual_report_2016.pdf.

25. Moyee Coffee, "About Us," accessed January 4, 2020, https://moyeecoffee.ie/pages/story; Moyee Coffee, "A Radically Transparent Impact Report, 2017," accessed January 4, 2020, http://impact.moyeecoffee.com/impact-report-2017#!/home-copycopy-copy-copy-2.

26. NYCEDC, "NYCEDC Announces Launch of Best for NYC Business Campaign to Inspire and Equip Businesses with Resources to Improve

Job Quality, Invest in Communities, and Preserve a Healthier Urban Environment," March 11, 2015, https://edc.nyc/press-release/nycedc-announces-launch-best-nyc-business-campaign-inspire-and-equip-businesses.

27. Megan Anthony, "The Alliance Center Wants to See More Sustainable Companies in Colorado," 5280, October 3, 2018, https://www.5280.com/2018/10/the-alliance-center-wants-to-see-more-sustainable-companies-in-colorado/.

28. Scotland CAN B website, accessed January 4, 2020, https://canb.scot.

29. RIO+B, "O QUE É O RIO+B?" accessed September 24, 2019, http://www.riomaisb.org.br/#what.

30. United Nations, "About the Sustainable Development Goals," accessed January 4, 2020, https://www.un.org/sustainabledevelopment/sustainable-development-goals/.

31. "How the Sustainable Development Goals Provide a Framework for Impact-Minded Businesses," *B the Change*, July 31, 2019, https://bthechange.com/how-the-sustainable-development-goals-provide-a-framework-for-impact-minded-businesses-eae3f3506937.

32. Susmita Kamath, "FAQ: How the B Impact Assessment and SDG Action Manager Can Help Businesses Plan and Measure Progress," *B the Change*, November 13, 2019, https://bthechange.com/faq-how-the-b-impact-assessment-and-sdg-action-manager-can-help-businesses-plan-and-measure-5aad2d1e0b96.

33. Larry Hamermesh et al., "A Conversation with B Lab," *Seattle University Law Review* 40, no. 2 (April 2017): 339, https://digitalcommons.law.seattleu.edu/cgi/viewcontent.cgi?article=2392&context=sulr.

34. Michelle Meagher and Fran van Dijk，"B Corps Unite to Hack One Sustainable Development Goal：Responsible Consumption and Production," *B the Change*, December 8, 2017, https://bthechange. com/b-corps-unite-to-hack-one-sustainable-development-goal- responsible-production-and-consumption-b8537a3d7c2c.

35. Tim Frick, "Aligning Your Organization with U.N. Sustainable Development Goals," Mightybytes, September 24, 2018, https:// www.mightybytes.com/blog/aligning-un-sustainable-development- goals/.

36. "How the Sustainable Development Goals Provide a Framework for Impact-Minded Businesses," *B the Change*, July 31, 2019, https:// bthechange.com/how-the-sustainable-development-goals-provide-a- framework-for-impact-minded-businesses-eae3f3506937.

37. Meagher and van Dijk, "B Corps Unite."

38. "The Burberry Foundation Partners with Elvis & Kresse to Tackle Waste Created by the Leather Goods Industry," Elvis & Kresse, October 16, 2017, https://www.elvisandkresse.com/blogs/news/the- burberry-foundation-partners-with-elvis-kresse.

39. B Lab, *A Conversation with Emmanuel Faber & Andrew Kassoy*, YouTube, November 28, 2018, https://www.youtube.com/ watch?v=P-ofxmInWwU.

第十章　大公司不一定是坏公司

1. Christopher Marquis and Effie Sapuridis, "Danone North America：The World's Largest B Corporation," Harvard Kennedy School Case 2156.0, April 26, 2019, 15, https://case.hks.harvard.edu/danone-

north-america-the-worlds-largest-b-corporation/.

2. "The World's Largest B Corp on the Future of Business," *B the Change*, April 13, 2018, https://bthechange.com/the-worlds-largest-b-corp-on-the-future-of-business-673bccda1d54.

3. Certified B Corporation, "Large Companies," accessed January 3, 2020, https://bcorporation.net/certification/large-companies.

4. Elizabeth Freeburg, "Advisory Council Seeks Feedback on Recommendations for Multinational Certification," Certified B Corporation, accessed January 3, 2020, https://bcorporation.net/news/advisory-council-seeks-feedback-recommendations-multinational-certification.

5. Laureate Education, Inc., SEC Form 10-Q Quarterly Report for the Quarterly Period Ended March 31, 2019, May 9, 2019, https://www.sec.gov/Archives/edgar/data/912766/000162828019006341/laur3312019–10xq.htm.

6. Jay Coen Gilbert, "For-Profit Higher Education: Yes, Like This Please," *Forbes*, January 4, 2018, https://www.forbes.com/sites/jaycoengilbert/2018/01/04/for-profithigher-education-yes-like-this-please/#78e20bea7937.

7. Laureate Education, Inc., SEC Form S-1 Registration Statement under the Securities Act of 1933, December 15, 2016, https://www.sec.gov/Archives/edgar/data/912766/000104746916017211/a2228849zs-1a.htm.

8. Anderson Antunes, "Brazil's Natura, the Largest Cosmetics Maker in Latin America, Becomes a B Corp," *Forbes*, December, 16, 2014, https://www.forbes.com/sites/andersonantunes/2014/12/16/brazils-natura-the-largest-cosmetics-maker-inlatin-america-becomes-a-b-

corp/#eaa3b5225a2e.

9. Jay Coen Gilbert, "New Business Trend: An Authentic Commitment to Purpose," *Forbes*, July 18, 2019, https://www.forbes.com/sites/jaycoengilbert/2019/07/18/new-business-trend-an-authentic-commitment-to-purpose/#749232e6324d.

10. Leon Kaye, "Brazil's Natura Cosmetics Now the World's Largest B Corp," *TriplePundit*, December 29, 2014, https://www.triplepundit.com/story/2014/brazilsnatura-cosmetics-now-worlds-largest-b-corp/38231.

11. Oliver Balch, "Natura Commits to Sourcing Sustainably from Amazon," *Guardian*, March 18, 2013, https://www.theguardian.com/sustainable-business/natura-sourcing-sustainably-from-amazon.

12. Meghan French Dunbar, "How Natura Became the World's Largest B Corp—and How It's Helping," *Conscious Company*, January 5, 2016, https://consciouscompanymedia.com/sustainable-business/how-natura-became-the-worlds-largest-b-corp-and-how-its-helping/.

第十一章　让消费者关注起来

1. Saerom Lee, Lisa E. Bolton, and Karen P. Winterich, "To Profit or Not to Profit? The Role of Greed Perceptions in Consumer Support for Social Ventures," *Journal of Consumer Research* 44, no. 4 (May 2017): 876, https://academic.oup.com/jcr/article-abstract/44/4/853/3835623.

2. Albena Ivanova et al., "Moderating Factors on the Impact of B Corporation Certification on Purchasing Intention, Willingness to Pay a Price Premium and Consumer Trust," *Atlantic Marketing Journal* 7, no. 2 (2018): 17–35, https://digitalcommons.kennesaw.edu/amj/vol7/

iss2/2.

3. Jeff Hoffman, "Market Like Patagonia, Warby Parker, and Tom's Shoes—Your Social Values Can Be a Boon to Your Brand—and Your Revenue. Here Is How," *Inc.*, April 18, 2013, https://www.inc.com/jeff-hoffman/marketing-values-patagonia-warby-parker-toms-shoes.html.

4. "Stress of Current Events Is Generating Apathy among Americans, Says Fifth Annual Conscious Consumer Spending Index (#CCSIndex)," Good.Must. Grow., accessed January 3, 2020, https://goodmustgrow.com/cms/resources/ccsi/ccsindexrelease2017.pdf.

5. United Nations, "Goal 12: Ensure Sustainable Consumption and Production Patterns," accessed January 3, 2020, https://www.un.org/sustainabledevelopment/sustainable-consumption-production/.

6. Quadia, "Why Sustainable Production and Consumption Matters: A Perspective from Quadia Impact Finance," accessed January 3, 2020, http://www.quadia.ch/uploads/images/commitment/Quadia%20Impact%20Briefi ng.pdf.

7. "Consumer-Goods' Brands That Demonstrate Commitment to Sustainability Outperform Those That Don't," *Nielsen*, December 10, 2015, https://www.nielsen.com/us/en/press-releases/2015/consumer-goods-brands-that-demonstrate-commitment-to-sustainability-outperform/.

8. David Boyd, "Ethical Determinants for Generations X and Y," *Journal of Business Ethics* 93, no. 3 (May 2010): 465–69, https://doi.org/10.1007/s10551–009–0233–7.

9. "Consumer-Goods' Brands That Demonstrate Commitment to Sustainability Outperform Those That Don't," *Nielsen*, December 10,

2015, https://www.nielsen.com/us/en/press-releases/2015/consumer-goods-brands-that-demonstrate-commitment-to-sustainability-outperform/.

10. Christopher Marquis and Effie Sapuridis, "Danone North America: The World's Largest B Corporation," Harvard Kennedy School Case 2156.0, April 26, 2019, 15, https://case.hks.harvard.edu/danone-north-america-the-worlds-largest-b-corporation/.

11. Fair Trade Certified, "Consumer Insights," accessed January 3, 2020, https://www.fairtradecertified.org/business/consumer-insights.

12. "Green Generation: Millennials Say Sustainability Is a Shopping Priority," *Nielsen*, November 5, 2015, https://www.nielsen.com/ie/en/insights/article/2015/green-generation-millennials-say-sustainability-is-a-shopping-priority/.

13. 同上。

14. Ki-Hoon Lee and Dongyoung Shin, "Consumers' Responses to CSR Activities: The Linkage between Increased Awareness and Purchase Intention," *Public Relations Review* 36, no. 2 (June 2010): 193–95, https://doi.org/10.1016/j.pubrev.2009.10.014.

15. BrandIQ, "Benchmark Awareness Report," April 2017, unpublished Power-Point presentation.

16. 同上。

17. "Your Chance to Vote Doesn't End on Election Day—Use Your Vote Every Day," *B the Change*, November 12, 2018, https://bthechange.com/your-chance-to-vote-doesnt-end-on-election-day-use-your-vote-every-day-18d19934b1e9.

18. Anne Field, "Boosting Awareness of B Corps by Linking Them to Voting," *Forbes*, November 27, 2018, https://www.forbes.com/

sites/annefield/2018/11/27/boosting-awareness-of-b-corps-by-linking-them-to-voting/#1932eb9c6a70.

19. Certified B Corporation，"Vote Every Day. Vote B Corp，" accessed January 3，2020，https://bcorporation.net/vote.

20. Field，"Boosting Awareness of B Corps."

21. Anthea Kelsick，"Vote Every Day—Empowering a Movement to Take Action，" *B the Change*，November 12，2018，https://bthechange. com/vote-every-day-empowering-a-movement-to-take-action-3802434d7068.

结语

1. Michael Moynihan，"How a True Believer Keeps the Faith，" *Wall Street Journal*，August 20，2011，https://www.wsj.com/articles/SB100 01424053111903480904576512722707621288.

2. Eric J. Hobsbawm and Marion Cumming，*Age of Extremes：The Short Twentieth Century*，1914–1991 (London：Abacus，1995).